Calendario del instante eterno

Calendario del instante eterno

Hansayana (Inés Valencia)

www.librosenred.com

Dirección General: Marcelo Perazolo
Diseño de cubierta: Laura Gissi

Está prohibida la reproducción total o parcial de este libro, su tratamiento informático, la transmisión de cualquier forma o de cualquier medio, ya sea electrónico, mecánico, por fotocopia, registro u otros métodos, sin el permiso previo escrito de los titulares del Copyright.

Primera edición en español - Impresión bajo demanda

© LibrosEnRed, 2019
Una marca registrada de Amertown International S.A.

ISBN: 978-1-62915-434-3

Para encargar más copias de este libro o conocer otros libros de esta colección visite www.librosenred.com

Una nueva revelación… Una nueva cultura espiritual… Hacia la nueva humanidad después del año 2012

"Vamos a revelar la nueva historia de amor a la Tierra, donde todos tienen derecho a vibrar y volver a vivir la gran estela de luz de sus alas olvidadas en diferentes puntos del universo en la caída universal…".

(Revelación de Cristo a Madre Luz. Año 2013)

Existe el instante eterno sin tiempo, sin espacio y sin medidas... Más profundo que el presente.

Existe una ciencia en consciencia... Más allá del aquí y ahora y sus partículas de espacio y tiempo.

Un instante quántico que franquea el límite de las posibilidades entre la vida y la muerte, hacia una prodigiosa experiencia atemporal de consciencia quántica.

Dedicatoria

A mi hermana menor, mi maestra y madre espiritual, Madre Luz.
Sin ella, la experiencia transmitida en este libro no existiría. Ella me enseñó a batir mis alas hacia el sol, a remontarme y a descubrir maravillosos e insondables universos.
Su sabiduría transformó mi vida y la de mis compañeros de misión.
Si su corazón no hubiera dicho "sí", se hubiera detenido el diseño de un nuevo mapa de luz para la Tierra.

Agradecimientos

Gracias al mundo invisible e ilimitado, los grandes seres de luz, quienes despertaron mi alma y mis nuevos sentidos para percibir lo intangible en mi recorrido terrenal.

Reconocimiento al Padre César, mi padre espiritual, con quien he tenido la gracia de viajar en esta ruta universal.

Gratitud y reconocimiento por el apoyo y por la fiel compañía de quien convirtió el lenguaje del amor en la acción esencial de cada día: mi esposo, el maestro Comepine.

Gracias a mis compañeros de misión, quienes son fundamento de inspiración de una nueva cultura espiritual: a las maestras Yanima, Johanna y Hensisar, al Maestro Kenyo y a los niños Mariana y Juan Miguel.

Reconocimiento a nuestros estudiantes y a toda nuestra comunidad en los diversos lugares del mundo, quienes con amor y consciencia han seguido estas huellas y se han convertido en el espejo de una obra universal sobre la Tierra.

Gracias eternas a mi hijo Juan, por su amor, por estar siempre presente.

Prefacio

¿Cómo plasmar con letras mi experiencia? ¿Cómo expresar con palabras el testimonio de una vida que se encontró con una experiencia sorprendente e inexpresable, fuera de la "realidad"? Este fuerte impulso de escribir y de compartir el singular descubrimiento de mi *universo quántico, con el cual aprendí a vibrar con naturalidad desde la partícula más pequeña de la tierra hasta la más lejana galaxia del cosmos, ¿podría ayudar allá afuera a alguien?

¿Puedo yo explicar el origen y la historia de mi cultura espiritual, del modo más cercano posible a la realidad que experimento?

Los anteriores eran los interrogantes que con obstinación predisponían mi mente para rehusar a publicar mi testimonio. Mas una fuerza superior me impulsó a escribir para cumplir una encomienda divina que estaba conectada con mi misión sobre esta Tierra. En definitiva, el impulso más concluyente fue la reflexión acerca de que si el resultado de mi experiencia me reportaba un estado de total plenitud, no solo valía la pena compartirlo, sino que era un compromiso hacerlo.

Como resultado de mi decisión final, tienes en tus manos este libro mediante el cual te encontrarás con una nueva cultura espiritual por la experiencia de mi vida. Experiencia que, admito, no tenía lógica ni razón sobre la Tierra cuando la viví, pero que llevaba implícita una verdad universal que vibra fuera del tiempo, sin espacio y sin lugar; y esa verdad reposa en lo profundo del corazón de cada ser humano: **el instante eterno.**

Aunque mi experiencia me llevó al punto de perder el contacto con el tiempo, a desviar momentáneamente mi razón y hasta dejarme robar la lógica de la vida lineal, en cambio me devolvió el verdadero sentido de la existencia. Lo que experimenté después del proceso me llevó a la recuperación de una vida plena de orden universal, de claridad, de respuestas ante los interrogantes más trascendentes, y de balance y equidad ante las situaciones más incomprensibles de la vida.

El ***Calendario del instante eterno*** que estás a punto de leer es el proceso y el resultado de una manera muy singular con que me correspondió experimentar la vida. Mi consejo es que no te detengas en el proceso de la lectura pese a que lo consideres ilógico. Recorre todos los instantes y llega hasta el final. Si los transitas y asimilas, valdrá la pena, porque entrarás a un nivel de consciencia más profundo. Te encontrarás con la vibración, la plenitud y la sabiduría del **instante eterno.** Un instante sin espacio y sin tiempo, que reportará el verdadero sentido a tu existencia sobre este planeta.

Acerca de este libro

En la primera parte de este libro, encontrarás el preámbulo a la revelación del Espíritu Santo, quien me encomendó hacer el laboratorio de consciencia por medio de un retiro espiritual, que debería prepararme para mi sanación o mi muerte. De alcanzarse la sanación, dejar plasmado un escrito. Los primeros capítulos, denominados instantes, tienen un nombre cuyo significado te conducirá en mi camino de dolor físico y de alma, luego encontrarás los últimos instantes de mi Calendario quántico: de renacimiento, sanación y transfiguración.

Mi invitación para ti es que leas este libro caminando a mi lado instante tras instante, recorrer la historia de dolor y renacer conmigo marchando hacia la consciencia de la eternidad. Esta consciencia te mostrará el límite de las posibilidades existentes entre la muerte de la vida tridimensional y una prodigiosa experiencia de vida con consciencia quántica.

Seguidamente, tendrás la oportunidad de explorar conmigo los postulados de las grandes religiones para descubrir la unidad entre ellas y encontrar el centro de tu corazón espiritual. A la par, analizaremos las creencias sobre el karma, la reencarnación y las leyes universales de acuerdo a la posición del pensamiento actual de la humanidad. Pero no descuidaremos los avances de la ciencia y la tecnología respecto a los postulados de la física quántica concomitante con la vida espiritual del ser humano. De esta manera comprenderemos el momento actual de instantaneidad tecnológica y espiritual.

En paralelo a la consciencia que voy adquiriendo en los últimos capítulos (instantes) del calendario, conseguirás comprender la vida del instante más allá del presente, para descubrir el 21 de diciembre del año 2012, el inicio de lo que podría ser tu más trascendente vida: la del **instante eterno**.

<u>**En la segunda parte de este libro**</u>, comprenderás qué sucedió el 21 de diciembre del 2012. **La** revelación que demarca **el instante eterno** como respuesta a la pasada incertidumbre sobre las predicciones del calendario maya.

El instante eterno de mi calendario resuelve el enigma sobre el sin tiempo y sin espacio como el cambio que estábamos esperando. Ahora, en el momento de escribir este libro, años después de haber vivido mi experiencia de nueva consciencia, y eternizado mi instante, plasmo mi testimonio y registro en mi calendario quántico el <u>"instante eterno"</u> revelado por Cristo y por el Espíritu Santo, por medio de mi guía espiritual, Madre Luz. Revelo en este libro que el <u>instante eterno</u> es una nueva historia en consciencia para entrar a una nueva dimensión foto-lumínica para ti, y en consecuencia para toda la humanidad en el nuevo ciclo después del año 2012.

Para mí, que tengas este libro en tus manos significa que ya valió la pena haber tomado la decisión de expresar en palabras y de compartir lo inexpresable, de corazón a corazón.

Introducción. Un calendario sin tiempo

"Si hay algo para reconciliar, si hay algo para comprender, si hay algo para sanar, para perdonar, para trascender, que se haga en un día al paso del sol, y más perfecto aún, en un instante". Esta fue la conclusión que escribí en el año 2006. Así lo escribí para mí en el momento más difícil de mi vida en un retiro de tres días, cuando me encontraba definiendo mi vida o mi muerte en un hotel al lado del océano, en la Florida, Estados Unidos. En aquel encuentro con mi espíritu, pude descifrar la conclusión anterior como un código escrito en un minúsculo espacio entre el segmento de la vida y lo que llamamos la muerte.

Ahora lo escribo para ti después del año 2012, época de una Nueva Era para la Tierra. Hago público mi testimonio este año 2019, cuando estoy cumpliendo 43 años de recorrido por medio de un camino espiritual quántico. Después de haber vivenciado el presente **del aquí y el ahora** y haber recibido la revelación sobre la nueva emisión del sol en esta Nueva Era, pude eternizar mi instante al grado de poder decirte hoy: que más allá de vivir el **presente, el aquí y el ahora con sus partículas de tiempo y espacio, existe la gran experiencia del instante eterno,** que nos revela el fin del tiempo, mediante el cual puedes construir, renovar, sanar tu alma, regenerar tus células y reconstruir tu vida.

Primera parte

Es este un calendario sin tiempo

La pregunta que surge es cómo funciona un calendario sin tiempo. Lo que usualmente se conoce como un calendario corresponde a un registro sistematizado del transcurso de los días del año ordenados por semanas y por meses, el cual nos ayuda a organizar nuestras actividades de forma sucesiva. Esto quiere decir que un calendario necesariamente incluye información de eventos. En la actualidad nos regimos por el calendario solar que funciona de acuerdo al ciclo que describe la Tierra alrededor del Sol.

De acuerdo a la anterior descripción, podría pensarse que un calendario sin medida de tiempo no sería un calendario. Pero te invito a reflexionar más profundamente sobre el tema. ¿Qué sucede con los eventos de nuestra vida que transcurren a velocidades más allá de la luz y del espacio conocido, como son la velocidad supersónica y la superlumínica, para las cuales no existe sistema humano de medida alguna?

Para responder recordemos que un calendario marca cada día desde que vemos el sol nacer hasta que se pone. Un día tras otro de lunes a domingo, formando una semana, y con cuatro de ellas registramos un mes, con 12 meses, un año, y así sucesivamente. Por consiguiente, comprendemos que toda esta cuenta gira alrededor del paso del Sol cada día. Y aún preguntarnos qué tan conscientes somos de la importancia del Sol en nuestra vida, cuando todos los sucesos y eventos de la vida humana se están marcando bajo la regencia y el paso de nuestro astro solar.

¿Existe realmente dentro del dominio del tiempo un sistema de magnitud conocido que pueda medir el paso del Sol sobre nuestra vida desde milenios atrás hasta los segundos y los nanosegundos? No. En mi experiencia descubrí que el significado del paso del Sol va más allá de la organización de un calendario solar, porque existen sucesos que no se podrían contabilizar con ningún sistema de medida conocido. Yo no podría contabilizar por segundos, meses, años, o siglos, el paso del Sol sobre mi vida porque el paso del sol no contiene tiempo. Tendríamos que medir un rayo de Sol sobre nosotros, y esto sucede en sólo un instante fuera del tiempo y sin espacio. Mediante mi propia vivencia he podido concluir que realmente sólo existe un instante.

Contrario a lo anterior, ¿crees que se puedan condensar los eventos de un largo calendario de 365 días en un instante? Yo me atrevo a afirmar que sí, porque todo en la vida sucede en un instante. Nacemos en un instante, perdemos la vida en un instante, morimos en un instante, no en dos ni en tres. Y en ese instante se sintetiza la experiencia de toda una vida.

¿Podrías vivir contando los microsegundos en que se suceden los acontecimientos de tu vida? Quizás sí, pero no te lo recomiendo, entrarías en el terreno de las medidas del tiempo que no pueden medir lo trascendente de tu vida, porque aunque la velocidad de un rayo de Sol es medible, no podrías calcular lo más trascendente del Sol: el instante en que su rayo que se filtra por tu ventana te despierta y acaricia tu vida cálidamente de manera que en un instante de consciencia inconmensurable sin tiempo ni espacio te impregna de misterios nuevos y de energía quántica y foto-lumínica, más allá de lo que conoces simplemente como energía solar. Y todo esto sucede en un instante. El rayo que recibes del astro Sol que vemos nacer en el Oriente y ponerse al Oeste pasa por tu vida, gobierna tu día, y sostiene todo tipo de energía en tu campo espectral humano, electromagnético, etéreo, físico y espiritual.

La experiencia que experimenté en un día al paso del Sol es la que te entrego en este libro.

Yo te preguntaría: ¿crees posible vivenciar, superar y rediseñar los sucesos de nuestra vida interior, tarea que te llevaría años, y concentrarlos en un día o en un instante? Para responder piensa en un solo instante, en el que un rayo de Sol toca tu cabeza. Ese rayo transporta una emisión de luz que puede haber viajado desde el centro de la galaxia central ubicada a millones de años luz de nuestro Sol para en solo un instante irradiar tu vida. ¿Por qué, entonces, no podemos concentrar nuestra vida en un instante? Yo lo hice en el momento más difícil de mi vida. Te estoy invitando a concentrarte en ese instante para lograr avanzar y trascender tus sucesos internos más difíciles de manejar por medio de este calendario quántico de consciencia: el calendario del instante eterno.

Por tal motivo, este calendario de consciencia se concentra en los instantes, sin números, sin fechas. Y en cada instante descubrirás una energía nueva envuelta en un testimonio especial y real experimentado en mi propia vida, el cual te anunciará que tú puedes vibrar un insondable instante quántico en tu corazón, fuera del tiempo del reloj, más allá del espacio ya conocido.

Más allá de lo que conoces como un calendario sobre la linealidad del tiempo de los días, meses, años; encontrarás la energía esencial del instante como la respuesta sin tiempo y sin espacio que necesitas para concentrar y trascender en un instante eterno los contextos arduos de tu vida.

Mediante mi testimonio, hago un llamado de nueva consciencia quántica a quien esté listo para comprender esta Nueva Era que enmarca la Tierra. Es una convocatoria a despertar con la fuerza quántica de consciencia que nos trae la nueva emisión del Sol después del 21 de diciembre del año 2012, tal como lo enunciaba el calendario maya. A este influjo universal yo desperté para poder compartirte hoy que en un <u>instante eterno</u> se puede rediseñar un alma, sanar un corazón, renovar una vida... tu propia vida, y se puede comprender una nueva forma espiritual, más allá de la religión: sencillamente como una cultura, una cultura espiritual.

Fue en razón de mi experiencia con el Espíritu Santo que nació este calendario que no tiene fechas, solo instantes, que fui marcando en un día al paso del Sol mediante mi proceso de definición entre mi vida o mi muerte, hasta llegar a la consciencia de eternidad que concluyó en el instante eterno.

¡Anímate a entrar a la dimensión del *instante eterno!*

El silencio - para descubrir el instante eterno

Un instante de silencio

Una de las búsquedas del ser humano es poder registrar conocimiento en su mente, sobre todos o alguno de los saberes de la Tierra.

Al respecto, ¿qué quiso decir el filósofo griego con esta célebre frase "Sólo sé que nada sé", que resuena como eco a lo largo de los siglos?

Conozco respuestas invaluables que resuenan en el tiempo dando a esta frase explicación y concordancia. Existen innumerables frases célebres de seres humanos dotados de gran inteligencia, que explican la famosa enseñanza. Seres sabios, filósofos, poetas, dramaturgos, hombres de literatura universal, todos ellos entregan la comprensión de tan profunda reflexión. "Solo sé que nada sé".

Mi instante de silencio

En mi profunda búsqueda de la verdad, alguna vez escuché de uno de mis grandes maestros espirituales que **cuando el ser humano encuentra las respuestas más trascendentes entre la vida y la muerte, se queda en silencio, y cuando hace silencio, se vuelve sabio.**

Esta revelación dejó mi corazón en estado de perplejidad y mi mente en estado de profunda reflexión, en razón de la esperanza y el derecho que creía tener de poder elevar mi voz al viento al descubrir la verdad de los misterios del universo. Descubrir para compartir las claves del descubrimiento, esa era mi búsqueda. Pero si debía quedarme en silencio, ¿valdría la pena tanta exploración existencial?

Mi mente, exploradora literaria, cientificista y pragmática, adiestrada en la búsqueda de respuestas válidas para cada situación de mi vida, pensaba que los grandes interrogantes de la existencia humana sobre mi origen, el verdadero sentido de mi vida y mi destino último inmortal, eran piezas de un rompecabezas que podría volver a encajar solo con la participación de la inteligencia, la lógica o la razón.

En el discurrir de infinidad de aconteceres de mi vida, fui descubriendo que ninguno de mis conocimientos académicos me brindaba la oportunidad de comprender la vida energética, la verdadera vida del espíritu que animaba y daba sentido a mi vida física, y además, que las diversas plataformas estructurales, académicas, habían nutrido solo mi mente.

Incursioné entonces en el mayor saber universal: **el conocimiento de mí misma,** y descubrí que el tiempo, la cuenta de los sucesos, los días, meses, años era la ruta más larga para lograr vibrar mi verdadero estado existencial o espiritual. Aprendí que mi corazón debía expandirse para albergar el amor universal; que mi mente con su pensamiento lineal de tiempo y espacio debía hacer un gran salto quántico para darle paso a la luz atemporal de la consciencia espiritual. Sin silencio interior no podría escuchar el ritmo que el universo me iba marcando instante tras instante. Con el silencio mental, mi consciencia espiritual comenzó a emerger como un loto desde las aguas turbulentas de la transformación de mi mente. El ruido constante del pensamiento se reducía cada día, y un profundo mutismo llenaba los espacios infinitos de mi alma, dando paso al silencio. Sí, al silencio.

Por fin comprendí por qué el saber de sabiduría entregaba silencio.

¡Cuánto tuve que recorrer internamente para comprender aquella enseñanza de mis maestros espirituales! "Cuando el ser humano encuentra las respuestas más trascendentes entre la vida y la muerte, se queda en silencio".

El silencio al que se referían mis maestros no era solamente el silencio de la voz, la cual ya tampoco se agitaba al viento con el ego del saber. Se referían también al silencio de la mente, la cual con su ruido ensordecedor invalida los maravillosos misterios que ella desconoce sobre el espíritu y el universo.

Y de improviso, allí, en medio del silencio, como gotas de lluvia, comenzó a emerger un nuevo lenguaje que ya no provenía de mi mente, ni siquiera de mi alma. Como una pintura que cobra vida, con cada gota de sabiduría, mi ser iba diluyendo las ancestrales sombras sobre mi origen y la finalidad de mi existencia en esta Tierra.

Descubrir de dónde vengo, hacia dónde voy, y que soy un ser eterno, que vengo de la luz y he de regresar hacia la luz, desde donde un día partí, brindó la alegría más profunda a mi existencia.

Pero esta no es solo mi verdad, es la verdad de cada ser sobre este planeta. Es la verdad de cada partícula del universo. Vengo desde eones en el tiempo cubriéndome de cuerpos diversos, de lenguajes, razas, creencias, particularidades y elementos materiales con ritmos ensordecedores que me han conducido por túneles de tiempo y de espacio, mente y alma para hacerme sentir una vida de ilusión disfrazada de verdad.

"Cuando se desfigure mi disfraz de carne y hueso, podré vibrar mi verdad", me repetía internamente una y otra vez. "¡La eternidad de mi espíritu!". ¿Cuándo se producirá este evento? "En unos eones más, o quizás en milenios más podré comprender lo que significa esta frase. ¡Soy eterno!, mi esencia no morirá jamás. Un día me fundiré en el corazón de mi Padre Eterno y seré Uno con Él".

En medio del ruido ensordecedor de mi mente, yo pensaba que algún día en algún eón podría comprender mi eternidad. Pero cuando iba silenciando mi mente, comencé a percibir la inspiración de mi espíritu y pude comprender que más allá de estar presente aquí y ahora, la eternidad se vive desde el corazón, instante tras instante, en el <u>instante eterno</u>. No tuve que esperar eones o milenios más para aprender a amar, respetar y vibrar cada instante desde mi espíritu. Y comprendiéndome yo misma, pude comprender a cada ser humano en su espíritu; por supuesto, sin menospreciar sus demás atributos o su intelectualidad. Pero fue por su espíritu eterno como el mío, que aprendí a respetarlo en honor a la sabiduría y la luz que silenciosamente porta cada ser humano.

Este saber no permite levantar la voz por encima de nadie ni de ningún otro saber, porque se comprende que cada ser sobre la Tierra es un ser eterno en su espíritu, es un espíritu que merece el respeto que yo le doy a mi propio espíritu.

Lo anterior sólo se conoce cuando se ha llegado a descubrir que uno de los más grandes misterios del universo es hallar que la verdad es cada espíritu, que es eterno, que nunca morirá, que conoce de eternidad, y que la vida eterna es eso, eterna. No cuenta los días, meses años, no tiene fin en el conocimiento, en la sabiduría y en la vida de luz y claridad universal, y lo más trascendente es que se puede vibrar desde esta misma Tierra en un <u>instante</u> que se transforma en <u>eterno.</u>

Somos millones de seres humanos con portentosos y sabios espíritus, unos despiertos, otros semidormidos o sumidos en un profundo letargo, pero que más allá de su alma, mente o los laberintos profundos de la intelectualidad de cada uno, podrían despertar en un instante eterno de silencio mental y descubrir las verdades eternas de su espíritu en su propio corazón.

Ante esta verdad universal, sobre la sabiduría y la eternidad de nuestro espíritu, y la nimiedad y *espaciatura* temporal de nuestra mente, ¿quién puede decir que sabe algo, mucho o poco? ¿Si las teorías actuales de la física quántica del universo de las micropartículas demuestran que los conocimientos científicos que eran base fundamental hace siglos ahora se desarticulan? ¿Si las creencias irrefutables hace milenios ahora se rebaten? Si el mismo ser humano, el rey de este estado natural de tres dimensiones, seguro y estable ayer, hoy mismo registra inestabilidad y desconcierto al presenciar el derrumbamiento de las diferentes estructuras (sistemas de organización de la sociedad) económicas, sociales y políticas que conforman la actual sociedad. ¿Si los cambios climáticos que hace pocos años eran absolutamente cíclicos ahora mismo son impredecibles y rompen todas las estadísticas?

Quienes hemos sido buscadores de la verdad por alguno de los medios de realización espiritual conocidos comenzamos el camino comprendiendo que la existencia real del ser es atemporal, es aquí y ahora. Luego de aprender a trascender el pasado y el futuro de nuestra vida, conocimos el estado presente y nos extasiamos allí tratando de encontrar en él el verdadero sentido de la vida. Este oasis de experimentar el presente ha significado para muchos su realización espiritual. Para otros es todavía una meta de realización lejana. En mi experiencia personal, el presente conocido como **"aquí y ahora"**, explorado por grandes seres iluminados, fue para mí un gran oasis. El presente de aquí y ahora fue un paso trascendente para mí, un alto escalón de la gran escalera hacia la eternidad. Pero hoy, más allá del presente del aquí y ahora, la humanidad está convocada a lograr otra meta. Ese es mi paso ahora y es el que aquí en este escrito te quiero transmitir. Nos dirigimos hacia otro escalón vibrante y esencial: el estado de eternidad que se puede vibrar con el instante eterno.

He podido comprender que más allá de la voluntad humana y de las leyes divinas, existen las leyes universales, las cuales rigen el destino de los multiuniversos, entre ellos el nuestro. Nuestro universo acaba de entrar a una nueva etapa que cambia los parámetros lineales de nuestro planeta en todas las áreas del pensamiento social, económico, político, tecnológico, científico, espiritual y material del ser humano. Nuestro planeta ha entrado a la regencia de una nueva onda cósmica que cambia todos los procesos, entre ellos el de la realización espiritual de la humanidad.

Por medio de este escrito, te invito a recorrer diversas circunstancias de mi vida que me llevaron a descifrar un **instante,** más profundo que el presente del aquí y del ahora para luego recibir la revelación del Espíritu Santo sobre el instante eterno, como el proceso de ascenso de consciencia universal más accesible para la humanidad de la Tierra a partir del 21 de diciembre del año 2012.

Después de esta premisa puedo compartirte hoy que hace unos años fui guiada por el Espíritu Santo para hacer un laboratorio muy trascendente para la vida de cualquier ser humano, como lo es definir en un solo día, sus estados internos para su sanación, su vida o su muerte; y hoy época de Nueva Era para la Tierra después del 2012 cuando un nuevo resplandor del Sol acelera todos los procesos de la humanidad, puedo afirmar que ese mismo laboratorio lo puedes realizar en un instante quántico... un *instante eterno.*

Tu instante eterno de silencio

En un instante cualquiera de esta nueva época para la Tierra, comprenderás en silencio desde tu espíritu que nada sabes desde tu mente, claro está, porque tu espíritu es sabio. Y que además los códigos universales que en tu camino vas descifrando te enseñarán que el universo es un esplendoroso entramado de verdades universales tan insondables e infinitas, que nunca terminarás de descubrir plenamente. No podrás decir que lo que hoy sabes y está circunscrito al tiempo es inmutable, inamovible o irrefutable. Estarás entonces a punto de percibir que cuanto más conocimiento intelectual adquieras, es el silencio, en la sencillez y en la humildad de tu corazón, la verdad que hoy debes tomar para expresar, que desde tu mente nada se sabe más. Es desde tu sabio espíritu que puedes percibirlo todo en un *instante eterno*.

Te invito a conocer la antesala del calendario de mi instante eterno.

Recordando la encomienda universal

Escribir un calendario de consciencia era un compromiso universal
Era el amanecer del 27 de diciembre del año 2006 en el estado de Florida, de los Estados Unidos de Norteamérica. Los rayos del Sol se filtraban por la persiana de la ventana de mi cuarto, y yo despertaba con la mano en mi corazón, como últimamente me estaba sucediendo. Pero esta vez era diferente, no solo sentía la sutil vibración en mi pecho, sino que volvía a sentir clara y perfectamente nítida la voz interna que ahora me recordaba una encomienda: "<u>Comienza... debes escribir... debes sacar a la luz el escrito</u>".

La encomienda que la voz interna me comunicó se fue disolviendo con el tiempo, pero el estado de plenitud nunca lo perdí, tampoco la palpitante alegría y la certeza de constante compañía que me dejaban esas especiales comunicaciones.

Recibir comunicados divinos no era extraño para mi vida, ya que desde el 12 de junio del año 1976 he vivido rodeada de ellos al pertenecer a un linaje de maestros espirituales.

Mi vida más trascendental comenzó en el año 1976 en el momento del despertar de consciencia de Luz Alba, mi hermana menor, hoy Madre Luz, una gran maestra espiritual. Este día representó para ella el día de su iluminación, para mí el día del inicio de mi camino espiritual.

Debo comenzar por expresar que lo más sagrado de mi vida ha sido gestado en el vientre espiritual de Madre Luz y en el corazón espiritual de otro gran maestro de amor universal, el Padre César, su consorte. Ellos se han construido a sí mismos como pilares de luz y de sabiduría. Maestros espirituales, seres humanos notables y sabios preparados y experimentados dentro de los más altos fundamentos universalistas, para transmitirlos no como religión, sino como una nueva cultura espiritual. Tengo el honor de nombrarlos a ellos ya que los acontecimientos de mi vida están absolutamente enlazados a la misión de estos padres regentes de la Nueva Cultura Quántica Esencial. Una cultura espiritual que inició en Colombia, nuestra tierra natal, en el año 1976 y que con nuestro traslado se amplió hacia la Florida, en los Estados Unidos, en el año 2001 y continúa extendiéndose hacia otros lugares del mundo.

Los padres Luz y César, los gestores, han transitado el insondable camino interior para constituirse como seres universales e instituir esta nueva cultura espiritual.

Solo puedo acercarte un poco a sus procesos mencionando algunos aspectos de sus vidas que ayudaron a construir la mía.

Cuando los padres Luz y César se conocieron, se produjo su encuentro universal en esta Tierra (un encuentro signado desde antes de nacer). Ellos descifraron su misión personal, para realizar la misión conjunta que llevarían a la humanidad.

El conocimiento de la amplia gama de creencias y de religiones fue un pilar de impacto en su preparación espiritual para relacionar la espiritualidad con la humanidad, comprenderse a sí mismos y comprender el origen del universo. Comprendieron cómo el universo en su búsqueda de evolución ha dejado que el hombre como ser humano o divino interprete su papel estelar sobre la Tierra. Dentro de esta búsqueda han existido diferentes explicaciones de la misma creencia.

Después de este amplio recorrido, encontraron que en esencia las diferentes religiones son una sola. Las diferentes interpretaciones han generado formas y nombres diversos. Pero Dios es solo UNO. En conclusión, conjuntaron en sí mismos las doctrinas espirituales de Oriente y de Occidente, sintetizando la esencia de las enseñanzas eternas que hoy se encuentran fragmentadas y que han dejado en la humanidad marcadas diferencias, las cuales han generado guerra y confusión.

Como efecto de su proceso espiritual de muchos años, los padres César y Luz promueven una nueva cultura espiritual quántica y esencial que recupera la unicidad de la vida espiritual, más allá de la religión. Es esta una nueva dimensión que vive en el corazón de todo aquel que despierta a su realidad constructora como un ser humano-divino, con vínculo universal.

Pero este profundo desarrollo no se ha dado solo por voluntad humana. Una voluntad divina ha estado asistiendo todo este proceso desde el año 1976: el Espíritu Santo.

El Espíritu Santo, un Espíritu Universal sin filiación religiosa alguna, quien desde siempre ha guiado el destino de la humanidad.

El Espíritu Santo ha revelado directamente las bases y los fundamentos de esta nueva cultura, entregando mediante nuestros padres espirituales Luz y César respuestas quánticas para esta época de confusión planetaria.

Cuando menciono al Espíritu Santo, no le asigno filiación religiosa, hablo del Espíritu Santo universal que ha iluminado y continúa inspirando a todos los seres que van dejando grandes huellas de luz espiritual para la humanidad.

Con el legado escrito de las revelaciones divinas recibidas por medio de Madre Luz, se creó una gran biblioteca de sabiduría universal, conformada desde el año 1976 por más de 6000 escritos hasta ahora. Estos son mensajes y volúmenes que se constituyen como preciosa joya de patrimonio cultural para la humanidad. Me considero una mujer muy bendecida ya que no solo he contado con esta familia espiritual sino que he podido ser participante activa desde el inicio de la construcción de esta nueva cultura.

En este instante tu mente puede estar preguntándome qué era lo que establecía la diferencia esta vez entre el comunicado de este amanecer que me recordaba escribir este libro que tienes en tu mano ahora y los mensajes de nuestra Biblioteca Universal.

Para dar respuesta, relataré algunos episodios de mi vida que me han traído a cobrar el significado de ese singular momento de conexión universal en mi corazón, y su relación con la escritura de este calendario de consciencia, que era mi compromiso universal.

De mi inspiración ha nacido este escrito, para quien lo leyera, y en este momento eres tú quien lo lee. Abro aquí mi vida como un espejo, para que a través de mis experiencias vayas recorriendo las propias, experimentando y trascendiendo las circunstancias de la vida cotidiana con una nueva consciencia de eternidad que marca el universo para esta época de nuestro planeta.

Aquel instante de renacimiento en el año 2006

Voy hacia atrás en el tiempo, a principios del mismo año 2006. Un amanecer, pero desde una cama de hospital donde me sentía crucificada, conectada con aparatos y sondas después de casi haber muerto la noche anterior a raíz de una cirugía de alto riesgo. Cuando desperté, por primera vez observé la posición de mi mano en mi corazón vibrante sintiendo que había vuelto a la vida. Percibí allí por primera vez la voz íntima que salía desde algún lugar de mi ser.

A pesar de las circunstancias de aquel momento, me sentí inundada de alegría, mientras esa voz interior me llevaba a organizar por mí misma, a través de mi propia respiración, las sondas que tenía conectadas por mi boca y mi nariz y me ahogaban. Allí sentí la presencia sublime que me orientaba y reconfortaba profundamente.

Siempre he recibido con absoluta confianza, la guía y la orientación de mis padres espirituales, y puedo decir que Dios me ha hablado por medio de ellos, pero la diferencia se establecía aquel amanecer, porque por primera vez, en un instante sentí directamente la presencia divina que identifiqué como el Espíritu Santo, conduciendo directamente mi vida y orientándome en la situación de vida o muerte que me encontraba viviendo.

Aquella madrugada de principios del año 2006, mientras los rayos del Sol se filtraban por la ventana de mi cuarto de hospital, sentí que había valido la pena vivir todas las experiencias pasadas que se pudieran mirar como dolorosas o traumáticas. En ese instante pude percibir con absoluta certeza que todas habían tenido que suceder tal como lo fueron, porque me habían llevado a sentir por mí misma la más sublime presencia.

En este amanecer, siete meses después de mi paso por el hospital, pero en la cama de mi casa, volvía a percibir esta presencia divina recordándome mi encomienda universal. "Comienza... Debes escribir... Debes sacar a la luz el escrito".

Ante el Espíritu Santo para descifrar el misterio entre mi vida y mi muerte

Mi proceso de enfermedad

Estuve viviendo un crítico proceso de enfermedad, ante el cual pude tomar una posición que me absolvió de sentirme enferma o paciente. Simplemente estaba vivenciando una etapa de mi vida que aunque comprometía altamente mi salud física, dignificaba y enriquecía mi conocimiento respecto a la salud, la vida y la muerte, la cual luego descubrí que también es vida.

Para llegar al anterior enfoque ante este padecimiento, conté con la guía especial de la amorosa y sabia compañía de mi familia consanguínea y espiritual, de mi esposo, a quien puedo definir como mi ángel guardián y la guía del Espíritu Santo por medio de Madre Luz.

En vista de una futura intervención quirúrgica y del riesgo que ello implicaba para mi vida, el Espíritu Santo, mediante mi madre espiritual, me recomendó realizar un singular laboratorio espiritual **en un día. Me dio un** día para descubrir temores internos, nudos del alma, y si los hubiera, sus orígenes y sus huellas; un día para encontrar solución, trascender esos miedos, rendirme y renunciar. Renunciar a todo lo que soy, forma, figura, maestra, hermana, esposa, madre y demás. **Un día para sintetizar mi vida.** Un día para trascender mi vida, definir sanación, vida o muerte, y precisar mi existencia sobre esta Tierra.

Debería realizar este laboratorio antes de mi intervención quirúrgica y entregar mi decisión al Padre Eterno y a mis padres espirituales.

Al escribir sobre este proceso, en este momento, soy perfectamente consciente de que no es fácil para el lector comprender lo que digo. Quizás te ayude un poco si te recuerdo que la mitad de mi vida se ha desarrollado en medio de mensajes y de revelaciones espirituales y que he tenido la fortuna de comprender muchos misterios que se esconden entre la vida y lo que llamamos muerte del ser humano. Entre estos misterios, está el de conocer que los seres humanos antes de nacer hemos tenido la oportunidad de elegir el momento de nuestro nacimiento y, por qué no, el de nuestra definitiva partida de este planeta. Estas palabras pueden parecer incomprensibles ya que lo "normal" es no recordar el momento anterior a nuestro renacimiento en esta Tierra y tampoco nuestra mente es consciente del momento de la partida. Pero algunos tenemos la bendición de conocer esas instancias y ser conscientes de ello mediante algún medio, y este fue mi caso. En mis manos estaba la decisión de partir —morir— o continuar con mi misión sobre el planeta.

¿Pero cuál era ese diagnóstico médico que indicaba que mi vida corría alto riesgo?

El cáncer

Después de un procedimiento de colonoscopia, un gastroenterólogo muy conocido en el sur del estado de Florida le comunicó a mi esposo que había encontrado un tumor en mi colon, le entregó la fotografía del tumor y le dijo que era necesario ir a mi médico físico, porque yo debía ir a cirugía.

Mi esposo Comepine (es su nombre espiritual) me llevó a casa sin referirme lo hablado con el médico.

Efectivamente, después de llegar a casa, cuando habían pasado más o menos dos horas, el gastroenterólogo me hizo una llamada telefónica para preguntarme sobre mi estado y a la vez manifestarme que nos encontrábamos ante un cáncer. El tumor era canceroso. Hasta allí llegaba él, ahora yo debía ir a mi médico físico y buscar un oncólogo cirujano especialista en colon.

Yo le pregunté sobre el grado en que se encontraba el cáncer y sobre el riesgo de esta cirugía, y me dijo que no se sabía qué grado tenía la enfermedad, pero que el tumor era muy grande, por eso debía ir a mi médico físico inmediatamente, para hacerme otros análisis. Con el resultado de este examen se abrió una nueva historia en mi vida.

Pasados dos días, fuimos a visitar a mi médico físico y lo encontramos ya con los resultados de los análisis en sus manos. El gastroenterólogo ya lo había llamado para informarle mi estado. Aproveché la entrevista con mi médico para documentarme mejor acerca de lo que realmente estaba sucediendo con mi colon.

Mi médico físico me expresó que yo debía hacerme unos análisis de sangre para determinar hasta qué grado tenía el cáncer. Esa medida era necesaria como punto de partida para hacer un seguimiento.

De acuerdo a los análisis y a unas placas de pulmón y de órganos internos como hígado, páncreas, estómago y demás, sabríamos si había otras zonas de mi cuerpo comprometidas. Ya con estos resultados podríamos evaluar el siguiente paso y si era necesaria la cirugía.

También me habló de la necesidad de una trasfusión de sangre para darme fuerzas ya que yo me encontraba en un estado avanzado de anemia.

El día del resultado

Llegó el resultado del *scanner*, y sentada frente a mi médico, lo noté un poco callado y taciturno, escuché su diagnóstico:

—Inés, salió el cáncer en el colon. Tu pulmón está bien, tu páncreas y demás también, pero hay un problema en tu hígado. Hay una gran lesión en él. Esperemos que no sea nada maligno, pero necesitamos un *scanner* de funcionamiento de órganos para ver más profundo, y precisamos saberlo antes de la cirugía. Debes ir al cirujano que te recomendé, es el mejor especializado en cáncer de colon, yo lo llamaré ahora mismo.

—¿Entonces debe ir a cirugía? —preguntó mi esposo.

—Sí, debe operarse, pero antes hay que hacerse este examen, urgente.

Dos días después estuvimos en el West Memorial Hospital frente al cirujano, equipados con todos los análisis y las placas tomadas nuevamente. El oncólogo era una excelencia en su campo; me dijo que efectivamente yo tenía cáncer en el colon y cáncer en el hígado, que debía ir a cirugía urgentemente, y que de una vez me haría los dos procedimientos. Si todo salía bien, tendría que estar en el hospital en recuperación por un tiempo.

Mi esposo le preguntó qué consecuencias podía tener la operación de hígado, y él contestó que lo que más le preocupaba era mi colon. Yo escuchaba todo muy lejanamente, como si el asunto no me implicara, pues estaba pensando "Cómo el médico habla de operar mi hígado también. Dos órganos, cuando yo apenas estoy tratando de prepararme para resistir una incisión en uno, a pesar de que soy alérgica a los antibióticos y a la penicilina, entre otras cosas". Además estaba el precedente del melanoma que había surgido en mi brazo izquierdo a raíz de un lunar cuyo resultado había salido positivo, por lo cual había tenido que ser intervenida. Aunque esto había sucedido un año atrás, todo indicaba que el cáncer estaba visitando todo mi cuerpo.

El médico hablaba con mi esposo sobre ello, mientras yo caminaba hacia la ventana tratando de escapar de cada frase que escuchaba. Fue un momento muy difícil para la comprensión de mi mente. Recuerdo que me negué a pensar más en mi cáncer de hígado debido a que yo tengo un hígado muy pequeño a causa de mi nacimiento prematuro. Llegué a este mundo con 6 meses de gestación, por lo cual ello apuntaba a un mayor riesgo.

Meses después de este momento ante el médico, identifiqué plenamente lo que estaba sucediendo en ese instante entre mi consciencia y mi mente, que se resistía a creer en la lesión de mi hígado. Esta reflexión la narro más adelante, en un capítulo de este libro. En ese momento creí que no pensar en mi hígado minimizaba los riesgos. Nunca más regresé al pensamiento sobre la lesión de mi hígado.

Le pregunté al médico cómo se manejaría mi situación, ya que soy alérgica a las penicilinas y a los antibióticos, y la respuesta fue "Ese es otro problema, pero hay que operar. Algo haremos".

Luego salimos de allí. Mi esposo, como solía ser su proceder, no mostró mucha preocupación, y ello me brindaba más confianza.

Camino a casa recorrí mentalmente mi existencia, pensando que a lo largo de mi vida espiritual yo había presenciado cantidad de sanaciones realizadas por los médicos espirituales por medio de Madre Luz. Sanaciones de toda clase de enfermedades, entre ellas la leucemia. Entonces ¿por qué yo no podría ser sanada también por medios espirituales?

Mi esposo y yo, que hemos sido conocedores de las leyes universales, entre ellas la de karma y dharma, confiábamos en que en ese momento nuestra vida estaría cubierta del dharma. A la vez, nuestra posición era abierta a la voluntad universal que nos correspondiera. Una voluntad universal que en el pensamiento de ese momento yo sentía que estaba a favor de mi sanación.

Pocos días después, con la esperanza de sanación en mi corazón, tuve el encuentro personal con mis padres espirituales para realizar una meditación sobre mi caso. Allí, por medio de Madre Luz, recibí la revelación del Espíritu Santo, que se expresaba con respecto a mi enfermedad.

La encomienda universal por medio del Espíritu Santo

El mensaje del Espíritu Santo que me inspiró el calendario

Para sintonizarte con la sagrada expresión espiritual que me estaba orientando por medio de Madre Luz, aquí te comparto algunos fragmentos del mensaje que el día 2 de marzo del año 2006, el Espíritu Santo me entregó para que yo definiera mi propia existencia: a este mensaje lo llamaré "La encomienda".

La encomienda universal

"Hansayana: Que tu corazón sea de puro amor. Que por medio de él pase el tiempo sin detenerse. Que puedas acercar a la distancia, estando aquí en tu corazón eterno.

Puedas atravesar los valles oscuros de la desolación, del desconsuelo; todo en un día, para que no haya más días, más tiempo, más espacio, más lugar".

Toma una nueva vida en el espíritu con tu propio cuerpo. Adelanta todos los pasos por dar, por seguir, como si solo existierais un día. Multiplica las células fuertes de la sangre, del corazón del cuerpo, multiplica la fuerza celular en el cerebro.

Vive todo en un día, lo que quiera llorar el corazón, lo que quiera gritar la mente, lo que quieran comprender los sentidos.

Vive todo en un día, la futura cirugía, la futura muerte, la futura sanación, los dolores. Vívelo todo en un día, como si pudieras programar lo que pasa con la mente y con el cuerpo, con los cuerpos, con los chakras, desde la consciencia.

Vive todo en un día para que en ese día se olvide el tiempo, se olviden el espacio y el lugar, y se le permita al cuerpo y a sus células respirar, reabastecerse y nutrirse, estar en la sintonía perfecta aquí y ahora. No temas por nada, porque nada es real.

Lo que programes en ese día de vida será el día siguiente, los días siguientes, y lo <u>que dejes escrito</u>.

El amor más grande no es aquel que se quiere vivir, conocer, reconocer; es el que se está viviendo y experimentando en medio de las circunstancias con la sombrilla de la consciencia, para que esta pare el agua de los pensamientos, del tiempo.

La mayor incertidumbre del alma, del cuerpo, del sistema nervioso, es todo aquello que está por venir.

Es el momento de decir: 'Si yo no tengo que vivir este cáliz, que no sea; si tengo que vivirlo, que tenga las fuerzas para soportarlo'.

La consciencia es como múltiples opciones, en que tienes una película de vida que no te gusta y la cambias por la que te agrade realmente, con la cual te sientes bien y la proyectas con tal fuerza, que la primera película necesariamente tiene que desaparecer, deja de existir.

Hay que vencer el temor a morir de cualquier manera, un accidente, una enfermedad sin aire, sin espacio, sin lugar, sin dolores, con dolores. Este vencimiento hace que el espíritu se presente con una consciencia clara de vastedad y con una fuerza ilimitada de mucho amor.

Padecer algo, sufrir de algo, no es haber perdido el amor divino o el curso de la evolución de la vida. Los grandes santos, los avatares, los místicos, los maestros, a veces han vivido toda una vida de salud y de pronto en cualquier momento de su última estación presentan una dolencia final, o en la juventud, un estigma de enfermedad mortal.

La enfermedad, los cánceres y un sinnúmero de detalles que a veces atraviesan las líneas del cuerpo y se detienen a experimentar con las células y a querer hacer una vida independiente o invasiva en ellas, son el resultado del proceso del mismo espíritu que busca tener espacio y claridad para la consciencia de lo que está viviendo de todas las deudas pasadas aunque no se contenga el karma nacional, regional. El karma del cual el ser no puede deshacerse mientras viva en la Tierra es el karma geoambiental.

El karma es una deuda muy profunda, la mente no puede recordarlo ni reconocerlo, no podría con ninguna información al respecto, pero sí puede identificar que necesita un perdón divino por algo que sucedió en algún tiempo en su vida y que ese algo pueda estar ocasionando no solo la enfermedad física o el deterioro físico, puede estar ocasionando escasez económica, privaciones o falta de encuentro con uno mismo al nivel de Dios como UNO.

La consciencia tiene estaciones diferentes, de amor, de sabiduría, de justicia y de luz, y en cada una de ellas hay tantas reglas y tantos órdenes, que hacen difícil la búsqueda de la claridad completa, de la entrega completa.

Hay que renunciar a ser quien es como Hansayana, es importante. Puedes renunciar a su figura, a su forma, a su forma de ver la vida. Puedes renunciar a ser escritora, renunciar a ser mujer, a ser madre, a ser amiga, maestra y cuando miras que se quita todo, que parece que no quedara nada, es cuando resplandeces con mayor rapidez la claridad de lo que realmente eres como energía, como luz.

Si se aprendiera a vivir y con la misma intensidad se aprendiera a morir, los seres vivirían con el día y abandonarían el día y renunciarían en la noche; así, cuando llegara la muerte vestida de luz o vestida de sueños o ilusiones, podría llevárselos en su carruaje mágico como una experiencia más entre el día y la noche.

Pero la separación y el ser muchas cosas, ya sean identificaciones, quitaron el sentido esencial de que la vida y la muerte son lo mismo, el mismo asunto entre lo esencial y lo material. Por eso el temor a sufrir, a penar, debe desaparecer en un día, para que no tengas que vivirlo más días, y aquello que tengas que pasar sea con la consciencia de saber qué va a suceder y no con la incertidumbre de múltiples opciones. ¿Podré pasar o no? ¿Podré vivir o no? ¿Cómo podría quedar?

Debes definir, debes definir lo que quieres para tu vida de aquí en adelante. Para que cuando pase ese día, ya lo hayas vivido con la consciencia para que no pienses en días posteriores sino en uno solo como definitivo, en el cual decidiste si querías morir, si querías vivir, cómo querías vivir realmente, desplazándolo todo, rindiéndote, ante todo, pudiendo sentir la realidad esencial que es la que te acompaña en este día.

Que así sea, así se hace conforme el ritmo del universo en la unidad Uno Dios de Cristox-Espíritu Santo en los Padres y Hansayana en el templo de la sabiduría y la luz".

Espíritu Santo. 2 de marzo de 2006

Después de escuchar al Espíritu Santo por medio de Madre Luz, mi corazón quedó en medio de un espasmo profundo.

A razón de mi deficiente salud, y mis innumerables alergias con la medicina alopática, desde que conocí la vida espiritual, la cual es casi toda mi vida, había sido asistida por Madre Luz o tratada por los médicos espirituales mediante ella misma y, la mayoría de las veces había salido rápidamente de mis crisis de enfermedad. Puedo decir que la medicina espiritual era mi bálsamo de paz y de amor, que sanaba todas mis deficiencias físicas. Pero desde hacía tres años, yo venía padeciendo fuertes problemas de salud y no estaba recibiendo la sanación espiritual de la misma forma que antes. Ante ello, siempre guardé silencio y traté de complementar mi sanación con la medicina tradicional, cuyos efectos secundarios estaban tornando más difícil mi vida que los síntomas de la misma enfermedad.

Y ahora, escuchando este mensaje, ni mi mente ni mi corazón podían comprender esta vez por qué el Espíritu Santo me estaba hablando de prepararme para que yo misma definiera mi sanación o posible muerte o vida. ¿Habría yo comprendido bien?

Yo no estaba preparada para escuchar lo que escuché. Mi corazón había llegado a la meditación con mis padres espirituales, para escuchar sobre mi sanación, ¿y ahora debía ir a prepararme para un laboratorio y definir mi vida o mi muerte?

Sí. Así era, me lo confirmaron mis padres espirituales. Después, yo debía entregarles a ellos mi decisión final.

Sí. Yo lo había comprendido bien, pero mi mente se estaba resistiendo a creer. Me quedé en silencio. No pregunté más. Pero la consciencia adquirida mediante mi vida espiritual me permitió comprender en un instante que todo había cambiado para mí. Realmente ya todo estaba cambiando desde hacía tres años, pero sólo en ese momento pude tomar consciencia de que mi estado de salud era parte de un propósito universal.

Las opciones eran la sanación por mí misma o la muerte. Desde ese momento, mi vida la precisaría yo misma. La luz y la sabiduría de mi corazón universal me permitieron en ese momento difícil recordar la dinámica quántica del universo. El universo, que nunca es estático, siempre está cambiando y a veces vertiginosamente. Entonces, teniendo claro que yo era un universo, mi estado de evolución o mi plan universal no se podría quedar estático recibiendo ayuda externa. Yo era una maestra espiritual a la cual el universo le estaba marcando otro ritmo. Si ese era su nuevo ritmo, yo debía avanzar a ese compás. Silenciosa y con ese pensamiento, salí del recinto de mis padres espirituales dispuesta a realizar el laboratorio que me había encomendado el Espíritu Santo y decidida a encontrar la respuesta de ese nuevo propósito que el universo ahora marcaba para mi existencia.

Aunque mi esposo se ofreció a acompañarme, quise partir sola para realizar el retiro. Para este encuentro conmigo misma, elegí estar frente al mar, porque la energía del océano siempre me ha ayudado a romper fronteras y limitaciones internas de mi vida.

Preparación para mi laboratorio de consciencia

Tres días de retiro
Mi preparación
Ingresé a un hotel en la playa el 5 de marzo del 2006. Tenía reserva para tres días porque realmente nunca penséé que podría realizar la misión en un solo día. Deshice mi pequeña maleta, y me senté en el balcón a meditar mientras observaba el mar, que siempre he amado y del que siempre he procurado estar muy cerca. Esa es una de las razones por las que me encanta vivir en la Florida.

Pero aquel día no podía apreciar su belleza. Mi mente estaba concentrada en cómo comenzar mi gran tarea universal.

Leía y releía el mensaje del Espíritu Santo, aunque sentía una inspiración muy profunda de dejarme llevar por mi espíritu y no pensar en cómo hacerlo, a la vez se me presentaba un vestigio de pensamiento que me indicaba que no podría lograrlo.

El universo me estaba dando una singular oportunidad, que solo se presenta una vez. A pesar de mi conocimiento espiritual y de la guía del Espíritu Santo, por un momento me sentí como un ave perdida con sus alas enfermas y con muchos deseos de volar. Sentí que tres días no serían suficientes para recorrer toda mi vida, recogerla, concentrarla y definir qué hacer con ella, mucho menos en un día, como lo pedía mi guía. Una vida que siempre había sido sanada, guiada. Ahora debía por mí misma hacer lo que nunca antes había hecho.

Era este un momento singular y paradójico, porque como maestra espiritual siempre tuve la consciencia y la sabiduría para guiar a muchas personas, quienes por medio de mi orientación encontraron respuestas y claridades para resolver difíciles circunstancias de su vida. Llegaron a mi mente como haz de luz las palabras de Cristox Solar (el término Cristox Solar lo explicaré ampliamente más adelante) cuando me había hecho la infusión como maestra espiritual en el año 2001.

Con las siguientes palabras había recibido la consagración como maestra espiritual.

> Hansayana: El espíritu de mi sabiduría, que es eternidad, quiere que vuestro espíritu pueda verse, sentirse, intuirse, palparse y sensorizarse en integralidad. Esto quiere decir en todos los campos que rodean el cuerpo físico y los sentidos de este cuerpo. Ahora hay que dar otro paso que no es nuevo sino potencial entre el espíritu y la materia. Así como lo ha descubierto vuestro ser, vuestro espíritu ha trabajado mucho para merecer y tener hoy la confianza que experimenta vuestra vida.
>
> Vuestros sensores físicos han trabajado para percibir el espíritu en la densidad del mundo.
>
> Vuestro cerebro y sus conexiones neuronales han trabajado para ganar el estado que hoy percibes.
>
> Ahora hay que dar otro paso entre el espíritu y la materia.
>
> Hansayana: ¿Aceptas la investidura de "la luz de sabiduría y qquidad en su maestría solar"?
>
> Acepto.
>
> Vuestro espíritu recibe la infusión.
>
> Cristox Solar

Sí. Así era, ahora había que completar mi trabajo de maestría. Había que dar otro paso entre el espíritu y la materia, estaba claro que este paso potencial debía darlo comprometiendo mi cuerpo físico. Mi pregunta era: ¿hasta dónde me llevaría este paso?

Ahora el Espíritu Santo por medio de su mensaje me estaba clarificando que este proceso era "el resultado del proceso del mismo espíritu que busca tener espacio y claridad para la consciencia de lo que está viviendo"

El paso siguiente entonces era conseguir que mis estados mentales o psíquicos no interrumpieran la claridad que necesitaba mi espíritu para que yo viviera con un alto nivel de consciencia este nuevo estado de "enfermedad" que se me estaba manifestando.

Al caer la tarde, caminaba por la playa pensando cómo comenzar mi laboratorio. Mi mirada trataba de encontrar la respuesta, se extasiaba en la línea del horizonte y viajaba con la ola lejana hasta que esta se fundía con la arena de la playa. Fue allí, mirando un rayo violeta de Sol que se fundía en la ola, cuando en un instante sentí que mi mente se quedaba en blanco. Fue como si mi mente se hubiera fundido en ese rayo de Sol, arena y mar. También mi corazón paralizó su agitación que traía desde la mañana cuando había llegado al hotel. En ese rayo violeta de Sol, se descargó toda mi preocupación, y quedé con la claridad de mi espíritu. No, no era con mi mente, Comprendí que no era midiendo el tiempo ni con el pensamiento, ni siquiera con mi corazón, era con mi espíritu conectado al Espíritu Universal, al Espíritu Santo. Solo así yo podría descifrar los códigos estelares, reponer mis alas, resplandecer y renacer, volar y volar.

Regresé a mi cuarto relajada y definí con convicción que al siguiente día realizaría mi laboratorio, tal como se me indicaba.

Recorriendo el calendario del instante eterno

A partir de este momento, te invito a acompañar cada instante del calendario que transbordé durante un día al paso del Sol, para dar un salto quántico, tomar la decisión más importante de mi existencia y vibrar el <u>instante eterno</u>.

El calendario está dividido en capítulos llamados instantes, y cada instante se fundamenta en un párrafo del mensaje que recibí del Espíritu Santo (la encomienda) por medio del cual me propone hacer este laboratorio de consciencia.

Instante uno. Instante de conciliación

Atravesando los valles oscuros de mi alma para conciliarme

"Hansayana: Que tu corazón sea de puro amor. Que por medio de él pase el tiempo sin detenerse. Que puedas acercar a la distancia, estando aquí en tu corazón eterno. Puedas atravesar los valles oscuros de la desolación, del desconsuelo; todo en un día, para que no haya más días, más tiempo, más espacio, más lugar".

(Fragmento del mensaje de Madre Luz con inspiración del Espíritu Santo, entregado a la maestra Hansayana como una encomienda universal).

Un leve resplandor violeta en el horizonte me anunció la salida del sol, era el 6 de marzo del año 2006 a las 5:19 de la madrugada, cuando comencé mi meditación.

Escogí este párrafo del mensaje para comenzar. Pedí iluminación al Espíritu Santo e inicié la introspección de mi vida desde la niñez.

Absorbí cada frase del Espíritu Santo para tratar de realizar mi laboratorio espiritual en un día.

Conciliar con todas las personas que tuvieron mayor participación en cada etapa de mi vida sería un buen comienzo, iniciando con mi vida familiar. Revisé si tenía algo confuso para clarificar, en cada etapa o algo para reconciliar conmigo misma o con alguien más, pero no encontraba nada importante que valiera la pena reconciliar, pues mi corazón se sentía en paz (al menos eso pensaba). Mi vida espiritual me había permitido vivir reconciliada con todas las personas y había aprendido a renunciar y soltar lo que interfiriera mi camino de vida integral, Pero lejos estaba de mi realidad porque en un instante, como por arte de magia, emergió una nueva cortina de consciencia en mi mente que descubría profundas huellas de circunstancias de las cuales no fui consciente en su momento. Ahora todo se revelaba tan claramente que podía identificar algunos aspectos de cada experiencia que estaban escondidos o confusos y habían dejado profundas huellas físicas y psíquicas en mi vida.

Me perdoné

Comencé la revisión de mi vida, con mi madre consanguínea. Reconocí la valentía, la fuerza y la sabiduría de mi madre en todo el proceso del cáncer por su cuerpo. Sólo ahora que he sentido la debilidad y la falta de vitalidad para atender muchas cosas pendientes, cuando veo que hay tantas cosas por hacer y se me va la vida sin poder realizarlas, puedo considerar a mi madre Mercedes, ya que ella en deplorables condiciones de salud, atendía un hogar con siete hijos presentes y dos ausentes. Recuerdo que desde su lecho de muerte todavía dirigía la casa y estaba atenta a nuestras vidas. Este día reconocí y admiré a mi madre como nunca lo había hecho. Le expresé lo que sentí, la bendije en luz y le di gracia a Dios por ella, que tanto me enseñó, y porque hoy todavía continúo aprendiendo de su huella, en mi actual experiencia de salud.

Por todo el tiempo desde su partida, yo solo recordaba el dolor del cáncer en su vida. Este día, sintiendo la misma enfermedad de mi madre, pude recordar y reconocer la valentía de su espíritu y la fuerza que sacaba de su cuerpo físico para sostener su vida y su familia.

Cuando creía que no quedaba nada por reconciliar respecto a mi madre, mi mente descubrió un velo oculto sobre un suceso dormido en mi inconsciente:

Mi pensamiento se remontó a una mañana del mes de agosto, más o menos a las once, cuando mi madre estaba despierta y muy lúcida después de unos días de crisis. Ese día estábamos todos los hijos en la habitación de ella rodeando su cama, unos sentados, otros de pie, pero todos presentes. Mi hermana Luz Alba, quien hoy es la Madre Luz, era una niña de 10 años, era la menor, luego le seguía yo.

Éramos las menores de una familia de nueve hijos. Mi madre, quien por muchas semanas no se sentaba, ese día se sentó, yo me subí a la cama y me senté detrás de ella, ella descansó su espalda sobre mí. Me dispuse a peinarla y organizarle un poco su cabellera negra con algunos cabellos blancos. Su mirada silenciosa recorrió a cada uno de mis hermanos prolongadamente, luego volteó la cara hacia un lado y hacia arriba para observarme también muy largo. Yo recibí su mirada con alegría porque según mi pensamiento de ese momento, mi madre estaba mejor, ya que había estado dopada por muchos días debido al dolor que le producía su cáncer de estómago.

En la habitación se respiraba un aire de silencio con mezcla de tristeza. Luego la ayudamos acostarse, y ella se quedó dormida. Una o dos horas más tarde, ella me llamó a su lado y me dijo que no saliera ese día, que estuviera allí muy cerca de ella. Teniendo en cuenta la época de casi los años setenta, y que yo era una niña que nunca salía sola, mis salidas eran a la tienda de la esquina y a la casa vecina, donde unas amigas, por tal razón me extrañó su recomendación. Yo le respondí que no saldría de la casa. De todas formas yo estaba feliz porque pensaba que mamá estaba mucho mejor ese día.

A las 4 de la tarde salí un instante a la tienda de la esquina a comprar un helado; cuando regresé y toqué la puerta de mi casa, nadie me abría, y yo escuchaba desde afuera el llanto de mis hermanos y las voces "¡Mamá, no te vayas!". Mi corazón se batió en desesperación, di golpes a la puerta para que me abrieran, y al fin alguien lo hizo. Subí las escaleras casi volando y cuando entré a la habitación, mi madre yacía inerte. Aunque sus ojos aún estaban abiertos, porque acababa de expirar, ya no me pudo mirar, ya no me pudo hablar. Yo me tiré encima de ella y la abracé pidiéndole que me mirara mientras me daba vuelta, y ella quedaba encima de mí. Yo le decía: "Háblame, mamá; mírame, mamá". Por supuesto que mis hermanos me sacaron del cuarto.

Ese momento lo había olvidado por completo. Había sido un sufrimiento tan profundo, que decidí guardarlo en un rincón de mi corazón, donde nunca más entré a auscultar. Pero este día allí, en el hotel, en mi instante de consciencia, se había develado. Allí hice lo que no pude hacer en aquel instante hacía tantos años: perdonarme y llorar y llorar mi desobediencia juvenil, que me costó perderme la última mirada que mi madre me ofrecería si no salía ese día de la casa. ¿Cómo lo había podido olvidar?

Cuánta certeza había en las palabras del Espíritu Santo. En ese instante, al perdonarme a mí misma, pude acercar la distancia que había marcado el tiempo. Allí, con lágrimas de consciencia y claridad, lavé las briznas de culpabilidad y atravesé el valle oscuro de desolación que inconscientemente se habían escondido por décadas en mi corazón.

El anterior suceso de mi vida puede parecer insignificante para escribirlo aquí, o muy personal para que le interese a alguien que no sea parte de mi familia, pero mi mensaje es que la vida está llena de sucesos tan sencillos como este, cuyos registros psíquicos marcan para siempre nuestra existencia sin que seamos muy conscientes de ello, precisamente porque los dejamos pasar por insignificantes.

Los errores que se comenten en diferentes escalas, hasta llegar al crimen, son muy fáciles de detectar para uno mismo o para los demás. Igualmente existen las penalidades y los castigos propios o judiciales ante los cuales el alma siente que se sana o se limpia un poco de su error. Pero los sucesos aparentemente insignificantes de un niño o un adolescente marcan su alma mucho más que un crimen y casi nunca son detectados por la consciencia, porque el alma los guarda para siempre, a fin de protegerse del mismo dolor.

Dejo este suceso como precedente para que seamos conscientes de las acciones de gran calibre y de las que clasificamos como insignificantes. Quizás la marca pase desapercibida, pero si logras descubrirla y descifrarla, allí encontrarás el peso real de ese valle oscuro que estarás descargando de tu alma.

Anti-espectré*, la huella de dolor dejada ante mi familia por la elección de mi vida espiritual

Continué auscultándome y descubrí otra huella dolorosa que como un gran espectro de niebla llevaba encubierta en mi corazón: sufrimiento por la separación de mis hermanos y de familia más cercana, precisamente por mi decisión de seguir mi proceso espiritual. En efecto, la causa de esta separación fue generada porque no se pudo comprender que aunque nuestro nuevo camino no estaba adscrito a religión alguna conocida, no dejaba de ser también un camino espiritual como era el de ellos. Debo dejar registrado que a pesar de que esta elección causó una gran división familiar, fue precisamente este el camino que me entregó el instante más sublime de mi consciencia, que concluye con mi decisión de escribir este libro que tienes en tu mano.

Todo comenzó en los años sesenta, cuando nuestra familia fue desplazada por la violencia del norte del Valle del Cauca, Colombia (período histórico de Colombia comprendido entre 1948 y 1958, denominado la Violencia). Por tal razón, mis padres tuvieron que abandonar sus propiedades y sus fincas cafeteras en el pueblo donde habíamos nacido. Toda nuestra familia se trasladó a la ciudad de Cali. Atrás quedó nuestra querida casa, nuestras fincas, y las montañas, la neblina, el olor a pinos y a eucaliptos, el aroma de nuestra amada naturaleza.

Fue en la ciudad de Cali donde Luz Alba, la menor de nuestra familia, abrió su floreciente historia espiritual el día 12 de junio de 1976. En esa época vivió su más fulgurante experiencia al recibir en sí misma la magnificente revelación del Espíritu Santo. Desde entonces mi hermana tuvo al Espíritu Santo como la fuente de gracia con sus dones y con sus carismas (videncia y clarividencia conscientes). El inicio de su vida espiritual fue una de las causas para que se generara este doloroso abismo que dividió nuestra familia.

En aquel momento de mi laboratorio de consciencia en el hotel, comencé a recoger esta huella, recordando mi vida al lado de mi hermana. Ella fue mi compañera en la niñez y en la juventud, y aunque es mi hermana menor, se constituyó en el faro de luz que guio el resto de mi vida hasta este momento. No hubiera podido hacer este laboratorio de consciencia sin recordarla, y más aún: la experiencia que comparto en este libro no hubiera sido posible sin su participación.

Recorrí mi vida al lado de Luz Alba, mi hermana menor, quien hoy es la Madre Luz

Nuestros padres eran fieles laicos seguidores de la Iglesia católica y nos educaron bajo su misma fe. Ellos estaban acostumbrados a asistir a la misa diariamente en nuestro pueblo natal, y ahora en una ciudad grande como Cali tenían que trasportarse con nosotros, los hijos, muy lejos, hasta el templo más cercano. Debido a ello, trabajaron arduamente juntos coordinando actividades con la comunidad para recoger fondos económicos, y así lograron construir un templo en nuestro barrio. Años después, nuestra madre murió allí, en Cali, cuando mi hermana Luz Alba y yo entrábamos en la adolescencia. Después de la muerte de nuestra madre, nosotras dos acompañábamos a nuestro padre en varias de las actividades de la Iglesia católica.

El templo de la comunidad que mis padres ayudaron a construir quedaba situado al frente de nuestra casa, razón por la cual la colaboración con el sacerdote y el servicio a la comunidad eclesial se habían convertido en parte natural de nuestra vida cotidiana. La partida de mi padre de esta Tierra sucedió siete años después de la de mi madre. Para ese entonces, mi hermana y yo quedamos representando a nuestro padre como catequistas de esta Iglesia. A los 20 años de edad, Luz Alba trabajaba ejerciendo labores de liderazgo en el grupo de la Pastoral Juvenil. Así repartía su tiempo entre sus estudios secundarios y sus responsabilidades religiosas.

El día del funeral de nuestro padre, ella sufrió un desmayo y desde ese día comenzó a sentir fuertes dolores de cabeza. Los días pasaban, y ella continuaba sintiendo cada vez más presión en su cerebro. Fue atendida médicamente, pero no encontraban la causa.

En medio de este proceso de búsqueda de ayuda médica, la causalidad la llevó encontrarse con un seminarista que trabajaba con los grupos juveniles de la Iglesia. Ella le comentó sobre sus fuertes dolores, que la obligaban a encerrarse días enteros tratando de calmarse. Este amigo seminarista identificó estos síntomas como propios de un proceso de despertar de facultades espirituales. Él en su vida monástica había conocido otros casos que resultaron ser fenómenos espirituales que se salían del conocimiento médico convencional. El seminarista no podía precisar qué carisma del Espíritu Santo se estaba gestando en ella, pero estaba seguro de que en la vida de mi hermana se estaba llevando a cabo un profundo proceso espiritual. Él le explicó a Luz Alba lo que esto significaba, pero ni ella ni yo comprendíamos muy bien el insondable significado de sus palabras.

La noche del 12 de junio de 1976, ella se estaba preparando para dormir y comenzó a sentir un sonido extraño en su cabeza, como si tuviera el mecanismo de un reloj: tic, tac. Luego sintió una fuerte presión, como si definitivamente su cerebro le fuera a estallar, pero al instante todo se volvió a descompresionar, y quedó en una gran quietud y paz.

Comenzó entonces a escuchar voces nítidas y a ver algunos pasajes bíblicos. Tenía una sensación extraña mezclada con un estado intenso y profundo de alegría. Su confianza se acrecentó cuando reconoció una de esas voces como la de nuestra madre Mercedes, quien le dio un saludo muy especial de reconfortación a la vez que le pedía que tomara un papel y lápiz, que escuchara a los ángeles para que escribiera su primer mensaje telepático. Nuestra madre le comunicó a Luz Alba sobre su misión como receptáculo de Dios, para lo cual su espíritu había encarnado en la Tierra. A la vez nuestra madre le advirtió que no sería una misión fácil porque encontraría mucha incomprensión aún desde el seno de nuestra familia. También dijo que en el camino encontraría los seres que la ayudarían en el cumplimiento de esta misión.

Para ella era como un sueño volver a escuchar a nuestra madre dentro de su ser, vibrarla en su propio corazón, poder ver ángeles, percibir sus mensajes plenos de armonía y amor y a la vez vivenciar episodios de la vida de Jesús-Cristo. Era la noche mágica de su vida. Ella le iba trasmitiendo a mi hermana mayor, Lucila, cada palabra y cada episodio que iba viendo, episodios que Lucila trascribía en un papel al pie de la letra.

En ese mágico momento, Luz Alba pudo descubrir el mundo espiritual al contemplar el punto de unión entre lo material y lo inmaterial. Y lo más importante, recibió instrucciones de los ángeles para iniciar su misión desde esa misma noche.

Al día siguiente se levantó con una energía de renacimiento, gozaba de un estado de placidez y de mucha alegría en su interior. Comprendía perfectamente que había que respetar los designios del Padre Dios, aunque no se entendieran en la mente humana. Inició el día llevando su primera tarea como mensajera de Dios. Se dirigió a la iglesia donde laboraba para comentarle al sacerdote, quien era nuestro amigo, todo lo acontecido la noche anterior. A medida que expresaba lo sucedido con toda la alegría que aquel día portaba en su corazón, veía cómo la cara del sacerdote se iba enrojeciendo mientras le contestaba literalmente:

—No puedes seguir con esas cosas, son del demonio.

El sacerdote no solo nunca aceptó que mi hermana hubiera abierto un canal de conexión con una dimensión espiritual, sino que la estigmatizó por su experiencia espiritual.

Ella se sentía llena del Espíritu Santo y respondió:

—Padre, yo me quedo con esta nueva vida, donde el Espíritu no es un símbolo inerte. Él es una verdad viva, vibrante en mi corazón...

Ese día ella comprendió y expresó:

—El mundo de la ignorancia espiritual es un gigante con quien jamás viviré, y mi vida estará encaminada a comunicar esta verdad para sacar de esa ignorancia religiosa y materialista a la humanidad.

Su vida resplandeció, y aquella noche se encendió magníficamente y dio inicio al plan divino propuesto para su misión. Dios, en su sabiduría, había situado a nuestra madre como el instrumento perfecto para que nuestras mentes se acercaran hacia una dimensión desconocida para nosotros, pero no para nuestra madre.

A partir de allí, la vida de Luz Alba transcurría en medio de permanente comunicación telepática directa con maestros superiores de diferentes dimensiones espirituales. Las enseñanzas directas de la consciencia de Krisna, la consciencia de Buda, con la consciencia de Cristo, avatares de la línea hindú, santos y místicos, de Oriente y Occidente, entre otros, la incursionaron en un intensivo estudio que convergió en el encuentro de su consciencia universal.

Mientras el tiempo transcurría, mi hermana continuaba siendo guiada por seres divinos. Puedo decir que entretejía cada día su vida con puntadas de nuevos conocimientos y alta consciencia cósmica. Quince años después, tuvo un despertar de consciencia cósmica llamado Proceso de Kundalini (más adelante, en el capítulo del "Despertar", describo el significado del despertar de Kundalini). Durante este proceso, el mundo externo se desdibujó. Con esta elevación de consciencia, Luz Alba renació en su vida interior y se convirtió en "maestra espiritual de luz y sabiduría".

El plan universal de Dios que guía a todos los seres la condujo hacia el encuentro con César Eslava, quien hoy es el Padre César. Mediante un silencioso y profundo estado de sabiduría, amor y plenitud, juntos lograron juntar en una sola las enseñanzas (algunas doctrinas de Oriente y Occidente) que hoy dividen los corazones de los seres humanos por diferencias de razas, culturas, filosofías y religiones.

Ahora la claridad reinaba en el halo de su consciencia, y vislumbraba en el horizonte un camino más directo hacia el encuentro con el Padre Dios como UNO. En aquel tiempo, un templo nuevo apareció en su corazón universal: se abrió el templo de su consciencia en una nueva cultura para la humanidad que conjunta todos los pluralismos religiosos y filosóficos mediante la vestidura paterna de un espíritu universal: el Espíritu Santo.

La llama ardiente de luz y sabiduría que encendieron la Madre Luz y el Padre César se ha multiplicado hoy y se perpetuará en su línea de sucesión primaria mediante sus dos hijas: Johana y Yanima. Esta última, con su esposo Kenyo, hoy son maestros de luz y de sabiduría, al igual que sus nietos, Mariana y Juan Miguel. Además de su línea sucesora secundaria con nosotras sus hermanas: Hensisar mi hermana mayor, Hansayana y mi esposo Comepine. Juntos a través del tiempo hemos continuado con esta misión desde aquel 12 de Junio de 1976.

Descubrí la división de mi corazón

Después del despertar espiritual de mi hermana en 1976, comenzamos a percibir un nuevo ser en Luz Alba, ella significaba algo más que no descifrábamos aún, quizás la esperanza de conocer una orilla que escasamente alcanzábamos a vislumbrar entre penumbras, como un misterioso y lejano paisaje espiritual.

Allí, en el hotel al lado del mar, aquella madrugada de inicio de mi retiro, descubrí la huella profunda de falta de paz, que estaba anudada en mi corazón al recordar que en principio este novísimo proceso espiritual, que presagiaba un esplendoroso panorama para quienes iban conociendo a Luz Alba, no lo era tanto para una parte de nuestra familia, que juzgó este paso.

En ese momento yo justificaba a mis seres queridos considerando que Luz Alba era la hermana menor de nuestra numerosa familia de cuna católica de los años setenta y que al faltar nuestros padres, nuestros hermanos se sentían en el deber de protegerla tanto a nivel físico, como mental y espiritual. Por esta razón, para ellos el proceso que comenzábamos a vivir significaba un cambio de paradigma total, que nos ubicaba en una coordenada desconocida que en ese entonces no pudieron comprender. El resultado fue un gran distanciamiento de ellos con nosotras, que permaneció por años Allí, en el hotel, reflexioné sobre esos años cargados de un oculto dolor del alma que apenas comenzaba a revelarse en ese momento de forma más clara.

Reconocí mi renuncia y las renuncias de mis compañeros para un viaje universal

Allí, en mi retiro, recorría mi vida y reconocía a cada uno de mis compañeros en ese viaje universal que emprendimos 43 años atrás, hasta el momento de terminar la escritura de este libro. Fue admirable ver cómo Luz Alba, quien hoy es la Madre Luz, siendo aún una frágil adolescente, se entregó a su misión y a defender con fuerza espiritual este nuevo universo que vibraba en su interior.

Este proceso dividió a nuestra familia en dos grupos diametralmente opuestos. Entre nuestros ocho hermanos y hermanas, solo mi hermana Lucila, quien hoy es la maestra Hensisar, y yo acompañamos a Luz Alba en el naciente camino.

Una etapa nueva de conocimiento llegó a nuestra vida cuando además de los ángeles y de los seres de luz conocidos, la consciencia extraterrestre incursionó para hacer parte de nuestra preparación. Mi mente en particular trató de resistirse porque no podía conjuntar esos dos mundos tan divergentes. Pero la sonoridad de los mensajes de los seres de luz extraterrestres y el amor y la sabiduría con que guiaban nuestra vida, igual que lo hacía la guía angelical, transformaron mi primera apreciación.

A medida que pasaba el tiempo, fui conociendo que la consciencia extraterrestre había participado activamente en la guía de los grandes procesos de la humanidad, sólo que sus nombres no eran reconocidos como extraterrestres. Sencillamente fueron conocidos como guías divinos porque quienes eran guiados los veían llegar de las nubes y para ellos significaba que procedían del cielo. El conjunto de la consciencia extraterrena con los demás guías divinos se convirtió en nuestro faro de luz para dar inicio a nuestra misión.

Los mensajes divinos que provenían del mundo invisible guiaban nuestra vida, y esta guía se convirtió en parte natural de nuestra vida cotidiana. Hasta que un día llegó la primera convocatoria a retirarnos hacia el campo. Debíamos instalarnos en un sitio en medio de las montañas para iniciar una insondable preparación espiritual, orientados por la divinidad que ahora nos asistía y encomendaba una misión. Encomienda que en ese momento no entendíamos muy bien, pero desde nuestro corazón y nuestro espíritu sentíamos la confianza y la certeza, y así lo hicimos sin dudarlo un instante.

Pero no fue fácil, porque para realizar este retiro indefinido en el tiempo, e incierto en las circunstancias que nos esperaban, debíamos renunciar a la vida normal que llevábamos.

En esa época mi hermana Hensisar era revisora fiscal de la Gobernación del Departamento del Valle del Cauca en Colombia. Ella pidió vacaciones y una licencia para ausentarse un tiempo de su trabajo, y le fue concedida. Cuando regresó tiempo después, había perdido su trabajo debido a la renovación de personal que hacían los partidos políticos en Colombia.

El momento de conocer a mi esposo, William Jiménez o Comepine, como es su nombre espiritual, todavía no había llegado en aquella época. Años después, cuando él se insertó en esta misión convocado por San Miguel Arcángel, hizo su entrada correspondiente dejando a un lado su profesión como bioquímico y su trabajo en un prestigioso laboratorio farmacéutico colombo-francés. Él trabajaba allí hacía muchos años, hasta que había llegado a ocupar la gerencia de Ventas de esa empresa internacional.

César Eslava, quien hoy es el Padre César, llegó a nuestra misión convocado directamente por Cristo. Él era propietario y gerente de una exitosa empresa de tecnología en la ciudad de Cali. La historia del Padre César la referiré en un compendio aparte.

Las hijas de la Madre Luz, Johana y Yanima, en aquella época aún no habían nacido. De igual modo, desde su nacimiento fueron guiadas y educadas en medio de esta cultura espiritual, y cuando llegó su momento, también se dedicaron a seguir las enseñanzas de su madre, se introdujeron en el conocimiento interior para reconocer los complejos territorios del alma humana y desempeñarse como maestras espirituales, sucesoras de la Madre, para dar continuidad a la obra espiritual.

De igual manera el maestro Kenyo, esposo de Yanima, se preparó y formó parte de este primer núcleo que fundamentaba el nacimiento de esta nueva cultura.

Cada uno de los elegidos para desarrollar esta misión tomó la decisión de renunciar a su vida corriente, libremente y con convicción.

Por medio de este escrito me corresponde contar sólo aquello referente a mi proceso de renuncias. Sin embargo, reconozco que aquella misión nos comprometía en colectivo a dejar atrás nuestra vida corriente, en pos de una nueva cultura espiritual. Cada uno de ellos, los renunciantes, era un espíritu listo para seguir el llamado de su misión, de esta existencia en la Tierra, y construyó su propia historia con altísimos valores de abdicación que quedaron como un gran registro energético para fundamentar los cimientos de nuestra obra espiritual.

Cuando todo este proceso espiritual se estaba gestando, yo me encontraba en el mejor momento de mi carrera profesional, por la cual tanto había luchado. Hacía siete años trabajaba en Cali para un prestigioso laboratorio farmacéutico alemán, que tenía su casa matriz en Frankfurt, Alemania. Yo era muy joven y recientemente había contraído matrimonio. Había estudiado Química Industrial, y mi sueño dorado era llegar a ejercer mi profesión en ese laboratorio, ya que mientras estudiaba había estado trabajando en el lugar, pero en tareas no correspondientes a mi disciplina. Allí me permitieron hacer la práctica para mi tesis, y cuando me gradué, pasé a hacerme cargo del Departamento de Control de Calidad de los productos farmacéuticos.

El siguiente paso para el que me estaba preparando era estudiar alemán y poder llegar un día al Departamento de Investigación de la casa matriz, en Frankfurt. "En la química de mi sangre corren la ciencia y la investigación", le dije alguna vez a mi jefe alemán, el director general del Departamento de Farmacia. Sentía que la vida era color de rosa. El Dios que conocía en ese momento me estaba brindando todo lo que había anhelado. Aunque desde la linealidad de mi mente, nunca pensé que existiera otra clase de vida que no fuera la que estaba viviendo.

Sentía que debía dedicarme a la investigación y al análisis de los productos farmacéuticos, porque era perfectamente consciente del gran daño que los efectos secundarios de estos producían en el organismo humano. De alguna manera, desde lo más profundo de mi ser, vibraba el deseo de comprometerme activamente con el ser humano, aunque fuera ayudando a disminuir su dolor físico y psíquico.

Debido a esta consciencia humanitaria, cuando la guía divina por medio de Luz Alba nos entregaba la directriz que debíamos seguir para prepararnos para una misión de ayuda espiritual a la humanidad, mi mente no lo dudó. No es fácil explicar aquí con letras todo el movimiento energético que se vivenció no sólo en mi ser, sino en cada uno de mis futuros compañeros para este viaje tan singular. Neófitos en la ciencia del espíritu, lejos estaba nuestro pensamiento de que el viaje que emprenderíamos hacia la montaña no era solo físico: era un viaje al centro de la Tierra de nuestro corazón universal.

La disyuntiva del grupo era: "Bien, renunciaremos a los trabajos, pero ¿y nuestra familia?, ¿cómo explicarle a la familia?".

No, nunca lo entenderían, si no compartían nuestro camino espiritual sin haber realizado movimientos que llamaran la atención, cómo sería la batalla si revelábamos nuestro paso siguiente.

Desde donde no podríamos marchar en silencio era de nuestros respectivos trabajos. Cada uno organizó su salida sin expresar la causa real, pues ellos nunca podrían comprenderlo.

Mis jefes y mis compañeros de trabajo no podían creer, no solo la renuncia a mi trabajo actual, sino la renuncia "al gran futuro profesional que estaba echando a la basura", como me lo expresó en su momento el jefe de personal. Todo lo que yo trataba de inventar para justificar mi salida no era suficiente para que ellos comprendieran. Fue un momento muy difícil para mí, porque ¿cómo decirles la verdad?

Si nos hubiéramos atrevido a decirles a nuestra familia y nuestros jefes que renunciábamos a todo porque íbamos a ser preparados por seres iluminados invisibles y seres de otros planetas para una misión sobre la Tierra, quizás hubieran pensado que el hospital psiquiátrico quedaba pequeño para albergarnos.

Por supuesto que este hecho de retirarnos de la vida "normal" hizo más grande la brecha ya existente con nuestra familia y con nuestro núcleo social más cercano.

Luz Alba, nosotras, sus hermanas, un sobrino pequeño que estaba a cargo de mi hermana Hensisar, nuestros esposos y el amigo seminarista, quien había ayudado a Luz Alba a comprender su vida paranormal, marchamos hacia Felidia, un retirado pueblo en las montañas de Colombia.

Alejados del mundo en medio de las montañas, recibimos nuestra primera y hermética preparación para dar comienzo a la misión que hasta hoy, en el momento de escribir este texto, más de cuarenta y dos años después, continuamos llevando a cabo acompañados de quienes fueron llegando siguiendo el llamado interior de transformar su vieja cultura espiritual. Fue esta una extraordinaria experiencia de preparación espiritual, que transformó para siempre nuestra vida y dio inicio a la gran misión.

Un multifacético mundo se abría en nuestro cerebro tratando de comprender esta nueva fase de vida y de conocimientos con amistades extraterrenas. Pero realmente el gran enigma era mi hermana Luz Alba. En nuestra preparación en las montañas, fuimos descubriendo en Luz Alba a un ser grandioso. Nos preguntábamos qué ser divino era este, el cual, vestido de una joven mujer, no solo tenía acceso a las arras divinas, sino que ahora nos despejaba también la gran incógnita celeste, abriéndonos el telón cósmico como un cielo de amigos extraterrestres, luminosos, que brindaban amistad eterna a nuestros corazones y apoyo incondicional a este desolado mundo terrestre.

Iniciamos nuestro camino allí, en una escuela abandonada en medio de las montañas de los farallones de Cali, un lugar frío, enmarcado por altos pinos, eucaliptos y yarumos, cuyo verde paisaje se eclipsaba muy temprano, porque el Sol se ocultaba a las tres o cuatro de la tarde. Nuestro día comenzaba muy temprano, a las tres de la mañana, con una meditación. Luego preparábamos el desayuno con leche, pan y queso que nos proveían los campesinos de la zona, quienes ya se habían convertido en nuestros amigos y colaboradores. A las siete de la mañana, después de caminar un poco y ver salir el Sol, quedábamos listos para recibir a los guías divinos y maestros extraterrestres, quienes se dirigían a cada uno de nosotros con amor y sabiduría para instruirnos cada día. En ese momento era incomprensible para nuestra mente y nuestra alma que existiera tanto amor en seres que supuestamente existían a años luz de nuestra Tierra. Seres de quienes aquí no solo habíamos escuchado hablar negativamente, sino cuya existencia se negaba contundentemente.

Ellos, en medio de la montaña, nos entregaban las más grandes lecciones de sabiduría y de amor que jamás hubiéremos escuchado. Nos instruían sobre el magnetismo de la tierra y del océano, la geometría cósmica, el origen del hombre, la verdad de la génesis, la transformación del ego del ser humano, la realidad de la Atlántida.

La Atlántida, el continente sumergido después de la gran hecatombe. Conocimos que no era una invención literaria, no era una leyenda. Los atlantes habían sido una raza cuya civilización había logrado grandes avances a nivel científico y espiritual. La pérdida cultural atlante había dejado una grave huella en la historia de la humanidad. Un vacío perdido que no había podido recuperarse aún. Todos los conocimientos que recibimos en las montañas, entregados por la divinidad sagrada, eran conocimientos que miles de años atrás ya manejaban sobre esta Tierra los atlantes.

Estábamos allí comenzando a recuperar la gran sabiduría atlante, la cual, igual que su continente, había quedado sumergida en el olvido de la memoria universal de los seres humanos.

Teniendo en cuenta la época, esos conocimientos tan sapientes no podían salir de la mente de nuestra joven hermana, ya que internet no existía, ni ella tenía acceso a libros sobre estos temas. Durante este tiempo nuestra mente se expandió para comprender la universalidad de nuestra existencia y la necesidad de ampliar nuestra vida hacia ese nuevo horizonte universal.

Al regresar a la ciudad de Cali, meses después de nuestra experiencia en las montañas, tuvimos que enfrentar la privación de la cercanía a nuestra familia, puesto que ellos rechazaban enfáticamente nuestra misión y obviamente no podían comprender la renuncia laboral que habíamos hecho para cumplirla.

Regresamos al mundo con una mentalidad ya más abierta y una consciencia más despierta. Nos volvimos a insertar en la vida laboral y social, pero la visión del mundo y del alma humana se había ampliado y ya nunca volvió a ser igual ante nuestros ojos. Habíamos descendido de la montaña con una consciencia de unidad cósmica antes desconocida y con la certeza y la fuerza espiritual de emprender esta misión universal.

Las personas que iban conociendo las extraordinarias facultades de Luz Alba se fueron acercando a nuestro pequeño grupo para recibir sus gracias, consejos y revelaciones. Eran mensajes entregados por los maestros de otras dimensiones, que apenas comenzábamos a descubrir. Así, se formó el primer grupo de seguidores creyentes, fieles constantes y expectantes de descubrir la nueva dimensión que llegaba a la Tierra por medio del verbo de ese especial ser que comenzaba a hacerle honor a su nombre, la Luz del Alba.

Pasaron varios años de reuniones a nivel de nuestro pequeño grupo, hasta que la información que llegaba por medio de ella fue tomando forma secuencial. En efecto, nuestra respuesta surgió formalizando nuestras reuniones y organizándolas con una secuencia de días, de tal manera que nos encontrábamos dos o tres veces por semana. Nos constituimos así en una escuela de formación espiritual, luego en una fraternidad universal, y hoy, en los Estados Unidos, realizando la vida práctica, conformamos una fundación de nueva cultura espiritual: Om One God Foundation.

El agua de la sabiduría que corría por mi vida

Llegaron todos los recuerdos del inicio de mi vida espiritual, allí, en el hotel donde me encontraba haciendo mi laboratorio de consciencia, en medio de las circunstancias que estaba experimentando. Realicé este recorrido con el objetivo de comprender lo que hasta ahora no había podido entender. Recordé la primera parábola entregada en octubre de 1981 por el ángel Sachariel, el ángel del encanto y el entendimiento. Esa parábola habla sobre un hombre que muere y que después de divagar mucho, llega a una dimensión pidiendo ayuda. El ángel le dijo:

—¿Quién eres y de dónde vienes?

—Soy peregrino del bosque de la amargura y busco el camino de la serenidad y de la paz.

—Hermano peregrino —le expresó el ángel—, eres y llevas en vuestro rostro la falta de paz, ven, sigue, os daré de beber del agua de la sabiduría que encontré en la oración tomada de cada día.

Al tomar una copa de aquel elixir mágico de un agua de color brillante, al peregrino le brillaron los ojos y enmudeció de contento.

—Cuánto hacía que desde mi niñez siquiera de esa agua no bebía. Yo partí de la tierra un día con una enfermedad cruda y de gran avance, mas no perdí mi confianza en Dios, y he aquí que llegué a este puesto de luz.

—Habéis llegado aquí —respondió el ángel—, pero para continuar debéis primero una gracia pedir: volver a la Tierra para vivir en la paz y en la armonía que a esta le falta, o seguir el camino y cruzar las rocas de salvavidas para encontrar allí la paz y disfrutar de la fuente mágica de la armonía.

—¡Oh! Yo quisiera poder volver a la Tierra, pero recuerdo que largos crecen los cabellos, el dolor en la piel se siente, los ojos tienen que mirar El mundo y ver la alegría y la tristeza juntas, ver a los seres queridos que se pierden, y a otros inocentes que mueren. Yo no regresaría, prefiero seguir hasta esas rocas salvavidas para poder disfrutar al fin de la fuente de la sabiduría.

Madre Luz en inspiración del ángel Sachariel (tomado de la Biblioteca Universal)

La parábola continúa con la instrucción que el ángel le entrega en medio del camino de las rocas salvavidas, rescatándolo en este difícil peregrinaje, hasta que su corazón, su alma y su espíritu, confundidos, razonaron con la sabiduría.

Aquel sitio entonces se iluminó como un oasis de paz de centelleantes estrellas que fulguraban y le indicaban el camino. Más adelante una fuente primorosa de mil colores lo inició en la búsqueda de la verdad y la alegría.

El ángel del encanto y el entendimiento le entregó al peregrino las sandalias para entrar en el camino del hombre cuando entiende esta verdad: que la vida es un pasaje, que la alegría está en el espíritu, que la consciencia junto al espíritu proporciona la sabiduría, que al encontrar la sabiduría en la Tierra, el hombre se ilumina, pero si no la encuentra en la Tierra, encontrarla en las alturas después de su partida o muerte en ocasiones da lugar a perdidas y a extravíos.

Y terminó el ángel expresando:

—Hermanos, es este el mensaje que el Señor Rey del Universo en el cosmos os envía en este día para que recordéis que la alegría en la Tierra se extravía, que la alegría del cielo y la sabiduría podéis hallarla en la Tierra.

Allí, en el hotel, mi sitio de laboratorio interior, yo reconocía que Luz Alba, hoy la Madre Luz, se había convertido en aquel momento en el puente hacia un peregrinaje que nos conducía hasta ese cielo soñado desde niñas o niños. Mediante los mensajes que por ella fluían como agua de sabiduría, nuestra vida iba descubriendo unas posibilidades vestidas de ángeles, mensajes y parábolas que traían la magia de transformar nuestro limitado pensamiento tridimensional hasta entonces. Ahora se abría un camino por donde todos queríamos pasar sin pérdida sobre esta Tierra como peregrinos de luz eterna, y era ella el medio para que pudiéramos lograrlo.

Paradójicamente, fue este nuevo camino el que me alejó de mi familia. Me concentré en mi corazón y comprendí que para encontrar mi centro espiritual había emprendido un largo viaje de descubrimiento interior que me había alejado de mis seres queridos. Pero tal como el Espíritu Santo lo expresa en el párrafo del inicio de este capítulo, pude atravesar los valles oscuros de mi alma, acercar a los sucesos del pasado, comprender cada etapa del camino que me construyó y perdonarme en lo que respecto a mí había descubierto. Ahora faltaba terminar de comprender la gran brecha familiar que se había abierto, perdonar y ser perdonada sin perder la paz de mi corazón eterno.

Mi mensaje para ti:
Tu instante de conciliación
Dispone tu mente para recorrer las diferentes etapas de tu vida.
Invoca la luz del Espíritu Santo para que tu espíritu reciba claridad e iluminación.
Escucha a tu alma y percibe qué le ha causado división, pesadumbre o dolor.
Abre tu corazón con amor y oriéntalo a comprender, perdonarte y perdonar.
Vibra tu instante de conciliación.

Instante dos. Instante de unidad

Hacia el universalismo para comprender mi proceso espiritual

"Vive todo en un día, lo que quiera llorar el corazón, lo que quiera gritar la mente, lo que quieran comprender los sentidos". (Fragmento del mensaje de Madre Luz con inspiración del Espíritu Santo, entregado a la Maestra Hansayana como una encomienda universal).

Una mirada retrospectiva sobre los procesos que construyeron mi nueva cultura espiritual

Los rayos del Sol ahora se perfilaban sobre mi ventana, pero yo sentía sombras en mi alma, porque a pesar de la conciliación interior que había logrado, percibía que faltaba comprender por qué mi corazón había estado dividido respecto a mi familia.

Mi mente y mi corazón se confrontaban por la dualidad que vivía fuera de la unidad familiar y en la lejanía física de mis hermanos, mis hermanas y mis sobrinos más queridos, que sin proponérnoslo establecimos para proteger mutuamente nuestras creencias. Digo lejanía física porque el amor filial nunca se perdió. Nos amábamos como familia, pero nunca pudimos conciliar nuestros caminos, y esta falta de reconcilio había forjado una profunda huella en mi alma, la que sólo allí, en mi retiro, pude descubrir. Si yo iba a partir de esta Tierra, no quería irme sin comprender. Por esa razón en mi laboratorio del hotel, aquel día, surgió la pregunta acerca de por qué se había abierto ese gigante abismo con mi familia; cuál había sido este camino que mi familia en su momento no pudo comprender y que generó la separación.

Solo ahora, cuando mi vida podría pasar el límite de la vida misma para entrar en terrenos de la muerte, con una mirada retrospectiva podía vislumbrar que no solo la estructura familiar se había transformado en mí, también la social, la religiosa y demás se habían ido desconfigurando simultáneamente a medida que mi alma iba atravesando fronteras entre los viejos cimientos para entrar en terrenos de una cultura espiritual nueva, que me brindaba una vida más plena e integral. Allí, en mi cama de laboratorio, comencé a vivenciar este gran viaje hacia mi universo interior, el cual a la vez que se había convertido en mi nueva cultura espiritual, había abierto una inaccesible frontera entre mi vida y la de mi familia. Tenía que atravesar estas fronteras y descubrir lo que necesitara para quedar en paz conmigo y con mi propia familia.

Atravesando fronteras

Recordé que cuando era muy niña, en mi pequeño pueblo natal, acompañada de mi madre miraba el cielo estrellado y me maravillaba con las luces del cosmos, que a veces sentía cercanas y otras muy lejanas a mí. Muchas veces quise atravesar cualquier barrera para sentirme luz, lucero, estrella. Pero algún día por medio de mi proceso espiritual algo sucedió en mi existencia, que me llevó a disolver esta frontera y sentir ese firmamento en mi propio ser.

¿Cuándo comencé a atravesar esa frontera? ¿Qué estableció esta barrera tan larga entre las conocidas estructuras familiares, sociales, religiosas? ¿Cómo fui accediendo internamente a ese cosmos estrellado que anteriormente extasiaba mi ser?

Allí, en mi laboratorio de consciencia, mirando hacia el pasado, veía el recorrido por las estructuras sociales, religiosas y demás como una larga escalera que había estado ascendiendo desde el año 1976, la cual me había permitido llegar hasta un punto. Estos escalones estaban significando mis convicciones culturales, sociales, religiosas, políticas, personales, y cuando yo me apoyaba en ellas para ascender, se habían convertido en mi piso o mi deidad. Eran pilares que me permitía tomar los diferentes impulsos para sentir y vivir con alguna estabilidad personal, social o religiosa en este planeta. Pero ahora había que trascender esos escalones.

Mi primer escalón: la estructura familiar

Identifiqué como mi primer escalón a aquellos seres que conformaron mi familia primaria consanguínea, mi primera cuna, el primer núcleo de hermandad, la primera esperanza de amistad infalible, la primera esperanza de unidad.

Por este escalón ahora podía comprender que por fuera del amor de la consanguinidad y la fuerza de unión de la tradición familiar, existía una unidad más profunda. Lo comprendí cuando miré a los míos y noté que la distancia mutua que creamos en razón de los procesos espirituales que experimentábamos fue diluyendo los lazos eternos de amor filial en agua de ausencia, espacio y tiempo. Allí, con dolor filial, pude comprender que no hay lazos eternos si no van unidos al espíritu libre de filiaciones religiosas, políticas y sociales. La prueba de ello había sido la gran brecha familiar que se generó con el inicio de nuestra vida espiritual.

El escalón de mis amistades y de mis amores

Ascendiendo el escalón de mis amistades y de mis amores, encontré a otros seres más allá del núcleo familiar, seres que endiosé porque veía en ellos lazos profundos de amistad eterna, incondicional, ilimitada, más allá de la distancia y del tiempo. Pero también, por la misma razón, luego se convirtieron en seres ausentes de mi vida, y yo en ausente de sus vidas, como si nunca nos hubiéramos conocido. Fue este sentir de la ausencia misma el que me llevó a mirar más profundo la verdadera amistad que respeta el pensamiento y la creencia de cada ser. Hoy lo sé porque he podido conocer amistades eternas, realmente eternas.

En cuanto al amor, recordé a personas a quienes yo vestí de dioses, que me prometieron y me entregaron las primeras briznas de ilusión, de amor de apego y la esperanza de vida cálida, apoyo para mi fragilidad humana. Seres amados a quienes yo creía verdad y por la eternidad. Y aunque en unos apoyos encontré verdad, también eran solo un pedazo de esa verdad. Fue precisamente por medio de estos dioses de carne que pude aprender los caminos del desamor, el egoísmo, el abandono, la amargura, la desazón, el engaño, la traición y la mentira. Gracias a este escalón pude verme ante el espejo de mi propia realidad. La realidad que yo misma debía corregir, trascender, para ir más allá del dolor que causaba. Perdonar y comprender eran la única opción si quería continuar mi vida en la búsqueda de lo que yo pensaba que era la felicidad.

El escalón de mi estructura religiosa

En aquel precioso momento en el hotel, pude meditar acerca de conciliar la religión católica por la cual había conocido seres de luz de todas las épocas de la Tierra, con los que había construido poco a poco las deidades que me ayudaban a entender mi vida terrena antes de Cristo y después de Cristo. Maravillosos profetas, avatares, seres iluminados con quienes me había congraciado e identificado en algunos apartes de sus huellas de vida de luz, sabiduría, amor, servicio o sacrificio, en diferentes coordenadas de este planeta y en cualquiera de sus eras.

Allí, en mi retiro, sentía que de ellos había aprendido, y continuaría aprendiendo, pero ya en la esencia de su vibración, sin el limitado marco religioso, porque mi nueva cultura espiritual me llevaba a comprender estos órdenes de manera más universal.

Solté los escalones de mi vida estructurada

Poco a poco me había desprendido de la gran escalera de mis convicciones, que me habían dejado enseñanza, pero también una vasta estela de interrogantes sobre la trascendencia de la vida humana.

A la par, una nueva cultura fue llenando mi vida de luz. Luz Alba ampliaba aún más sus coordenadas internas para percibir con mayor precisión mensajes conductores de nuevas disciplinas, que cubrían no solo nuestro espíritu, sino nuestra mente y sobre todo nuestro cuerpo, llamado materia; en esa época no habíamos considerado que ese cuerpo tuviera gran importancia de conexión con nuestro espíritu.

En nuestra mente se abrían unos grados más de compresión a partir de una serie de conocimientos, los que nos introducían en un nuevo mundo con otras percepciones. Allí desfilaban arcángeles como Miguel, Rafael, Uriel, Anael, maestros como Buda, Juan Bautista, Juana de Arco, la Virgen María.

Luz Alba percibía cada vez con mayor nitidez conocimientos tanto del milenario Maestro Salomón como de los grandes maestros extraterrestres, entre ellos Asthar Sheran, Rankar, Umnidesses, Sharima, Anthar. Por medio de ella entregaban profundos logos con bases esenciales sobre la creación del ser humano, su conexión planetaria y cósmica. Esta sabiduría que día a día se recibía iba perfilando a Luz Alba como una verdadera discípula y a la vez guía; en cada momento ella ennoblecía su alma y perfeccionaba su espíritu, mientras nosotros seguíamos su huella de realización espiritual.

Un ejemplo de nuestros encuentros divinos corresponde a aquel que nos reportaba la presencia de Jesús de Nazaret. Nuestros corazones vibraban de alegría por la sublime presencia que nos visitaba cada Semana Santa en el privado recinto familiar. Nuestro pequeño recinto con el paso del tiempo se ampliaba y proyectaba hacia una escuela espiritual.

No existe forma literaria para expresar lo que se vivenciaba en esa mesa ante la majestuosa presencia y el inigualable verbo que por medio de ella expresaba el Maestro del Amor, Jesús de Nazaret. Si era así para nosotros, los espectadores, ¿cómo sería para Luz Alba?

¿Cuántas magnitudes internas ella vivenciaba de forma tan sencilla como sublime, cuando el hijo de Dios hecho Hombre hablaba por medio de sus labios y vibraba desde su propio corazón? Su cerebro virgen de conocimiento de la Tierra captaba de forma directa y consciente para emitir telepáticamente el verbo más poderoso, amoroso y radiante, que nuestros oídos no habían escuchado nunca antes. Su rostro se dulcificaba aún más y mediante sus ojos cerrados podíamos sentir la amorosa mirada que acompañaba cada gesto, cada palabra plena de armonía y sabiduría. Toda apariencia terrena en ella se desvanecía ante esta divina y excelsa presencia del amor de Jesús, que se expresaba filialmente.

En contraste, al salir de nuestro recinto sagrado cada Semana Santa de aquella época, nos encontrábamos con un mundo absolutamente contrario al que acabábamos de vibrar. Las iglesias estaban llenas de fieles haciendo un vía crucis doloroso. Los sacerdotes predicaban las siete últimas palabras de Cristo en la cruz antes de su muerte, las cuales nosotros acabábamos de escuchar en nuestro recinto, en la explicación exacta y directa de Cristo vivo, con el verdadero significado de su expresión.

En las casas las familias escuchaban en las emisiones radiales música sacra que les entregaba un ambiente de tristeza, el cual contrastaba con nuestra alegría interna. En los teatros se presentaban películas sobre la Última Cena, la Crucifixión y la Muerte de Jesús de Nazaret, mientras nosotros acabábamos de compartir una cena con el Jesús vivo.

Nuestro pensamiento y nuestra vibración eran tales, que queríamos gritarle al mundo que ese Cristo estaba vivo, que con las enseñanzas que nos había dejado dos mil años atrás, ahora debíamos levantar nuestra propia cruz, la de nuestros propios egoísmos y errores recurrentes, que nos tenían adormilados y absortos, celebrando una Pasión y una Crucifixión de otro tiempo, mientras nuestra propia vida continuaba sin transformación alguna. Pero ¿cómo hacerlo con el mundo? Ya lo habíamos probado con nuestra familia, y nadie podía creerlo. Luz Alba se encontró en la desolación más profunda cuando no pudo hacer eco en su propia familia. Guardando la distancia correspondiente, ahora íbamos comprendiendo por qué cuando Jesús estuvo en la Tierra, no todos lo siguieron. Íbamos conociendo la densidad de la mente humana, que no está lista para ver más allá de lo que sus ojos físicos le muestran.

Mi pregunta permanente era por qué era tan difícil comprender que, al igual que miles de años atrás, desde la época de los profetas, Dios había continuado comunicándose con el ser humano. Por qué podíamos comprender que Dios había elegido a Moisés y se comunicaba con él para salvar al pueblo de Israel, pero la mente no podía comprender que Dios había continuado comunicándose con sus hijos hasta el presente, dos mil años después de Cristo. Por qué verdades reveladas tan ciertas como profundas tienen que quedar como escritos de quinta categoría porque no son oficializadas por la religión de la coordenada terrestre donde esta revelación se está emanando.

Pero no era solo mi familia la que no entendía, no. Era la estructura religiosa. Era la estructura social, y mi familia, a pequeña escala, era la más dolorosa muestra de la sociedad del mundo entero. De esta forma mi mente y mi pensamiento se iban transformando desde la religión encerrada en una estructura limitada que excluía gran parte de los seres de orden universal que yo comenzaba a conocer y comprender como una unidad y como mi familia más cercana.

En mi anterior cultura social, me habían enseñado a amar a mi país, a dar la vida por él si fuere necesario, una patria llamada patria chica. Pero en mi nueva cultura espiritual, fui extendiendo cada vez más los lazos de mi limitado amor de una sola patria para abrirlos hacia otras culturas y otras religiones.

Aprendí a entregarles posibilidades a mi mente y a mi corazón para dar entrada a los distintos y tantos dioses de la cultura oriental, que supuestamente estaban en línea contraria con mi cultura religiosa inicial. Desde esta apertura mental pude también vibrar con otras tierras, otras patrias espirituales como la India. Luego cada vez fui extendiendo más mi amistad, saliendo de los límites de mi cultura occidental, para amar y vibrar con cada sitio del planeta y del cosmos.

De la misma manera que para mí era natural amar al niño Jesús, en su pesebre pobre y humilde de Belén, pude congraciarme y vibrar con el niño Krishna con sus vestidos lujosos y su opulencia. Mientras el uno me enseñaba un lado de la sabiduría, parecía que el otro me llevaba al extremo bien opuesto. *Mi* intelecto me llevaba a tomar partido a veces con una manifestación de estas deidades y a veces con la otra, hasta que la sabiduría que iba tomando me permitía ir balanceando mis estados equidales (equilibrio perfecto) para no tomar partido definido solamente por uno o por otro.

Mirándolo ahora en retrospectiva, puedo decir que no fue fácil, pero mi espíritu, que venía dispuesto a desarrollar su misión de maestra de equidad, me impulsaba hacia este nuevo entendimiento universal.

De la misma manera que desde mi cuna aprecié y adoré a la Madre María, aprendí por medio de mi cultura a vibrar con las diferentes diosas de la India. Pude extasiarme con la madre de Lord krishna, Parvatti, la madre Ganga, la madre Lakshmi, la madre Saraswati, etc. Aunque la figura del señor Ghanesa fue difícil de entender para mi linealidad de esa época, por su intermedio había podido sentir percibir estados vibratorios excelsos de armonía y de paz.

En mi anterior cultura religiosa, había aprendido a vibrar con María Madre, recorriendo los misterios del rosario católico; en mi actual cultura espiritual, la misma Madre María nos enseñó que podía enunciar mis propios misterios de dolor o de gozo y de gloria de acuerdo con mi estado y con la necesidad del momento. Más adelante aprendí a vibrar en esa misma frecuencia con los kirtas sagrados de la cultura oriental (cánticos sagrados). Pude comprender a los seguidores de Krisna, Buda, Paramahansa Yogananda, Swami Brabupahada y demás místicos de Oriente.

Aprendí el mantra del Om, con cuya vibración siento que me ubico en la mayor autopista universal que me proporciona la magnificente entrada a mi propio universo.

Mediante mi antigua cultura religiosa occidental, me extasiaba con Francisco de Asís en el amor y el servicio a la humanidad, por medio de la comprensión y la interrelación con esa misma humanidad. En la cultura oriental, Buda era otra lumbrera de la humanidad que me convocaba a conocerlo, aunque aparentemente y en mi ignorancia me parecía que su filosofía era contraria a la de Francisco, porque mientras uno sanaba la miseria física de los seres y pregonaba la caridad, claro está sin descuidar el espíritu, la entronización del señor Budha buscaba vivir la miseria material, porque la física era parte de un karma, ley que luego pude comprender mejor al estudiar las leyes universales del karma y dharma. Más adelante pude comprender que en esencia el mensaje era igual.

Y así, entre Oriente y Occidente se debatía mi mente buscando los estados equidales, tratando de abrir mi mente y mi corazón cada vez más para poder entender la dimensión de la obra que me correspondía para desarrollar mi misión en esta existencia.

Con el arcángel Miguel, el fiel guardián, mensajero, protector, intercesor, percibí dentro de la intangibilidad la amistad más tangible y profunda y la compañía perfecta en todos los estados difíciles y alegres de mi vida.

Con Juana de Arco, la guerrera incondicional, comprendí su lección del corazón en amor eterno. Con la elocuencia de San Antonio de Padua, con los dioses Brahma, Shiva y Vishnu, Cosmocreadores* y Cosmotocreadores*, se dimensionaba cada vez más mi cielo prometido. Sucedió igual con los maestros de línea hindú, desde la enseñanza de la vida existente y milenaria de Babaji, hasta la vida aparentemente sencilla, pero alegremente sabia, de Paramahansa Yogananda.

La Biblia, el libro sagrado de la Iglesia católica, fue mi compañía más sagrada por muchos años. Mis maestros espirituales invisibles me enseñaron más de la Biblia de lo que yo misma hubiera podido aprender, ya que en los años sesenta a los menores de edad no se les permitía leer las Sagradas Escrituras.

Con mis maestros espirituales aprendí a leerla y a comprenderla. Nunca me aprendí de memoria sus capítulos ni versículos, pero la conocí en su mensaje esencial. Me extasié con el Nuevo Testamento con las enseñanzas de Jesús de Nazaret, con sus apóstoles, quienes ahora yo podía comprender como espíritus vivos que se comunicaban con nosotros y complementaban estas enseñanzas mediante Madre Luz. Sus experiencias y sus parábolas son documentos que reposan en nuestra Biblioteca Universal.

La verdad sobre Pedro cuando negó al Maestro, la verdad sobre Judas sobre por qué entregó a Jesús, las últimas siete palabras del Señor en la cruz y su verdadero significado. Fueron estos los primeros documentos que comenzaron a llenar los espacios vacíos que había dejado mi anterior vida religiosa.

Luego la biblia hindú, el libro sagrado de los hindúes, el Bhagavad Gita, donde Arjuna era el discípulo que debía aprender sobre el campo de guerra, cómo vencer con sabiduría la batalla de la vida sobre el plano físico, guiado por la majestad de Krisna, su Maestro.

La impersonalidad que debe demostrarse a sí mismo cuando comprende que debe enfrentarse a su propia familia para cumplir su misión. La desolación que esto le reporta a su alma, el deseo de retroceder, pero el impulso de su guía que lo eleva hacia el encuentro de su consciencia universal.

Luego la alegría real que descubre su espíritu al despejar su mente de la ilusión y de la naturaleza transitoria de todas las formas.

Aunque esta guerra narrada en el libro sagrado hindú tuvo lugar hace más de cinco mil años, pude comprender que es la misma guerra que cada ser humano vive ahora como consecuencia entre el egoísmo, el desamor y el ansia de poder. Es la misma batalla individual que vive cada ser humano entre su yo inferior y su yo superior. Allí, en este libro sagrado hindú, me encontré a mí misma en mi realidad ante el campo de batalla de mi propia vida. Por medio de estos libros sagrados encontré paralelos muy profundos que me fueron introduciendo hacia mi centro de realidad espiritual.

Siempre he pensado que el hombre ha estructurado la presencia de Dios por medio de religiones. Por medio de cada una de ellas el ser humano se conecta con Dios, pero nacía una pregunta: si la religión nos conecta con Dios, ¿cuál es entonces la diferencia entre una religión y otra?

En la esencia del mensaje, todas las religiones son UNA, sin nombres ni divisiones

Realicé entonces una pequeña investigación sobre los principios de las religiones, ya que soy neófita en cuanto a las religiones del Lejano y Medio Oriente, y me encontré algunas fuentes muy serias que ya han investigado. Hay mucha gente por allí que no solo se cuestiona sino que basada en su percepción ha investigado y ya ha llegado a conclusiones muy interesantes que nos ubican en la misma línea de respuesta.

En esta investigación distinguí algunas diferencias respecto al canal de la conexión con Dios, pero me encontré con la sorpresa de que las similitudes entre ellas son múltiples. Te invito a un pequeño recorrido por sobre las distintas creencias en la Tierra. Entre las más grandes tenemos en el **Extremo Oriente** el budismo y el hinduismo. Estas se caracterizan por el valor absoluto que atribuyen a la experiencia interior de unión del hombre con Dios. Es el caso de la doctrina de Buda, quien descubrió la presencia de Dios en su interior.

Buda fue un ser humano que buscó la manera de transformarse, y lo logró por medio de la meditación. Su trasformación fue tan potente, que alcanzó el despertar o la iluminación. Su nombre era Siddhartha Gautama, vivió hace dos mil quinientos años en la India. Después de su despertar, viajó diseminando su mensaje sobre el camino hacia la iluminación. Lo entiendo como un despertar de la unidad armónica entre cuerpo, su mente y su espíritu: obtener la paz mental. El budismo enseña que cualquier ser posee un potencial propio para despertar el Nirvana.

Ello quiere decir percibir el entendimiento de la verdadera naturaleza del ser, experimentar la vida en unidad con el Todo.

Hoy existen nuevas ramas de estas religiones místicas.

En Medio Oriente aparecen las religiones de tipo profético, con los grandes profetas de Israel, y con Zoroastro en Persia.

La principal religión profética es el judaísmo, de la que proceden el cristianismo y el islam.

¿Cómo se comunican estas con Dios? Se caracterizan por el valor que conceden al llamado divino comunicado por medio de un profeta. Estas religiones tienen muy clara la idea de la unicidad de Dios, y no es el hombre quien lo descubre, sino que Él mismo es quien se da a conocer por medio de un profeta. Como es el caso de Cristo, al cual miran como profeta, y el caso de Mahoma. Ya tenemos dos casos de comunicación con Dios.

El otro es mediante la filosofía. Las grandes escuelas filosóficas constituidas por seres que han podido tener una especie de revelación. La forma de vida de quienes tienen diferentes preceptos y doctrinas reflejan resplandores de aquella verdad que ilumina a todos los hombres. **Finalmente aquí encontré un espacio para ubicar a nuestra cultura recibida por revelación divina. De igual manera, muchos otros tratados con diversos nombres son revelaciones universales que han entregado grandes respuestas o elevado el nivel de transformación de la mente y del corazón humano.**

Encontré que existían diferencias entre los medios utilizados para comunicación con Dios. Con alegría iba descubriendo también grandes similitudes en el contenido del mensaje. Para conocer más a fondo esta verdad que ilumina y en lugar de dividir une a los creyentes del Extremo Oriente con el Oriente Medio y Occidente, les dejo aquí algunos principios compartidos por todas las religiones, del libro *El mensaje de los sabios*, del Dr. Brian Weis, quien a su vez tomó esta información del libro *Oneness* (Unidad), de Jeffrey Moses.

Veamos cuál fue esta investigación tomada de los libros sagrados en cuanto al mensaje que hace referencia a <u>la responsabilidad por las propias acciones</u>:

Cristianismo: Lo que siembre un hombre es también lo que cosechará. Dios proveerá a cada hombre según sus necesidades.

Budismo: Es norma de la naturaleza que lo que se siembra se cosecha.

Hinduismo: No puedes recoger lo que no has sembrado; si se planta el árbol, crecerá.

Judaísmo: El hombre generoso se enriquecerá, y el que riega también será regado.

Aquí en cuanto al perdón:

Cristianismo: Si perdonas a los demás los males que te han hecho, tu Padre celestial también te perdonará a ti. "'Señor, ¿cuántas veces pecará mi hermano contra mí, y yo le perdonaré? ¿Siete veces?', y Jesús le contestó: 'No te digo siete veces, sino setenta veces siete'".

Budismo: El rencor nunca acaba con el odio. Sólo el amor termina con él. Esta es una ley eterna.

Hinduismo: Las personas nobles se dedican a fomentar el amor y la felicidad de los demás, incluso de los que les hacen daño.

Islamismo: Perdona a tu sirviente setenta veces al día.

Judaísmo: Lo más hermoso que puede hacer un hombre es perdonar lo malo que le han hecho.

Sobre el juzgamiento

Cristianismo: No juzgues y no serás juzgado. Trata siempre a los demás como te gustaría que te tratasen a ti.

Budismo: No hagas daño a los demás con lo que te hace sufrir. Lleno de amor por todas las cosas del mundo, practicante de la virtud para beneficiar a los demás, así es el hombre feliz. No juzgues a tu prójimo.

Hinduismo: Esta es la suma de toda la rectitud: trata a los demás como te gustaría que te trataran a ti. No le hagas a tu prójimo algo que no te gustaría que él te hiciera a ti. El hombre consigue una auténtica norma de conducta si ve a su prójimo como si fuera él mismo.

Islamismo: Hazles a todos los hombres lo que te gustaría que te hicieran a ti; y rechaza para los demás lo que rechazarías para ti.

Judaísmo: Lo que a ti te hace daño no se lo hagas al prójimo. Esa es la base de la Torá, y lo demás no son más que observaciones. No juzgues a tu prójimo hasta que te encuentres en su lugar.

Sobre el Dios universal

Cristianismo: Dios es el amor, y quien vive en el amor vive en Dios, y Dios vive en él. [...] ¿Es que no sabes que eres el templo de Dios y que el espíritu de Dios habita en ti? En realidad, el reino de Dios está en tu interior. Hay un Dios padre de todos, que está por encima de todas las cosas, y pasa por todas las cosas y está en todos vosotros.

Budismo: Si crees que la ley es ajena a ti, lo que adoptas no es la ley absoluta sino una enseñanza inferior. El que no ama no conoce a Dios, pues Dios es el amor.

Hinduismo: Del mismo modo que un único Sol ilumina todo el mundo, hay un espíritu que ilumina todos los cuerpos. En aquellos a los que el conocimiento del verdadero yo ha disipado la ignorancia, se revela el Supremo, como si lo iluminara el Sol. Él es el único Dios, oculto en todos los seres, omnipresente, el Yo que hay en todos los seres, que cuida de todos los mundos, que habita en todos los seres, el testigo, el observador. [...] Dios se oculta en todos los corazones.

Islamismo: El hombre ha sido hecho a imagen de la naturaleza de Dios. [...] Todas las criaturas son la familia de Dios, y el que Dios quiere más es aquel que hace más el bien a la familia del Señor.

Judaísmo: "Escucha, oh, Israel: el Señor, nuestro Dios, el Señor es único. Y amarás al Señor, tu Dios, con todo tu corazón, y con toda tu alma, y con todas tus fuerzas. ¿Acaso no tenemos todos un Padre? ¿No nos ha creado un único Dios? [...] Dios ha creado al hombre a su imagen y semejanza".

En conclusión, podemos decir que llegue a quien llegue o haya llegado la revelación, la iluminación de Dios a los hombres ha tenido una sola directriz y en esencia un solo mensaje.

Si el mensaje es el mismo y la directriz una sola, ¿quién revela? En mi verdad revelada, si el mensaje es el mismo y la directriz una sola, quien revela es también un solo espíritu universal. Sólo lo puede hacer un espíritu universal. El espíritu de Dios, la sabiduría misma. Este espíritu es llamado de varias formas, pero la más conocida en Occidente es Espíritu Santo.

Conforma la fuerza trina. El Dios llamado Padre, el Dios llamado Hijo, el Dios llamado Espíritu Santo. Padre, Hijo y Espíritu Santo. No existe distinción o diferencia entre las manifestaciones de Dios. Puede ser que sus nombres sean diferentes, pero representan la misma verdad.

Mi nueva cultura me había ido introduciendo poco a poco en otro universo desde el cual un día comencé a vibrar todas las divisiones como armonías conjuntas. Logré perder la línea divisoria entre los maestros de Oriente y de Occidente. Pude comenzar a percibir la universalidad y la esencialidad de sus existencias que me entregaban la esencia del mensaje, unidos todos como Uno para construir y conjuntar mi propia existencia.

Mi recorrido fue concluyente por medio del conocimiento de la existencia extraterrestre con milenios de evolución superior a la nuestra. Fueron ellos quienes aportaron para mí el descubrimiento de Dios como Uno.

Ellos quienes con amor han guiado los diversos procesos evolutivos de nuestra humanidad. Ellos quienes hicieron descender la sabiduría atlante a la Tierra para que existiera una humanidad bajo el cobijo y la práctica de las leyes universales con un desarrollo espiritual paralelo al desarrollo científico, y brillara el planeta como un verdadero paraíso. Y así fue, pero un error de esta humanidad —y no es este el momento para declararlo— hizo que se generara la gran hecatombe que dio como resultado la pérdida del desarrollo tecnológico y científico y, más grave aún, la perdida de la memoria universal atlante sobre la Tierra.

La bendición y a la vez la revelación eran que parte de nuestra misión es llevar la sabiduría atlante nuevamente a la humanidad. Y estos ángeles de otros planetas estaban apoyando este proceso para conectar la consciencia de los seres humanos con todo el universo.

Ellos, los seres de luz de otros planetas, como ángeles mensajeros de Dios, coadyuvadores en el orden universal de nuestra evolución terrena, sembraron en mí la esperanza y la confianza en una vida mejor, una vida eterna. Esperanza que inicialmente vislumbré como una vida necesariamente fuera de la Tierra. Luego comprendí que la vida tenía que construirla dentro de mí, como una vida integral, como existencia, sin importar la dimensión terrena o extraterrena en que me desarrollara.

Y ahora, en el momento de mi proceso de laboratorio de vida o muerte, todas las expresiones divinas se habían compendiado en la más grande expresión de la sabiduría: el Espíritu Santo como la esencia sabia de Dios.

Todo mi camino había sido para comprender el Espíritu Santo como el espíritu universal que había inspirado a todas las divinidades que habían dejado huellas de iluminación sobre esta Tierra en todas sus épocas.

Mi cielo estrellado, que antes veía como irreal e intangible, brillaba ahora en mí con un radiante resplandor dirigiendo mi propia vida, conduciéndome en este laboratorio de vida o muerte.

Logrando esta encomienda del Espíritu Santo, en este retiro de consciencia, sabría que le ganaría la batalla definitiva a los asuntos residuales que yo había dejado abandonados por el camino para poder vibrar un estado que estaría fuera de toda frontera, entonces encontraría lo que esperaba como mi consciencia de eternidad.

El escalón de mi personalidad

Pero antes de este logro, antes de atravesar esta última frontera, sentí que debía subir al penúltimo escalón para terminar de derribar la deidad más poderosa construida por el ser humano, la de la personalidad. Aquella falsa identidad que todos adoramos creyendo que somos y estamos, hacemos y podemos, como seres humanos.

Revisando mi camino de transbordo hacia mi nueva cultura, fui consciente de que no solo para atravesar la barrera sino para identificar la frontera entre la vida real y la irreal, debía conocer y derrumbar todos mis yoes, egos de este lado de la frontera, porque con ellos no cabría en el otro lado, el real.

Los apegos a la personalidad y los códigos heredados genéticamente, además del aporte psíquico que hace la sociedad, nos entrega una idea distorsionada de la realidad, porque la observamos con el lente distorsionado de nuestra personalidad. Nuestro verdadero yo se aleja, y aparece un yo falso.

Reconocer mi falsa persona, mi intolerancia, mi impaciencia, mi imperfección y todo lo que juzga y le da el visto bueno o malo al mundo visible e invisible. Ese era mi proceso, desdeificar todo lo que creo de mí misma humanamente; y terminar el balanceo para definir mi estado auténtico y real de equidad.

Mi comprensión de Dios

Y por último, pero más importante, el concepto de Dios. Dios: aquel Ser Supremo que comencé a dimensionar en la misma medida en que mi conocimiento se expandía y mi mente desaparecía como tal. Primero desde la concepción de un Dios externo de forma y figura religiosa, prototipo occidental que me ayudaba y a quien yo acudía en momentos difíciles, hasta la vivencia del Dios interno místico tipo oriental que vibra dentro de mi ser.

Luego desaparecieron la mística oriental y el racionalismo occidental, y percibí las vivencias profundas del Dios energía que vibraba en mi vida interna. Podía percibir sus vibraciones de amor en mis propias vibraciones. Vibración que cada día se revelaba más hacia el externo. Hasta que un día comencé a ver a Dios en las demás personas. Un Dios extenso, profundo y eterno. Allí comprendí las palabras del sabio Salomón, que reposan en nuestra Biblioteca Universal: "Mi secreto era: <u>Dios en mi ser, Dios en tu ser</u>".

Este camino interior se hacía más difícil aquí en Occidente, donde nos cuesta reconocer divinidad en un ser humano. Mientras que para numerosas culturas en Asia, como la hindú y la budista, con la palabra de saludo *namaste*, que significa ese reconocimiento, demuestran respeto y veneración a la luz existente en cada ser. En nuestra comunidad, la palabra que representa este reconocimiento es *hare om*.

Ahora sin deidades, las humanas que construí y luego destituí y las divinas que percibí, llegué a comprender que el universo vibraba dentro de mí.

Con ese paso justo y sincrónico fui llegando a mi <u>instante eterno,</u> en el que por fin pude entender que el universo es eterno y siempre presente, pero también siempre cambiante, que nada es fijo, que todo es energía que fluye y refluye, y que así mismo estaba fluyendo mi existencia humana-divina.

Concluyo afirmando para mí misma que mi consciencia de eternidad no debe ser recibida desde afuera, se debe vibrar desde adentro. Que mis deidades fuero escalones para mi ascenso y se fueron fundiendo en una consciencia universal que me mostró el Espíritu Santo como la sabiduría misma.

Pude dar un gracias al universo por mi verdadera patria, por todas las deidades que colocadas por Él o construidas por mi naturaleza humana y divina me enseñaron a aprender y a desaprender en el momento justo y sincrónico, para llegar hoy a sentir que después de haber pasado una larga jornada por diversos senderos que yo juzgaba como de luz, y huyendo de los senderos que señalaba como de oscuridad, arribé a un punto desconocido que yo buscaba como de trascendencia o de realización espiritual.

He podido entender que allí no solo se llega por caminos de luz, también se llega por el otro extremo, y que la verdad que buscaba no estaba en ninguno de los dos extremos, que existe un camino del medio, que no es mentira, que tampoco es verdad, que no es de luz, que tampoco es de oscuridad, que es de claridad. La claridad como la intensificación de las dos fuerzas en el centro de la sabiduría: Dios.

También hoy puedo entender que el camino no es hacia fuera, que la ilimitación que buscaba se extiende hacia adentro, muy dentro y muy profundo, cuando he podido percibir instantes sutiles, que se salen del contexto de expresividad humana y me han mostrado la infinitud de los mundos, la armonía profunda de esas dimensiones más allá del tiempo y el espacio conocido.

Es tan profundo este camino, que cuando había sentido que estaba llegando, en mi retiro de consciencia pude entender que realmente apenas estaba comenzando mi verdadero viaje: el que me iba descubriendo mis estado de equidad*, sin luz, sin oscuridad: con claridad, sin mentira, sin verdad, con consciencia; sin espacio, sin tiempo: con eternidad, sin patria chica, sin patria grande, como una ciudadana del universo.

Al atravesar la que parece la última frontera hoy, puedo expresar que este instante eterno, a donde estoy llegando, mañana tampoco será el real, habrá otro más real y eterno.

Reconcilio con mi familia

Para concluir esta reflexión, me di cuenta de que había recorrido extensos territorios internos nada fáciles para expresarle a mi familia en aquella época. La comprensión de este día hizo que mi amor hacia ellos creciera infinitamente. Nació entonces la certeza de que la unidad familiar comenzaría a germinar desde mi propio corazón. Ahora, con la energía de la comprensión, quedé clara, serena y en paz con todos y con cada uno de los miembros de mi familia. Con los que se fueron sin comprender y con los que aún están aquí tratando de entender a tal punto, que ahora que escribo este libro puedo expresar con alegría que la unidad de mi familia se está perfeccionando cada día. El amor ha vencido, y la incomprensión quedó en el pasado.

Espero que esta parte de mi escrito cuyo objetivo es reconciliar las diferencias religiosas de la humanidad para llegar a la unidad ayude también a unir a las familias que se han dividido por diferencias religiosas. De esta manera, la nueva generación y las que continúan podrán vivir sabiamente y clarificadas, encontrando la unidad en la esencia del conocimiento espiritual.

Mi mensaje para ti:
Tu instante de unidad
Orienta tu mente para atravesar la frontera divisoria desde tu creencia, o no creencia, hacia la universalidad sin límites.
Invoca la luz de tu espíritu para recibir claridad e iluminación.
Medita sobre el planteamiento de tu filosofía o religión, sal de la forma que le da nombre al dogma y atrévete a explorar hasta llegar a la esencia sin límites.
Abre tu corazón en amor y disponte a unificar todas las esencias en una sola: Dios Uno.
Vibra tu instante de Unidad.

INSTANTE TRES. INSTANTE DE COMPRENDER
EL AMOR UNIVERSAL

El amor más grande no es aquel que se quiere vivir, conocer, reconocer; es el que se está viviendo y experimentando en medio de las circunstancias con la sombrilla de la consciencia, para que esta pare el agua de los pensamientos, del tiempo.
<u>La consciencia tiene estaciones diferentes, de amor</u>, de sabiduría, de justicia y de luz, y en cada una de ellas hay tantas reglas y tantos órdenes, que hacen difícil la búsqueda de la claridad completa, de la entrega completa.
(Fragmento del mensaje de Madre Luz con inspiración del Espíritu Santo, entregado a la Maestra Hansayana como una encomienda universal).

En este momento los rayos solares llegaban a mi cama y abrigaban mi cuerpo. Yo sentía que ese calor tan sutil a esa hora de la mañana era una dulce compañía que me otorgaba el amor más sublime. ¿Quién no ha sentido el amor en un rayo de Sol?
Continué examinando el mensaje párrafo por párrafo y llegué al segmento que arriba estoy enunciando, el cual trataba sobre el amor. Este enunciado me llevó a realizar un desplazamiento por las de diversas etapas de mi vida mediante las cuales me enfrenté con el amor en sus distintas representaciones. Tal como dice el mensaje, "en el amor **hay tantas reglas y tantos órdenes, que hacen difícil la búsqueda de la claridad completa**".

Comencé entonces dándome claridad a mí misma sobre el amor, realizando un ligero recuerdo de lo que había presenciado en mi vida propia y en vidas ajenas.

Primero reflexioné sobre el amor, sobre el que se han escrito bibliotecas enteras y al que se le han dedicado innumerables poesías. Se ha visto el ejemplo del amor, el amor que muere por el amor mismo, el amor que se entrega por otros, el amor de una madre por sus hijos, el amor de una familia. Y en ese amor de la tierra, el sentimiento entra a cumplir el papel más importante. El amor, la mayoría de las veces, se reduce a un sentimiento.

El sentimiento está radicado en el corazón, y el corazón duele cuando lo hiere un mal amor. Pero cuando se cree que se encuentra el amor y se forma una pareja, la vida en pareja tampoco está exenta de conflictos, entonces quisiéramos volver a ser libres; pero en la soltería tampoco se encuentran soluciones. Concluimos entonces que la búsqueda del verdadero amor se ha convertido en una batalla del diario vivir.

Mientras la búsqueda del amor franquea los continentes por medio de internet o de las redes sociales, las separaciones y las nuevas aventuras amorosas ocasionan numerosos problemas porque existen más razones para la separación que para la unión. Este conflicto llena las salas de espera de los terapeutas y los consultorios virtuales.

Tanto el amor como el desamor se han convertido en una fuente constante de sufrimiento. Las nuevas generaciones han perdido la tolerancia y no están dispuestas a luchar por sostener una relación. O simplemente se niegan a asumir el rol de vivir en pareja y adquirir compromisos.

Todo este recuento me llevó a mi propia experiencia. Respecto a ello, tengo que decirte que a pesar de mi vida espiritual, en mis comienzos, yo no estuve exenta del sufrimiento del desamor.

Por esa razón, allí, en mi retiro, yo debía obtener total claridad de todas las etapas de mi vida, y obviamente el tema del amor de pareja no estaba libre de esta clarificación. Entre los diversos órdenes del amor, en esta parte me voy a referir al amor de pareja.

En ese viaje interior de mi retiro, montada en la nave del amor, recorrí algunos rincones que como cabos sueltos tenía que enlazar desde mi consciencia para perfeccionar el amor.

En alguna época temprana de mi vida, el amor sentimental había llegado trayéndome placidez, bienestar, seguridad; en resumidas palabras, lo que llamamos "felicidad".

Pensaba que la relación que habíamos conformado era de verdadero amor y endiosé a mi pareja. En ese tiempo no sabía que todo ser que se ama es humano, algunos son muy humanos, otros humano-divinos, pero no dejan de tener su humanidad, igual que yo misma con todas mis imperfecciones tratando de encontrar mi divinidad. Olvidé esta parte tan trascendente y divinicé a un ser que amaba, quien luego por medio de una intempestiva infidelidad me reveló su parte de humanidad.

El proceso de dolor que sentí por muchos años debido a este suceso no me permitía comprender por qué un ser íntegro como era él, o tantos hombres y mujeres que aman a su pareja, podían olvidar por un momento (con consecuencias para toda la vida) una etapa maravillosa de construcción de lo que llamamos el 'amor'.

- Con una tristeza profunda y con esta pregunta que se volvió un conflicto en mi corazón, paseaba una tarde, muy triste, por una playa en Colombia. Me senté en un arrecife, y de súbito, mirando el océano, llegó la respuesta. Fue como si una infinita puerta oceánica se hubiera abierto al punto de penetrar mi alma como un bálsamo de paz para brindarme la claridad que buscaba.
- Quisiera plasmar en estas letras ese suceso, pero solo puedo escribir que me quedé sentada en la orilla,

mirando la ola plateada del atardecer. Mi mirada fija, mi cuerpo quieto, y mi mente en total silencio. Solo sentía el latido de mi corazón, que me transportó a otra dimensión de mí misma. Allí, dentro de mí, estaba la respuesta. Esta emergía desde mi corazón y llegaba a mi confusa mente con la misma fuerza con que la ola tocaba la playa. La claridad que recibí en ese instante me dejó en estado de placidez y comprensión frente a mi conflicto. Pasado un momento, pude escribir esta experiencia, porque brotaba desde mi consciencia como agua cristalina, enjuagando mi mente confusa y sanando mi dolorido corazón.

- Aquí te dejo el escrito de aquel inolvidable día.
- <u>Un rayo de amor que nace de la consciencia, desaparece el dolor</u>

¿Cómo explicarlo? *Si llegó de pronto como una luz a mi nublada consciencia. Una luz, un rayo de amor, del amor que desconozco aún. Un rayo de amor que he buscado sentir sin egoísmo, sin personalidades, sin figuración humana, excelso, esencia pura, sin contaminación de mi mente, ni vestigios de alma. Rayo de total comprensión, divinidad que comprende toda humanidad. Rayo que trasciende el bien y el mal, inmutable, omnisciente.*

Rayo que nace del dolor del amor terreno, lo trasciende y se eleva por encima del alma humana y se funde en su esencia.

Rayo que difumina toda resistencia, y desvanece el abismo del ego.

Rayo que nace de la saturación del dolor, sublimación de la incomprensión humana, triunfo sobre la muerte, esperanza de vida eterna.

Hermética puerta que en el mar se abrió dejándome entrever una esplendorosa y desconocida dimensión del amor.

¡Cuán equivocados estamos!
¡Cuán equivocada está mi alma!

¡Cuán estático sentido de amar es el mío, ante el incesante, constante y vibrante amor universal!
¡Cuán lejos aún estoy!
Espacios infinitos del amor por recorrer,
luces doradas de amor por fulgurar,
insondable paz por percibir.
Espérame, ¡oh puerta dorada!
No te cierres, aún en mi alma es oscura la noche.
Yo llegaré temprano, pero espérame por favor hasta la alborada.

Así terminó mi visión interna mirando la ola: pidiendo que por favor ese excelso momento no pasara, que esa puerta no se cerrara, que mi estado sublime se quedara eternamente. Pero no, no pude eternizarlo... y se cerró.
Retorné a mi estado normal y escribí lo que acabas de leer.

Este fue un instante mágico cuyo significado no comprendí en su momento, solo lo escribí y reconocí que en aquella época yo no conocía de ese amor tal como lo vislumbré en esa playa.

Cuán lejos estaba yo del verdadero amor. Aunque una relación amorosa se fundamenta en dos, entre dos, reflexioné sin culpar, pero también sin justificar a nadie, porque cada cual tiene su consciencia y sus propias responsabilidades ante el amor. Y respecto de mí, comprendí en aquella playa el gran error que convivía conmigo, con mi forma de amar y con mi limitado y estático sentido del amor.

La infidelidad de mi pareja me causaba amargura más por mi <u>ego</u> herido, por mi personalidad humillada, que por la "destrucción" de aquella relación que llamamos "amorosa". Este es quizás el sufrimiento más difícil de erradicar del alma. Tanto en hombres como en mujeres, el hecho de ser traicionados por la pareja causa un dolor desgarrador en el ego de la mente, porque esta no quiere perder el pedestal de estar en primera fila en los pensamientos de la pareja.

De igual manera se sufre en el corazón, porque este no quiere perder el estrado y tener que compartir sentimiento con ese otro corazón. Se sufre también en el cuerpo, que siente la soledad y no quiere experimentar el vacío del abrazo y la compañía física.

Si unimos estos reclamos, el desconsuelo es lacerante. Pero el dolor se acentúa aún más cuando este suceso es intempestivo. Lo sorpresivo obnubila la mente que no esperaba este golpe de improviso, a tal grado que se llena de rencor y no le procura cabida al raciocinio, a la razón. Desde ese estado de dolor, el corazón reclama con un resentimiento tan profundo, que no presta cabida a la conciliación. Inclusive se pueden generar sentimientos más astrales (bajos) como el de la venganza.

Así se va formando un nudo que les destruye la vida a dos seres, o a tres, seis, diez. He visto familias enteras entre hijos, padres abuelos, que han abierto una brecha de separación eterna entre ellas por la separación de una pareja. Una desavenencia de amor entre dos personas arrastra de por vida el bienestar de los hijos y demás miembros de una familia. Generaciones divididas por el recuerdo de un mal amor entre sus antepasados. Y por lo regular esa desunión es causada por una infidelidad.

Allí, en esa playa, estaba la respuesta que fui a buscar para desatar el nudo de mi alma de ese entonces. Ese es el mismo nudo por el cual se deshacen las amistades, se odian las parejas, se suicidan las personas, sufren los hijos, se destruyen los hogares, como ya había sucedido conmigo.

Este rayo fue la energía que decodificó el dolor de mi alma y me permitió comprender que yo debía estar más allá del amor terreno. Era la única manera de trascender el egoísmo, la contaminación de los pensamientos, el dolor de la personalidad que no quiere desaparecer. La naturaleza humana (nuestra parte imperfecta) que insiste en perdurar.

En la misma medida en que mi concepción del amor ilusorio perfecto, que yo me había figurado, se iba desvaneciendo, el rayo del perdón se iba apoderando de mi corazón.

Ya vibraba una consciencia tal que me permitía salirme de mí y trascender el ego del dolor propio para llegar a la comprensión de las debilidades de la naturaleza humana en general. Estas debilidades que siempre estarán sobre la Tierra mientras los seres humanos no despertemos la verdadera consciencia del amor. Así lo escribo y de verdad confirmo de acuerdo al mensaje de encomienda: "el amor más grande es aquel que se vive y experimenta en medio de las circunstancias", porque solo quien lo vive lo podrá entender y trascender y logrará perdonar. Entendí que la sombrilla de la consciencia adquirida me permitió parar el tiempo y el espacio para ya no sufrir más y poder así minimizar la circunstancia y comprender que perdonar es sanar y es amar.

Pero como el amor tiene estaciones tal como el Espíritu Santo lo enuncia, esa fue solo una estación del amor que pude comprender. Esa fue mi primera parte. Ahora, en este retiro, encontré en solo un día la segunda parte que buscaba sobre el amor.

La puerta dorada que se abrió en aquella época me ha esperado hasta esta alborada del 6 de marzo del año 2006 en mi retiro, para reafirmar de forma más precisa sobre el amor, pero en su contexto universal, el amor universal, la base fundamental del amor en cualquiera de sus presentaciones.

Allí, en mi retiro, recordando mi propia historia, me preguntaba por qué nos perdimos en la ruta del amor y por qué el amor genera sufrimiento.

¿Qué es lo que realmente sucede con el amor? ¿Es que quizás no conocemos nada del amor?

Entonces enlacé el conocimiento espiritual que tenía en esa época con mi experiencia sobre el amor en el pasado y en ese presente y llegué a una conclusión que me prometí escribir en algún instante. Hoy es el instante. Te invito a reflexionar conmigo sobre el amor.

Comencemos entonces desde la raíz para encontrar por qué duele tanto la separación de un amor, o por qué sufrimos lo indecible por una desilusión cuando el amor nos falla. Ese amor que pensamos que era perfecto, pero no lo era. Y por qué tan profunda búsqueda sobre la Tierra del verdadero amor.

Con una mirada retrospectiva, vayamos a la época de la infancia. Allí, como niños, conseguiremos descubrir aspectos profundos sobre la búsqueda del amor.

El amor en el niño se manifiesta por tratar de conseguir lo que necesita: el alimento de mamá, el beso aquí, la caricia allá, el abrazo, la atención, el juguete que quiere y que lo hace feliz. O sea que el amor cuando éramos niños se manifestaba como una necesidad de llenar un vacío. Con esta observación podemos descubrir que ya nacemos con esta necesidad.

Cuando somos adolescentes, comenzamos a llenar ese vacío, ya no con mamá o papá sino con el sexo opuesto o el mismo sexo, de acuerdo a la constitución hormonal que traigamos dentro del plan de evolución. Somos muy dados a idealizar el amor y a generar grandes expectativas que luego se vuelven irrealizables y causa los primeros desengaños que marcan la psiquis. Sencillamente por ignorancia en la adolescencia, esa búsqueda nos lleva a entregar el amor personal a una pareja quien, confundida, también está buscando el mismo amor.

Entonces la identificación del amor se va convirtiendo en una tarea cada vez más difícil para el ser humano. Al mismo tiempo, por lo difícil que es hacer del amor un apartado práctico, se va convirtiendo por medio del desarrollo tecnológico en virtual. Así las personas van enfriando la calidez del acercamiento mutuo que de todas maneras se quiere experimentar. Muchos jóvenes y adultos se han quedado con el amor virtual de la máquina o del programa.

Cuando ya somos adultos, y hemos desarrollado la vida por medio del amor material, el amor físico, el amor humano, entonces transmitimos a los hijos y a la humanidad nuestra experiencia como un amor siempre de necesidad para llenar el interior, la inconstancia, el vacío que se encuentra en cada uno.

Algunas parejas realmente dan, reciben, ceden y consiguen acoplarse bien. Otras pueden pensar que viven bien, y así lo demuestran ante sus hijos, pero internamente no están convencidos de haber encontrado la felicidad.

Y otras definitivamente están conviviendo con el vacío constante que no se llena con la pareja ni con los hijos, ni con la profesión, ni con ascender y ser famosos dentro de su entorno profesional social o político. Una muestra clara de ello la encontramos solo conociendo las noticias mundiales por internet, periódicos o televisión. Observando podemos medir los grados de desgracia en el amor de parejas famosas en todos los órdenes mediante los escándalos sociales o políticos o sobre gobernantes que caen de su alto curul por infidelidades reveladas públicamente.

Cuando se llega a la edad madura, la identificación del amor puede ser en algunos casos (no siempre) un amor frustrado, un amor que nunca se encontró. Entonces, se voltea a mirar hacia atrás preguntando dónde pudo estar el amor. Algunos seres retornan a buscar a su primera pareja, y otros vuelven a tratar de realizarse en su vida con otro ser para sublimar el amor. Por lo regular lo buscan en alguien más joven, porque creen que allí, al lado de la juventud ajena, renacerá el amor.

Pero con el tiempo algunos vuelven y se encuentran con que la realidad de la vida material no era la realidad que ellos pensaban, entonces claman a Dios por el amor que siempre debieron buscar.

Cuando se llega a la ancianidad, cuando todo el cuerpo material sufre deterioro y el cuerpo mental vuelve a la niñez, se vive del recuerdo de lo que fuimos en la vida. A veces se logra identificar el espíritu, y aunque se le teme a la muerte, la etapa cercana a ese momento hace deducir que esta es un remedio para las aflicciones o la carga de la vida, pero aun allí no se logra vivir el amor como una obra de Dios en nuestra vida.

Las religiones predican el amor, pero en ocasiones no se entiende, se ve a Dios muy distante, no se encuentra la conexión entre el amor de Dios y la necesidad de la búsqueda de amor humano. Entonces se busca el amor espiritual, y expresamos que amamos a Dios, pero parece que esa expresión de amor no basta para llenar el vacío. Se ha hecho del amor una confusión muy compleja. Yo fui una que no podía entender este puente entre el amor de Dios y el amor que se vibra aquí, en la carne y el hueso y en la mente, con todas las debilidades humanas, a pesar de amar a Dios. Hasta que mediante mi cultura espiritual lo pude comprender. Aquí te lo voy a revelar.

La sabiduría del amor

Con nuestro anterior recuento sobre el amor, podemos concluir que este entonces en la Tierra es una búsqueda constante de compañía, y está indicando que hace falta algo. Y ese algo que hace falta en la humanidad, se llama la *sabiduría del amor*. El amor tiene su sabiduría.

La sabiduría del amor es la que ayuda a enaltecer los sentimientos individuales que producen dolor, angustia y pesar, producto del martirio del egoísmo. Y la primera sabiduría del amor es conocerse a uno mismo. Y el primer escalón del conocimiento de uno mismo es saber de dónde vengo y hacia dónde voy para descubrir qué tengo que hacer aquí, en este planeta, y esto indudablemente tiene que ver con el amor.

Sintetizando lo anterior, el descubrimiento del verdadero amor está relacionado con nuestro origen. Es imprescindible saber de dónde venimos, conocer nuestra **génesis para comprender el vacío existencial respe**cto del amor.

Voy a tomar solo un punto del conocimiento de nuestra génesis para que podamos llegar a identificar por qué sen-

timos ese vacío que nos obliga a buscar compañía y a realizar procesos que se consuman en una relación llamada "amorosa".

Por medio de las diferentes religiones y filosofías de la cultura occidental, hemos escuchado que fuimos creados a imagen y semejanza de Dios. Pero no nos expusieron muy claramente qué significa esto y cuál parte es la imagen y cuál es la semejanza.

Gracias a mi cultura, conocí que fuimos creados como seres divinos, seres de luz, porque Dios solo crea perfección. Esa creación perfecta era esencial, la esencia inmanente y eterna de nuestro espíritu. Pero algo sucedió en ese paraíso (historia sagrada universal que relato en otro capítulo de este libro), y descendimos de nuestro reino de luz hasta este planeta material de tres dimensiones.

Este descenso está registrado en los libros sagrados de la mayoría de las religiones. En la religión católica se habla del Edén o paraíso perdido a raíz de un pecado original que debemos purgar en esta vida. En otras culturas, un error nos descendió y generó el karma que nos tiene aprisionados en un planeta de espacio y tiempo, vida tras vida, hasta saldar esta deuda universal.

Continuando con el conocimiento del descenso, te puedo expresar que mediante nuestra cultura conocimos por revelación que por el hecho de que éramos seres de luz, no podíamos descender como luz a conformar parte de un planeta material. Pero el amor de Dios permitió que una parte nuestra no descendiera hasta un nivel energético tan des-frecuenciado (bajo), y descendió solamente una parte nuestra. Esa parte es nuestra _semejanza_, que es la parte astral de cada espíritu (la parte menos sutil). La _imagen_ o divinidad, quedó en una dimensión superior a esta. Entendiendo que las dimensiones no están por fuera del mismo ser humano. La parte divina vibra en una alta dimensión nuestra.

Esto quiere decir que descendió solo una mitad nuestra y que la otra mitad quedó en alguna dimensión de luz. Esta parte no descendida es una parte esencial, es nuestro **otro yo**. Entonces el recuerdo de este otro yo es lo que hace que cada ser humano busque entre todos los seres humanos su otra mitad.

Es esta la razón de la búsqueda del amor, que no es más que tratar de encontrar el recuerdo de características de su otra parte. De aquí proviene el concepto de las almas gemelas, de la otra mitad, de la media naranja o del Yo superior.

A veces se encuentran en la Tierra almas con características muy parecidas, que deciden hacer su desarrollo de vida y juntas logran una relación estable y consciente. Estas son almas de gemelitud constante, pero no es el alma gemela real.

La pregunta subsiguiente sería qué hace la otra parte nuestra desde la dimensión de luz.

Esta parte desde ese plano vibratorio aporta su energía superior, para que su otra parte descendida, o sea nosotros, que vibramos aquí, en este plano de tres dimensiones, logre niveles superiores de consciencia para llegar al encuentro real de realización espiritual y regresar al origen, al Padre Eterno, como era antes, y que seamos Uno, la imagen y la semejanza unidas.

Hay ocasiones en que para realizar misiones especiales, de gran trascendencia sobre la Tierra, las dos partes **gemelas reales** encarnan para encontrarse en un momento signado y sincrónico de misión universal.

Entendiendo nuestro origen y la fragmentación que se generó dividiendo la esencia o imagen, de la semejanza que descendió, podemos comprender el principio de nuestro vacío existencial.

Cuando conocí la realidad sobre la imagen y semejanza, me pregunté "¿Quiere esto decir que la búsqueda de compañía sobre el planeta es la búsqueda de nuestra parte divina?".

¡Eureka! Enlazando toda esta sabiduría de mis maestros, comprendí por fin que lo que nosotros buscamos sobre la

Tierra es nuestra divinidad perdida. Obviamente, en el recuerdo de nuestra memoria universal reside el registro de nuestra otra parte divina y perfecta. El perfil de esa parte perdida es lo que pretendemos encontrar aquí en cada ser que se nos acerca, en la mirada que nos atrae, en la sonrisa que nos cautiva, en la pareja que elegimos para conformar unidad.

Luego descubrimos la imperfección del otro, y esta unidad también se rompe, quebrantando el corazón, desilusionando el alma y traumatizando el sistema mental, psíquico y físico. Luego el alma humana (el cuerpo mental, el cuerpo emocional, sentimental) se repone, y continúa la búsqueda en esta Tierra.

Encontré que la fórmula es clara, buscar la divinidad es buscar a Dios, esa parte nuestra que no perdió la luz, que se quedó vibrando a Dios y que nos hace mucha falta y causa una nostalgia infinita.

Encontrar la perfección es encontrar a Dios. Es descubrir esa parte nuestra que lleva perfección. Y Dios es la única fuerza capaz de entregar lo que necesitamos: la luz de la consciencia universal para la evolución de nuestro espíritu y para volver a ser Uno.

Reflexionando sobre la fragmentación de nuestra unidad, percibí también que aquí cambian las reglas de la matemática, porque uno más uno no son dos. Realmente, en el amor real, uno más uno es uno. En el amor $1+1 = 1$, porque es volver a la unidad. Y esta matemática del amor no funciona solamente para la pareja, porque en una familia, una comunidad o una nación, la suma de todos en el amor debe ser igual a 1. Compartir como uno las alegrías de todos, solucionar como uno la tristeza de alguno. Todos como uno, entregar amor a quien necesita. Es estar unidos como uno para dar y compartir y también sentirse uno con quien recibe, aunque ese quien recibe no sea yo.

De acuerdo a mi experiencia, puedo aquí ratificar que quien eleva niveles de consciencia va borrando esta añoranza del amor porque va encontrando su divinidad, pues es ese el origen de la búsqueda. Es esta la sabiduría del amor. No en vano la frase más conocida sobre Dios es "Dios es amor". Parece muy sencillo, si Dios es amor, entonces allí podemos encontrar el amor. El problema es que como no conocemos la sabiduría del amor, lo buscamos en los seres humanos.

Pero no puedo vibrar el amor si no tengo a Dios. Debo primero prepararme para recibir a Dios en mi corazón, y esto conlleva transformar todo aquello que interfiere en la escuchar la sonoridad de la sabiduría del universo en mi corazón.

Al principio te decía que se sufre en el amor porque desconocemos la sabiduría del amor, y **que el primer escalón de la sabiduría es conocerse a uno mismo.** Bien, como parte de este autoconocimiento, ya conoces el origen de la búsqueda del amor, ahora para transformar tu visión respecto al amor, necesitas aprender a discernir entre lo que es amor y lo que parece amor.

Te invito a diferenciar entre el amor y el enamoramiento. Quizás no sabes aún cuánto peso y cuánta mentira puedes sacar de tu alma cuando lo comprendas y te hagas consciente de ello.

Cuando hablo del amor, no me refiero al enamoramiento. El enamoramiento en sí es el resultado de un proceso bioquímico. **El amor de la química del cuerpo causa enamoramiento.**

Entendámoslo así: el cuerpo humano es un tejido físico-químico ordenado desde su parte esencial, que es metafísica. Hace muy poco tiempo, la ciencia planteó el estudio del "amor" como un proceso bioquímico que se inicia en la corteza cerebral, pasa a las neuronas y de allí al sistema endocrino, dando lugar a respuestas fisiológicas intensas. Por ejemplo, el enamoramiento ocurre cuando se produce en el cerebro la sustancia llamada feniletilamina,

Al inundarse el cerebro de esta sustancia, el organismo responde mediante la secreción de dopamina. La dopamina es un neurotransmisor cuya función es responder por la capacidad de desear algo y de repetir un comportamiento que proporciona placer. Se activan los neurotransmisores como la oxitocina, que es un mensajero químico de deseo sexual, que dan lugar a los arrebatos sentimentales. Como resultado de estas reacciones químicas, la persona se siente enamorada. La combinación de estas sustancias hace que quienes están enamorados quieran permanecer juntos, para ellos no pasa el tiempo, y nunca sienten cansancio. La relación les brinda estados placenteros, y ven el mundo de color de rosa. Pero esta atracción bioquímica no es permanente, la atracción decae, porque con el tiempo, el organismo se va haciendo resistente a los efectos de estas sustancias, y toda la locura de la pasión se desvanece.

Quien de la pareja primero genere resistencias a estas sustancias química comienza a sentir que ya se le acabó el "amor" por el otro, y comienza una gran dicotomía, porque puede llegar a sentir "amor" por otra persona diferente a su pareja, y entonces se plantea la separación y hasta puede llegar a sentirse culpable sin entender qué le está sucediendo realmente.

Si la pareja logra pasar esta fase y continúa su relación, inicia otra fase que no suprime la vida sexual, pero es menos intensa, más sosegada. Esta etapa es derivada de la reacción a las endorfinas, otras sustancias cuya reacción brinda una sensación de seguridad y de apego, que genera dependencia, y comienza otra fase del amor.

Equivocadamente, sobre todo en el mundo occidental, las parejas viven estas fases fisicoquímicas de enamoramiento pasajero creyendo que se está sintiendo amor. Pero para llegar al amor verdadero, hay que lograr que el proceso deje de ser solo químico. No quiero decir que no deba existir la química. La química es un elemento muy importante, pues de lo contrario no se podría sentir atracción para conformar una relación y dar continuidad a las especies. Pero hay que ser conscientes de este proceso conociendo que existen estas etapas fisicoquímicas y que son transitorias, y que el viaje del amor es más largo y profundo y va más allá de la química.

Para lograrlo, a medida que crece la relación se deben establecer uniones, enlaces con intereses comunes, compañerismo, amistad, mayor consciencia, espiritualidad, conocimiento de uno mismo. Así se enriquecerá la relación con otros parámetros más altos, anexos a la química.

Por desconocimiento de estas fases químicas, se generan divorcios cada vez más cercanos a la fecha del matrimonio, ante lo cual las personas buscan solucionar su vacío con otra pareja que le proporcione este baño químico nuevamente. Luego, a los dos o tres años, se busca otra pareja, y así sucesiva y equivocadamente, basados en un proceso solo químico, se busca el amor sobre la Tierra.

Concluimos que para llenar el vacío del amor hay que conocerse a uno mismo, porque es la ausencia de la propia divinidad lo que lo causa, y es en el universo interno donde se encuentra a Dios. La importancia del conocimiento de uno mismo es lograr activar la consciencia para que sea esta la que administre la química y no al contrario, que la química nos domine.

Establecer una relación duradera, estable y feliz depende de factores humanos y divinos. Con el conocimiento de uno mismo se alcanza la plenitud del corazón humano como centro del amor. Sin conocimiento de uno mismo, no se puede encontrar el amor universal o el amor ideal de pareja sobre el planeta, porque atraes lo que vibras. Esto quiere decir que atraer a alguien que nos ame o a quien podamos amar como una gemelitud constante se logra por <u>trabajo de consciencia</u> para que como dos magnetos las dos partes se puedan atraer, lograr el encuentro y enlazar de acuerdo al plan universal signado para cada uno.

En la búsqueda del amor existe otro aspecto importante, y es comprender a quien aspira a tener la pareja ideal, porque esta persona ha llevado una búsqueda infructuosa y se queda en la nostalgia pensando que se ha perdido del "amor más grande" que quiere vivir. En este caso, puede ser que la persona no traiga en su programa de evolución un plan de convivencia con una pareja en esta Tierra, y ello no quiere decir que está vedado al amor más grande. Porque el amor más grande no está afuera de la consciencia propia. La consciencia que se vibra en determinada estación de la vida es la que nos reporta la medida del amor que en consecuencia merecemos dar y recibir.

Con lo anterior quiero decir que cuando experimentemos cualquier circunstancia de la vida que nos corresponda experimentar, sea de salud o enfermedad, de tristeza o felicidad, de plenitud o soledad, de amor o desamor, la debemos vivir conscientemente (siendo consciente de lo que se vive y de por qué se está experimentando), eso es vivir con amor. Ese es el amor más grande que podamos percibir. Es la consciencia con que se viva cada acontecimiento la que nos reporta una medida de amor.

Hay muchas clases de amor, y el amor tiene muchas estaciones, tal como lo enuncia el párrafo del mensaje de encomienda:

> El amor más grande no es aquel que se quiere vivir, conocer, reconocer; es el que se está viviendo y experimentando en medio de las circunstancias con la sombrilla de la consciencia para que esta pare el agua de los pensamientos, del tiempo. <u>La consciencia tiene estaciones diferentes de amor</u>, de sabiduría, de justicia y de luz, y en cada una de ellas hay tantas reglas y tantos órdenes, que hacen difícil la búsqueda de la claridad completa, de la entrega completa.

Los enlaces del amor

El amor de familia se puede expresar como un amor grande, fuerte y estable, aun sin el lazo de la sangre. Hay quienes nunca tuvieron hijos y despertaron al amor materno o paterno por medio de sobrinos, hijos de sus amigos o hijos adoptados.

Hay quienes nunca tuvieron una pareja y crean lazos fuertes de amistad y amor incondicional, son felices sin distinción y sin personalismo alguno, expresan naturalmente el amor universal. Hay quienes desarrollan el amor mediante otro enlace, como el servicio a la humanidad. Es el caso de personas dedicadas al servicio humanitario, o al servicio espiritual, como maestros espirituales y grandes místicos en Occidente y en Oriente, como Teresa de Calcuta. Podríamos entonces deducir que la clase de amor depende del lazo que se forme.

Planteando una analogía entre el amor y la química, los enlaces que hacen fuerte el amor en los seres humanos son como los enlaces químicos que definen la naturaleza de la sustancia que se genera a partir de su unión.

Para comprenderlo mejor, te invito a hacer un breve recorrido por el átomo. Aun desde el átomo, el cual es la mínima parte en la que se puede obtener materia de forma estable, podremos llegar a conclusiones importantes sobre el orden del universo respecto del amor.

Cuando digo que el átomo es la mínima parte estable, lo digo porque hasta principios del siglo XX se creyó que el átomo era indivisible. Demócrito, el filósofo griego del siglo V a.C., creyó que los átomos eran indestructibles y eternos. En el siglo XX se descartó dicha convicción porque se descubrió que el átomo tiene un núcleo compuesto de protones y de neutrones y que la mayor parte del volumen de un átomo consiste en electrones. Se llegó a creer que no existiría un elemento esencial a toda la materia sino que la división en elementos cada vez más pequeños sería infinito.

¿El griego Demócrito no tenía razón, y el átomo era indivisible?

Mi explicación va, porque aunque ahora conocemos que el átomo se puede dividir, las partículas subatómicas que lo componen no pueden existir aisladamente salvo en condiciones muy especiales. (Con esto quiero decir que en este sentido, realmente el átomo era indivisible, y el griego tenía toda la razón).

Pero volvamos a los enlaces químicos que definen la naturaleza de la sustancia que se genera a partir de su unión.

¿Por qué relacionamos el átomo y la unión en el amor?

Comencemos por recordar que los átomos se unen porque al estar unidos adquieren un estado más estable que cuando estaban separados, y para ello, igual que los seres humanos, buscan una estructura electrónica externa ideal.

La estabilidad del átomo frente al medio externo depende del número y de la distribución de los electrones. La estabilidad perfecta de un átomo se alcanza cuando su capa externa está saturada de electrones. En tal estado, el átomo es tan firme y cerrado en sí mismo, que no se puede atacar de ningún modo, sino que forma un gas noble, llamado así porque se aísla orgullosamente de todos los procesos del medio ambiente.

Esta estabilidad en los átomos suele darse cuando el número de electrones que poseen los átomos en su último nivel o capa es igual a 8, o 18 si es un átomo de los más grandes, estructura que coincide con la de los gases nobles que tienen 18 electrones en su última capa llamada valencia. Esto quiere decir que la tendencia de todos los átomos es a "ser nobles". Esta tendencia de los átomos a completar su valencia o capa electrónica externa y alcanzar el estado ideal del gas noble es la causa de la dinámica de los átomos.

Si relacionas la dinámica del átomo para encontrar su estabilidad con la afanosa búsqueda humana del amor, tratando de encontrar a alguien para lograr estabilidad emocional, y llenar ese vacío interno, encontrarás grandes similitudes.

¿Cómo logran los átomos esta configuración electrónica que les brinda estabilidad?

Lo hacen compartiendo electrones, cediendo electrones o recibiendo electrones para configurar 8 o 18 electrones en su valencia (última capa). Cuando no lo pueden hacer por sí mismos, buscan otros átomos, y así se originan los compuestos químicos. Compara esta propiedad con la realidad humana respecto del amor.

Por ejemplo, para que tengamos la sal de cocina en nuestra mesa, se tuvo que dar una transferencia de electrones que dio como resultado una pareja llamada "sal", producto de la unión entre el cloro y el sodio.

Esta unión se dio por lo siguiente: el cloro es un átomo alrededor de cuyo núcleo giran 17 electrones. A la tercera capa electrónica del átomo de cloro, la cual es la capa más externa, le falta un electrón para estar saturada simétricamente. Pero también existe un átomo llamado sodio, en el cual gira precisamente este electrón solitario y esperanzado de ser aceptado en la tercera capa electrónica del cloro. En consecuencia, si el cloro lo atrae, el cloro y el sodio se unen originando el cloruro sódico o sal de cocina.

Llevando este ejemplo atómico al escenario humano, podemos comprender que no siempre se comparte, porque a veces solo se recibe, y es el otro el que aporta, como en el caso del cloro que recibió y el sodio que fue el aportador. En química estos tipos de enlaces son los que generan las propiedades de las sustancias con enlaces fuertes o débiles. De igual manera, en la relación humana, se generan clases de amor con lazos fuertes o frágiles.

Todos conocemos la fuerza y la dureza del metal. Uno de los enlaces químicos más fuertes es el enlace metálico. Esto se da cuando los que desean aproximarse son los núcleos de los átomos y deciden que los electrones de uno sean compartidos por todos. Si extrapolamos este estado hacia una relación humana, podríamos comprender la fuerza de una relación cuando se comparte todo, incondicionalmente, sin reservas. Si macrodimensionamos esta premisa y observamos que todo lo que existe son miríadas de átomos unidos mediante enlaces químicos, entonces ¿cuánto no podríamos deducir sobre el amor?

Con lo anterior he querido abrirte un compás más amplio para comprender que el amor real es un orden universal. Como es arriba, es abajo; como es en el microuniverso, es en el macrouniverso.

Concluimos que el amor en cualquiera de sus manifestaciones es una parte del descubrimiento de la verdad de nuestra existencia. Al vivir sin descubrir la verdad de nuestra existencia sobre esta Tierra, se experimenta desolación, soledad, desconexión, falta de unión, de trascendencia y de divinidad, y no sería posible percibir el amor y darle sentido a la vida, porque el amor es el orden del cosmos, la naturaleza, nuestras propias pautas y ritmos de crecimiento y de evolución.

Para concluir, allí, en aquella mañana de mi retiro, meditando sobre mi experiencia con el amor, la cual, en general, es la misma experiencia en la existencia de cualquier ser humano, recordé que en algún momento de mi vida, yo había mirado hacia atrás pensando "Ya es tarde, si pudiera repetir la historia de la vida para hacerlo mejor...", pero hoy, con la voz de la consciencia adquirida, puedo expresarte con alegría que no hay que devolverse en el tiempo, porque si a esa experiencia adquirida sobre el amor, cualquiera que sea en este presente, se le agrega la <u>sabiduría del amor del presente</u>, podemos obtener como resultado el tan esperado "amor más grande".

Mi mensaje para ti:
Tu instante decomprender el amor universal
Toca tu corazón… siente su nuevo latido, que ya reconoce la sabiduría del amor.
Tu mente descansará de la incesante búsqueda inconsciente.
Invoca la luz del amor universal que vibra en tu Yo Superior para perfeccionar tu amor.
La sabiduría del amor te introduce en un nuevo paisaje interior que puedes llevar contigo y desplegar en cualquier sitio. Y si es necesario volver a partir, irá contigo a donde vayas eternamente.
Libera los espacios de tu alma que generan división y exclusión en el amor.
Coexiste con el nuevo panorama de UNIDAD que te brinda el verdadero amor.
Sé libre y despliega tus alas para volar muy alto en el amor universal.
Vibra tu instante de amor universal

Instante cuatro. Instante de certeza

Aceptando mi incertidumbre

"La enfermedad, los cánceres y un sinnúmero de detalles que a veces atraviesan las líneas del cuerpo y se detienen a experimentar con las células y a querer hacer una vida independiente o invasiva en ellas, es el resultado del proceso del mismo espíritu que busca tener espacio y claridad para la consciencia de lo que está viviendo de todas las deudas pasadas aunque no se contenga el karma nacional, regional. La mayor incertidumbre del alma, del cuerpo, del sistema nervioso es todo aquello lo que está por venir.

Es el momento de decir: 'Si yo no tengo que vivir este cáliz, que no sea; si tengo que vivirlo, que tenga las fuerzas para soportarlo'".

(Fragmento del mensaje de Madre Luz con inspiración del Espíritu Santo, entregado a la Maestra Hansayana como una encomienda universal).

A esta hora los rayos del Sol comenzaban a cubrir la playa e invitaban a los primeros visitantes a desayunar en la terraza o simplemente a un paseo matinal.

Cuán alejados estaban aquellos vecinos del hotel del proceso que muy cercano a ellos yo estaba vivenciando. Para *ellos los primeros rayos del Sol presagiaban un maravilloso día. Para mí eran una tabla de salvación. No quería que el día trascurriera muy rápido porque solo tenía esa jornada para iluminar mi sombrío panorama interior y realizar mi laboratorio de consciencia.*

La crisis de salud que me encontraba viviendo me estaba conduciendo a conocer procedimientos médicos totalmente desconocidos para mí, ya que aunque nunca había gozado de buena salud, tampoco había experimentado procedimientos clínicos convencionales. Esta nueva incursión me llevó a reconocer el dolor y la incertidumbre que sienten los enfermos, a punto de repetir las palabras que el Espíritu Santo enuncia sobre recibir o no el cáliz de dolor.

El cáliz que desbordó en lágrimas: el dolor del dolor

Volviendo atrás en el tiempo, recordé que cuando mi médico físico me envió a sacar las placas con contraste para determinar si también tenía cáncer de hígado, acudí con mi esposo a la mencionada cita. En la sala de espera, yo veía a mí alrededor a muchos pacientes con un mal estado físico, que seguramente iban a recibir irradiaciones. También vi que cuando salían del examen, sus rostros iluminaban por la palidez. Pensé que seguramente habían sido irradiados, los vi quedarse sentados un rato antes de salir, tomando nueva fuerza. Todo esto lo observaba despreocupadamente mientras leía una revista.

Cuando después de una larga espera me tocó mi turno, entré al gran salón donde tienen el scanner, dos enfermeras me recibieron, y una de ellas comenzó a explicarme el examen. Su primera pregunta fue si yo era alérgica y si me habían aplicado yodo alguna vez, si había tenido infartos o presión alta. Después me dijo que me iba a inyectar yodo en la sangre y que yo iba a sentir algún malestar, pero eran solo dos minutos.

Me invitó acostarme en la camilla que se deslizaría hacia la máquina y me dijo que cuando estuviera adentro, oiría una voz que dirigiría mi respiración, cuándo no respirar y cuándo respirar. Luego insertó una dolorosa cánula en mi piel para aplicar el suero con el yodo. La enfermera me recomendaba una y otra vez que no me fuera asustar, que aguantara el calor y que no respirara dentro sino cuando la voz me lo indicara. Comencé a respirar para relajarme y colaborar, pero la intensiva preparación de la enfermera solo me indicaba que no me esperaba nada placentero allí adentro.

La enfermera digitó algunas teclas, y la camilla comenzó a deslizarse hacia la máquina. Adentro una voz me decía cuándo respirar. Salí y entré a la máquina tres veces. Luego salí nuevamente, y allí estaba la enfermera diciéndome que me iba a inyectar el suero y que no me olvidara de las recomendaciones, que aguantara, que eran solo dos minutos. Inyectó el yodo por la sangre, y simultáneamente la camilla comenzó a entrar por el túnel de la máquina, mi cabeza se comenzó a calentar de tal modo, que mis oídos parecían explotar, ella me preguntó si sentía calor, yo moví la cabeza asintiendo, ya que mis ojos estaban cerrados. Yo me estaba concentrando para resistir. Adentro de la máquina, yo sentía que me quemaba por dentro, y la voz aquella me quitaba el único elemento que tenía allí para resistir tal suplicio: **"No respire hasta que le diga"**. Entre una voz de no respiración y la otra que me indicaba que podía respirar había un largo puente de espacio-tiempo en medio del desgarrador fuego consumador de mis fuerzas y de mi cuerpo.

Mi camilla se deslizó hacia afuera en dos ocasiones más, mientras la enfermera inyectaba yodo cada vez. Solo tuve tiempo de respirar, y el calor nuevamente quemaba mi cuerpo por dentro mientras la voz volvía a quitarme el hálito de mi vida.

Salí nuevamente viva, pero ya sin aliento, el calor iba pasando, pero la enfermera me preguntaba cómo me sentía, haciendo esfuerzos le contesté que muy mal, realmente ya me sentía desfallecer, mi visión comenzó a nublarse, y sentí fuertes náuseas.

Aquella enfermera, aunque un poco asustada de verme, me dijo que faltaba una placa más, que eran tres, que solo dos minutitos y terminábamos, mientras me expresaba esto, iba a la vez inyectando más yodo, y repitiendo todo el procedimiento.

Recuerdo que en la mitad de este tercer procedimiento ya no tenía fuerzas. Le hice una señal a la enfermera con el dedo de la otra mano moviéndolo hacia lado y lado queriéndole decir que ya no más, pero esta enfermera ignoró mi gesto.

Adentro sentí que realmente me moría, necesitaba respirar, pero allí ya no podía hacerlo, creí que me desmayaba. Por fin salí nuevamente viva o mejor dicho medio viva, desmayada y casi muerta.

La enfermera llamó a otra enfermera, y entre las dos trataban de revivirme, me decían que hablara, que les dijera algo, que me moviera. Me dieron a oler alcohol para revivirme y las vi muy asustadas con mi reacción. Me sentaron hasta que pude reponerme. Le dije a la enfermera que ese examen era muy duro, y ella me dijo que sí, que yo tenía razón, que me habían tenido que inyectar mucho yodo porque eran tres placas las que había ordenado el médico para registrar el estado de los órganos.

Me recuperé allí sentada y salí a la sala de espera, donde como bálsamo de paz, me esperaba mi esposo. Sentí un profundo dolor en mi corazón en el momento de atravesar esa sala donde momentos antes había estado sentada tan despreocupada leyendo una revista, mientras veía entrar y salir pacientes. Allí comprendí todo lo que significa un dolor del alma, más fuerte que el dolor físico. A este dolor del alma lo llamo <u>el dolor del dolor</u>. Esta vez mi punto de vista cambió, ahora podía comprender el alma de los pacientes que aguardaban sentados estos exámenes como esperanza de salvación. Nunca podré olvidar ese día. Esos tambaleantes 10 pasos atravesando esa sala sembraron en mí más consciencia que toda mi vida en cuanto a la enfermedad, los enfermos y los elementos de investigación y sanación de la ciencia médica. Allí, en esa mirada de temblorosa esperanza de los enfermos de cáncer, sentí el sufrimiento de la humanidad, sentí un nuevo vibrar en mi corazón por medio de mi propio sufrimiento y descubrí el dolor del dolor.

Acompañada de mi esposo, salí hasta el carro y comencé a llorar desconsoladamente. Hasta ese momento no había derramado ni una lágrima por esos procedimientos o por mi enfermedad, pero me sentía impotente ante el dolor del alma. Había sentido ya tantos suplicios en mi búsqueda de sanación en los últimos años, que este examen llenó la copa que se desbordó en llanto aquel día. Mi consuelo era que ese examen mostraría cómo estaban mis otros órganos. Debido a mi estado de salud, este examen que podrá ser normal para otra persona saco las primeras lágrimas en este proceso. "No nos preocupemos, no pensemos en nada, no esperemos nada, dejemos que todo fluya", me decía mi esposo mientras me abrazaba amorosamente.

Al llegar a casa, me tendí en mi cama, y allí sola, mirando el lago a través de mi ventana, en un instante comprendí hasta dónde me estaba llevando este proceso y vislumbré el puente de dolor como un vía crucis que tendría que atravesar.

Comprendí que este era mi Monte de los Olivos y que debería definir si aceptar el cáliz tal como se me ofrecía, o rechazarlo.

¿Pero cómo rechazarlo si acababa de descubrir que la humanidad sufría lo indecible? Si todos mis dolores sumados no alcanzaban a formar una gota de todo el mar de dolor que sufrían algunas personas. Llegué a esta conclusión del "dolor del dolor", porque además de las molestias físicas, los pacientes cargan las penas del alma, y sobre todo las torturas de la mente que yo ya no sentía hace mucho tiempo. Era esto lo que yo llamaba el "dolor del dolor".

Sentí que tanto dolor tenía que cambiar. La humanidad debía descubrir el paso, la trascendencia del dolor, y encontrar otro nivel de vida.

El recuerdo de este episodio me llevó a la frase del Espíritu Santo:

"La mayor incertidumbre del alma del cuerpo, del sistema nervioso, es todo aquello que está por venir". Estas palabras presagiaban algo. ¿Qué sería lo que el universo tendría para mí? Ya ni siquiera lo podía preguntar, porque la decisión estaba en mi propio ser.

Mi figuración hacia la enfermedad y los enfermos se estaba transformando. Tuve que ver lo que aprecié en aquella sala para conocer un poco más sobre el dolor, que no solamente era mío, ahora podía ver el dolor de los enfermos por medio de mi propio dolor. Quien está enfermo de cáncer, o de cualquier enfermedad terminal, podría comprender la anterior frase del Espíritu Santo.

Algunos exámenes y procedimientos clínicos son dosis programadas de dolor

Sentí que la humanidad no podía continuar aferrada a esperanzas más torturantes que la enfermedad misma. ¿Qué sentido tiene sufrir tanta laceración y dolor mediante un procedimiento de investigación para que investiguen o sanen mi cuerpo, si lo que quiero es sanar para no tener dolor? Los pacientes no encuentran otra opción y se están entregando para que la ciencia les adelante los dolores y los suplicios en dosis programadas de test en test, de examen en examen, los cuales, en medio de la incertidumbre del porvenir, se convierten en la esperanza de salvación. Sin embargo, en ocasiones, lo que llamo el **dolor del dolor** puede hacer más daño psíquico que la misma enfermedad.

Pero yo tenía otra elección. Aquí el Espíritu Santo también me daba la opción de renunciar con la frase siguiente:

"Es el momento de decir: "si yo no tengo que vivir este cáliz, que no sea; si tengo que vivirlo, que tenga las fuerzas para soportarlo".

Allí, en la cama del hotel donde estaba haciendo mi laboratorio de consciencia, vislumbré el vía crucis que me esperaba en este proceso y pensé si valdría la pena continuar adelante buscando la curación o renunciar a la vida de una vez.

¿Estaría yo dispuesta a vivir el momento de la cirugía con todo lo que ello involucraba, si no había pude resistir el anterior procedimiento debido a mi anemia y estado de debilidad extrema?

No. No estaba lista todavía para aceptar o rechazar el cáliz según se me pedía, pero había descubierto algo muy importante en este instante de incertidumbre, descubrí y acepté que la mayor certeza que tenía en este momento era mi gran fragmento de humanidad que temblaba de miedo ante el camino de dolor que me esperaba.

Mi mensaje para ti:
Tu instante de certeza
Ausculta tu mente para encontrar los miedos, los temores, y descubrir la mayor incertidumbre de tu vida.
Invoca la luz de tu espíritu para recibir claridad e iluminación.
Abre tu corazón con amor, sinceridad y humildad para reconocer y aceptar las debilidades de tu alma.
Invoca el poder del Espíritu Santo para que ilumine tu consciencia en la ruta que vas a seguir.
Vibra tu instante de certeza.

Instante cinco. Instante de antiespectrar

Recogiendo el espectro de las huellas psíquicas

"Por eso el temor a sufrir, a penar, debe desaparecer en un día, para que no tengas que vivirlo más días, y aquello que tengas que pasar sea con la consciencia de saber qué va a suceder y no con la incertidumbre de múltiples opciones. ¿Podré pasar o no? ¿Podré vivir o no? ¿Cómo podría quedar?"

(Fragmento del mensaje de Madre Luz con inspiración del Espíritu Santo, entregado a la Maestra Hansayana como una encomienda universal.)

Unas pequeñas nubes obnubilaban la brillantez que temprano se perfilaba en el horizonte. Ansié con todo mi corazón que el firmamento no se nublara del todo. Era el Sol, su calor y su iluminación, la única compañía que podía entrar por mi ventana en ese solitario día.

Tenía claro que mi mayor temor no era a la muerte. Entonces ¿qué marcaba esa incertidumbre y la preocupación que sentía en lo profundo de mi corazón? Repasé una y otra vez mi vida para encontrar alguna pista que me condujera a la raíz de ese supuesto temor, si era que existía.

De momento llegaron a mi memoria dos sucesos paralelos como una onda magnética de temor que me había marcado con la más profunda huella psíquica.

Mis temores

El temor al proceso posoperatorio.

Tenía varias marcas psíquicas de seres muy queridos que habían partido después de una intervención quirúrgica "exitosa", cuando el peligro había pasado aparentemente.

Mi primera huella psíquica

Una de mis huellas psíquicas fue el caso de Carlos, el esposo de mi hermana Lilia. Un hombre de 37 años, un ser humano con cualidades muy especiales. Él no sólo era mi cuñado, sino que era como mi hermano, con quien compartimos una especial amistad.

Un día de los años setenta, Carlos fue al médico por un chequeo de rutina, porque quería consultar acerca de un pequeño malestar que desde hacía tiempo sentía en la tráquea al tragar. Se le hicieron algunos exámenes y algunas placas, y ese mismo día él llamó a mi hermana para decirle que lo dejarían hospitalizado porque le habían encontrado algo de cuidado. Carlos se internó ese mismo día, porque en las radiografías le encontraron una gran lesión que cubría su tráquea y su pulmón. Se programó una cirugía que restituiría la parte afectada de la tráquea. Parecía cáncer, no había certeza. En los años setenta, la medicina en los países sudamericanos no estaba muy avanzada ni disponía de los equipos necesarios para diagnosticar exactamente las zonas afectadas por el cáncer, como sí se puede hacer hoy.

Recuerdo que el día de la operación, después de cinco o seis horas en la sala de espera, uno de los médicos que intervinieron salió a decirnos que le habían practicado una alta cirugía porque habían encontrado que Carlos estaba invadido de cáncer. Todos sus órganos estaban tocados, habían tenido que extraerle parte del estómago y gran parte de su colon, y por consiguiente, tendría que evacuar en una bolsa externa. Además le habían intervenido el pulmón y habían conectado con un material especial su tráquea, la cual habían tenido que reparar en casi toda su extensión. Pero "la operación había sido todo un éxito", continuaba el médico, solo faltaba que Carlos se repusiera, aunque su existencia ya no sería la misma, pues quedaría inhabilitado para vivir y trabajar normalmente.

Carlos conoció su estado y estaba un poco triste porque ya no sería como un hombre "normal", según su expresión. Ya no podría volver a trabajar. Recuerdo una frase suya: "Ahora qué voy a hacer en estas condiciones y con tres hijos, ¿será que vale la pena vivir?". Al día siguiente, cuando las enfermeras lo llevaron a la ducha, se enredó en una de las tantas sondas a las que estaba conectado, y se le desprendieron varias. Nunca supe qué pasó realmente. En el momento en que yo entraba a visitarlo, lo tenían sentado en la cama y era asistido por varias enfermeras, quienes estaban llamando al médico urgentemente. Ellas sólo me dejaron llegar hasta la puerta, mientras atendían su estado de emergencia por la caída que había tenido. Su rostro estaba pálido, ceroso, casi blanco, y mostraba una mueca de tanto sufrimiento, que me llegó al alma. Él me encontró con la mirada y se quedó mirándome de una forma especial que nunca pude olvidar, porque esa mirada tan ida me estaba transmitiendo algo que yo no podía definir.

Me quedé allí, en la puerta, esperando acercarme, pero casi inmediatamente lo vi salir en una camilla, lo llevaban para cirugía nuevamente. Cuando pasó por mi lado, le sonreí, lo saludé y le dije que todo iba a estar bien, pero él no me habló, solo me seguía mirando de tal forma, yo pude percibir qué me quería decir; me parecía que él iba a morir, pero me resistía a creerlo, pues no podía aceptar perder a mi amigo ni que mi hermana con solo 28 años de edad y con tres pequeños hijos perdiera a su esposo.

Efectivamente, él sabía que iba a morir. Carlos entró a cuidados intensivos y no salió vivo de allí.

Ahora, en la cama de mi hotel, con este laboratorio de consciencia, traje la frase del mensaje del Espíritu Santo: *"Por eso el temor a sufrir, a penar, debe desaparecer en un día, para que no tengas que vivirlo más días"*, y comprendí que Carlos esa misma semana cumplió su deseo de alejarse del sufrimiento que le esperaba en esta Tierra, como me lo transmitió con su mirada, que no quise entender en aquel momento, porque no quise aceptar su partida. En este laboratorio, entendí y acepté su mirada y lo que él quiso transmitirme con la mueca de dolor en su rostro. En ese momento uno no entiende el dolor, por consiguiente no puede aceptar la partida de alguien tan amado.

Cuánto tiempo estuvo esta huella guardada en mi psiquis, y ahora me revelaba el temor a mi propio proceso postoperatorio de una cirugía supuestamente "exitosa".

Mi segunda huella psíquica

Mi compañera de trabajo en el Laboratorio Farmacéutico en Colombia se sometió a diferentes tratamientos médicos por cinco años para tener un bebé y por fin quedó embarazada. A pesar de tener problemas de presión sanguínea y un corazón muy débil, la gestación fue normal. El parto se llevó a cabo por cesárea. El bebé nació en perfectas condiciones, el médico le mostró su anhelado hijo, ella reía de alegría, y todos en el quirófano la felicitaban por el alumbramiento. El médico, quien por cinco años la había acompañado en el proceso para que pudiera tener su bebé, estaba muy satisfecho y feliz por el procedimiento. Mi amiga, muy débil aún, según lo relató su médico, lloraba de alegría mientras abrazaba al doctor agradeciéndole por ayudarla a realizar su más preciado sueño. Luego, mientras su médico se quitaba los guantes quirúrgicos, ella comenzó a sentirse mal, su presión descendía y descendía, el médico y su equipo de inmediato entraron en proceso de emergencia, trataron de revivirla. El médico, quien ya era su amigo, luchó para que sobreviviera, pero no fue posible. Mi gran amiga no solo dejó su vida allí, en la sala de cirugía, también dejó su bebé, por quien tanto había luchado para traerlo a este mundo.

Perdí a dos preciados seres en el mismo hospital y casi el mismo día, porque al día siguiente, después de llegar del sepelio de Carlos, cuando en nuestra casa aún estaba el aroma de las flores del funeral, vino una compañera de trabajo a comunicarme que nuestra amiga había muerto en la sala de partos.

Encontré la sabiduría de estas palabras: "Por eso, el temor a sufrir, a penar, debe desaparecer en un día, para que no tengas que vivirlo más días, y aquello que tengas que pasar sea con la consciencia de saber qué va a suceder y no con la incertidumbre de múltiples opciones. ¿Podré pasar o no?, ¿podré vivir o no? ¿Cómo podría quedar?".

Allí, en mi retiro, pude descubrir esta huella que estaba registrada en lo profundo de mi ser, que me producía el fuerte temor del proceso postoperatorio. No era temor a morir, era temor a sufrir. Comprendí mejor el punto de partida para mi trabajo, de recoger los temores hasta llegar a superar el dolor de la misma muerte, como el Espíritu Santo me lo había expresado. Ahora debería antiespectrar (recoger) esta huella que como fantasma había acompañado mi vida sin que yo pudiera darme cuenta de ello hasta este mismo momento.

Mi mensaje para ti:
Tu instante antiespectrar
Prepara tu mente para encontrar fantasmas del alma que hayan impresionado tu sistema psíquico.
Invoca la luz de tu espíritu para recibir claridad e iluminación.
Rastrea tu alma hasta encontrar las pesadumbres de la vida que le han dejado huellas ocultas.
Abre tu corazón con amor y disponte a recoger cada partícula de esa carga de la vida para que no tengas que revivirla otra vez.
Vibra tu instante de borrar el dolor del alma.

Instante seis. Instante de superación

Trascendiendo el dolor físico

"Hay que vencer el temor a morir de cualquier manera, un accidente, una enfermedad sin aire, sin espacio, sin lugar, sin dolores, con dolores. Este vencimiento hace que el espíritu se presente con una consciencia clara de vastedad y con una fuerza ilimitada de mucho amor".

(Fragmento del mensaje de Madre Luz con inspiración del Espíritu Santo, entregado a la Maestra Hansayana como una encomienda universal).

Al paso de mi instante anterior, poco a poco, mi cuarto se iba iluminando. Las nubes pasaron, y ahora tenía un cuarto pleno de Sol para iluminar mi vida y animar mi alma hacia la superación.

- Temor al dolor físico. Sí, descubrí el temor al dolor físico. ¿Pero cuáles habían sido mis dolores? Los tenía que recorrer para antiespectrar el gran fantasma de dolor que había quedado registrado como sombra en mi vida.
- Te invito a recorrer la siguiente fase de mi vida, no con la finalidad de que sufras con mi dolor. No. Es para que observes que lo importante no es el dolor físico, sino

la consciencia con que yo lo iba experimentando hasta descubrir cómo trascenderlo y superarlo.

- ¿Cuáles habían sido mis dolores físicos? Revisé dolor por dolor, escribiré aquí sólo algunos de ellos, no por mí, la finalidad es que cada persona que haya sufrido recoja su espectro conmigo. Por cada persona que no quiere volver a sufrir y por cada persona que nunca tendrá que sufrir eso otra vez.

Mi vida nocturna

Comenzaré por mis noches. Las noches para mí no eran tan normales como para la mayoría de las personas. Más o menos a las cinco de la tarde comenzaba la inquietud en el cuerpo, no era angustia, no era ansiedad, era un malestar corporal que no me permitía leer, estar sentada quieta, o concentrarme, porque en mis piernas tenía una sensación por la que debía moverme todo el tiempo para sentirme mejor.

Este malestar había comenzado dos años atrás, de una forma tan intensa, que ya no sentía relax ni de día ni de noche.

Pasé cuatro o cinco meses muy difíciles, Mi médica física me remitió a la neuróloga, con quien comencé múltiples exámenes e investigaciones neurológicas que a la vez me llevaron a recibir los suplicios más intensos en mi cuerpo.

Uno de ellos es la *electromiografía*, o EMG, que se usa para diagnosticar disfunciones musculares y nerviosas y enfermedades de la médula espinal. Este examen registra la actividad eléctrica cerebral y de la médula espinal hasta una raíz nerviosa periférica (encontrada en los brazos y en las piernas) que controla los músculos durante la contracción y en reposo. El procedimiento consiste en injertar electrodos de alambre muy finos, como agujas, en un músculo tubito para evaluar los cambios en el voltaje eléctrico que se producen durante el movimiento y cuando el músculo está en reposo. Los electrodos están unidos por una serie de alambres a un instrumento de registro. El EMG se hizo junto con otra prueba que a la neuróloga le pareció muy importante para detectar mi problema: la **prueba de velocidad de conducción nerviosa (VCN)**, que mide la energía eléctrica evaluando la habilidad del nervio para enviar una señal.

Estos exámenes eran para evaluar las respuesta de mis músculos, para ello me chuzaban cada músculo con un electrodo aguja muy fina y larga que llegara hasta el músculo. No podían ponerme anestesia porque se necesitaba precisamente la reacción de mis reflejos y mi respuesta nerviosa. Estas agujas debían impulsar también una carga de electricidad en cada músculo, uno por uno, para calcular la respuesta eléctrica.

Recuerdo que ese día estaba yo allí acostada en esa camilla, y solo escuchaba a la especialista que me anunciaba que respirara cada que iba a chuzar acompañando la aguja con un gesto de lamento en su cara y una palabra que ella esperaba me aliviara un poco mi martirio: *sorry* (lo siento).

Comencé respirando relajadamente, pues en mi vida he sentido tantas agujas, que unas más no sumaban mucho. Pero la repetición continua centímetro a centímetro en cada músculo de mis piernas y de mis brazos, chuzón más descarga eléctrica, comenzó a provocarme unas invisibles lágrimas de sufrimiento físico, que nunca salieron, que se quedaron incrustadas en mi garganta formando un nudo de dolor del alma que nunca expresé en palabras.

Luego me consolaba a mí misma pensando que los facultativos con este examen encontrarían la solución a mi mal, y yo volvería a dormir como un bebé.

Luego el neurólogo me dijo que todos los exámenes habían salido bien. ¡Qué desconcierto!... Yo seguía muy mal. Entonces me recomendó un medicamento para el Parkinson, me dijo que según los análisis, yo no tenía esa enfermedad, pero que probara una dosis mínima que me podría ayudar para la inquietud de las piernas.

151

Allí comencé a tomar la medicina para el Parkinson, y volví a dormir más tranquila después de casi cinco meses de agonía cada noche. Pero cuando tomaba ese remedio, me sentía tan cansada, que caminaba arrastrando mis piernas, como si cargara con un cuerpo muy pesado, demasiado pesado. Renuncié a esa medicina. No quise hacer ese atormentador canje.

Después de tanto sufrimiento, pude comprender a los enfermos de Parkinson. Realmente los músculos pueden aquietarse con aquella medicina, pero a cambio deben lidiar con los efectos secundarios que les clavan el peso de la vida en cada paso, en cada palabra, en cada acción que quieran realizar después de iniciar este tratamiento. Espero que ya exista en este momento un remedio menos agresivo.

Recordando todo ello en mi cama de hotel, llorando, desarmé el nudo de las lágrimas de dolor del dolor que habían quedado atrancadas en mi garganta en el momento de realizarme aquellos exámenes.

Ahora el Espíritu Santo me invita a vencer el temor así: "Hay que vencer el temor a morir, de cualquier manera, un accidente, una enfermedad, sin aire, sin espacio, sin lugar, sin dolores, con dolores".

Yo me preguntaba cómo hacerlo, si mi vida entera, desde mi nacimiento, era una huella de dolor. Y continué el recorrido por mi mundo de dolor, **explorando para recoger todas las huellas que había dejado en mi alma el dolor físico.**

Hasta aquí ya había recogido un gran espectro del dolor, pero faltaba aún continuar con lo que desencadenó la enfermedad mortal.

La bronquitis y el mioma en mi matriz

En esta misma época, meses antes de descubrir el cáncer, llegó el frío del invierno. Como consecuencia del clima, tuve una bronquitis que me llevó a noches de ahogos, fiebres, pérdida de energía y de peso y sobre todo mucha tos y asfixias que me llevaron a sentir la muerte más de una vez. Me hacía mucha falta salir a caminar, pero el clima no me lo permitía.

Al mismo tiempo de mi bronquitis crónica, había estado sintiendo un fuerte dolor en el vientre, que parecía localizarse en el área de la matriz o en una parte que no podía identificar. Muchas noches me pasé en un solo quejido de dolor. Cuando el dolor empezaba, iba perdiendo energía. A medianoche yo ya sentía que me iba a desmayar mientras esperaba que llegara el amanecer para salir de mi frío encierro hacia el Sol del día. Hasta que un día el dolor fue tan fuerte, que no pude esperar el amanecer, tuve que ir de urgencia al hospital.

Allí descubrieron que el dolor que yo sentía se debía a un mioma en la matriz. Según el concepto médico, este mioma no ofrecía peligro alguno si suspendía las hormonas, porque ellas eran alimento para él.

Pensamos que mis bajas de energía y mis síntomas de debilidad extrema que me daban tres o cuatro veces al mes se debían a la pérdida de sangre, ya que el mioma estaba absorbiéndola. Mi médico me envió entonces exhaustivos exámenes de sangre, que por supuesto salieron extremadamente bajos en hemoglobina. Tenía falta de hierro. A eso se debían mi palidez, mi energía baja y mi constante presión en la cabeza. Me sometí a un tratamiento para equilibrar mis niveles de hierro. Pasó el tiempo, y el profundo dolor de mi vientre continuaba, al igual que mi anemia, mi presión baja, mi energía, en el nivel más bajo, al extremo de casi no poder Levantarme. Hasta que una noche el dolor se hizo insoportable, y me fui al hospital de urgencia nuevamente.

Me acerqué a la verdad en la sala de urgencias del hospital

Estaba allí en Emergencias otra vez, por lo que todos pensábamos, el problema era el mioma en la matriz. Pero algo cambió en esta oportunidad. El médico de turno se alarmó al encontrar muestras de sangre en mi colon, ordenó hospitalización inmediata y dictaminó una colonoscopia.

La estadía en la sala de Emergencias la primera noche con un aire acondicionado refrigerador volvió a afectar mis bronquios y llegué a la casa con una fuerte tos. Pasé unas noches muy difíciles porque la bronquitis no cedía y cada día se hacía más crítica.

Preparación fallida para la colonoscopia

Llegó la hora de prepararme por fin para la colonoscopia, todo un día tomando solo líquido, agua y dos litros de un laxante especial. Comenzó entonces la gran odisea por sobrevivir a esta dieta a pesar de mi débil estado. A las cuatro de la madrugada salimos hacia el hospital, me atendieron como emergencia, pero no me hicieron el tan esperado examen porque no estaba en condiciones vitales para ello.

Pasé varios días en recuperación y comencé a sentirme mejor de mis bronquios. Podría hacer mis caminatas y hacer todo lo que necesitara en casa para equilibrar mi limitación nocturna. Me sentía más libre porque el clima también había mejorado y podría entonces salir.

Pero no fue así, el universo me llevaba a otro extremo del mismo camino de limitación física.

Mi parálisis

Ese día fue activo y alegre, comencé a realizar algunos quehaceres en la casa, y subiendo los escalones al segundo piso cargando una caja en mi lado derecho, hice un mal movimiento y quedé frenada del dolor. De pronto me sentí dolorida y limitada, me sentía paralizada. El dolor no me permitía mover mis piernas, tampoco me podía incorporar. A los dolores y a los síntomas anteriores se sumó éste con mezcla de mayor limitación física. Amanecí inflamada en la parte lesionada. Los exámenes médicos mostraron que me había lesionado un disco en la columna, que había descendido mi cadera derecha causándome dolor y limitación en mis movimientos físicos, como nunca antes lo había sentido. Me sometí a un tratamiento y poco a poco fui mejorando.

La verdad por fin

Llegó por fin el día de hacerme la colonoscopia. Esta vez estaba más fuerte, más preparada con las experiencias anteriores, y pude resistir así la dieta que precedía el examen.

Al finalizar el procedimiento, en medio de los efectos de la anestesia, escuché la voz del médico que me comunicaba que iba a hablar con mi esposo, porque tal vez yo iba a necesitar cirugía.

Allí, escuchando al médico en medio de mi mareo y de mi indisposición física, comprendí que algo no había salido bien.

Dos horas más tarde, cuando ya estaba en casa, el médico me llamó para comunicarme que nos encontrábamos ante un caso de cáncer de colon. Quería esto decir que los dolores que estuve resistiendo por años pensando que se debían a un inofensivo mioma, se generaban por un tumor canceroso en mi colon. ¡No lo podía creer! Mientras me decían que el mioma era inofensivo, el cáncer estaba avanzando.

Todos estos recuerdos dolorosos estaban guardados en oscuros rincones de mi mente. Entonces ¿cómo trascender el miedo a sufrir, el dolor del dolor?

Allí, en mi cama de hotel, en medio de este laboratorio de consciencia, me preguntaba cuál era el código para descifrarlo, si yo debía decidir mi vida futura, y sentía que no quería seguir viviendo con tanto sufrimiento físico. Por sobre estos interrogantes, una voz muy tenue, pero muy clara, que identifico como la voz de la superación, trataba de sobresalir desde mi consciencia recordándome que con la fuerza del espíritu, yo tenía la opción de sanarme. En este momento, iba adquiriendo consciencia de que debería superar el temor al dolor.

Mi mensaje para ti:
Tu instante de superación
Enuncia en tu mente la posibilidad de una nueva etapa de vida sin temor.
Pide la inspiración de tu espíritu para recibir claridad e iluminación.
Bucea muy profundo en tu alma hasta encontrar los mayores dolores o temores,
y decodifícalos encontrando el origen de cada uno de ellos.
Sumérgete, vive ese dolor, pálpalo sin temor, luego impúlsate hacia la superficie, y toca tu corazón.
Has salido libre, respira, y acepta una nueva vida sin temor.
Vibra tu instante de superación.

Instante siete. Instante de desestigmatización

Borrando la estigmatización del cáncer

"Padecer algo, sufrir de algo, no es haber perdido el amor divino o el curso de la evolución de la vida. Los grandes santos, los avatares, los místicos, los maestros, a veces han vivido toda una vida de salud y de pronto en cualquier momento de su última estación presentan una dolencia final, o en la juventud, un estigma de enfermedad mortal.

La enfermedad, los cánceres y un sinnúmero de detalles que a veces atraviesan las líneas del cuerpo y se detienen a experimentar con las células y a querer hacer una vida independiente o invasiva en ellas, son el resultado del proceso del mismo espíritu que busca tener espacio y claridad para la consciencia de lo que está viviendo".

(Fragmento del mensaje de Madre Luz con inspiración del Espíritu Santo, entregado a la Maestra Hansayana como una encomienda universal).

Habría trascurrido la mitad de la mañana, los rayos de luz se extendían oblicuos sobre mi cuerpo tendido en la cama, mientras yo leía el párrafo anterior del Espíritu Santo.

El alma del paciente oncológico

Por medio de este sencillo párrafo, el Espíritu Santo, quien es la sabiduría misma, rompe el velo de la estigmatización que algunos seres le han aplicado a algunas enfermedades llamadas mortales como el sida, el cáncer y otras.

A causa de mi estado preexistente de cáncer, en estos años he leído lo suficiente sobre el tema y he podido alternar con muchas personas que han tenido que enfrentar la enfermedad. En efecto, he tenido la oportunidad de conocer fuera de mi propia experiencia el alma del paciente de cáncer.

Aunque no es regla general, hay reacciones muy comunes en estos pacientes ante el diagnóstico. Escuchar el diagnóstico se convierte en un instante abismal que divide la vida en dos. El diagnóstico supone un *shock* emocional, seguido por una sensación de incredibilidad y luego por el fantasma del miedo. Después se puede llegar hasta una negación. Cuando pasa la negación, cae en cuenta de la realidad. A partir de entonces se pierde la identidad personal, es como si todo el ser se redujera a una expresión: yo = cáncer. Después llega la depresión seguida de la rabia, el reclamo, o según la clase de cáncer diagnosticado, el enjuiciamiento en unos, la culpa inconsciente en otros, y demás estados emocionales adyacentes.

Es duro expresarlo, pero la experiencia más negativa es el estigma social que lo señala como contaminado o discapacitado. Consecuentemente, hay que enfrentar el cambio de las relaciones sociales y familiares. El núcleo familiar y social que ya no lo trata igual, que mira al paciente sin saber qué decir o qué hacer, si acercarse o alejarse.

Amistades que escuchan que tienes cáncer te miran como si ya te fueras a morir, tratan de animarte con un golpecito en la espalda y desaparecen de tu vida. Hasta donde entiendo, esta reacción es porque algunos sienten compasión, otros temor a ver el sufrimiento, y otros rechazo. No me imagino la experiencia que tienen que vivir los enfermos con alguna discapacidad mental y otros males letales.

Es innegable que se siente la estigmatización del cáncer, a veces de parte de quienes menos se espera. Uno, como paciente, tiene que vivir con el temor al rechazo. El rechazo casi nunca es directo, pero se siente, porque el paciente de cáncer se vuelve muy perceptivo, causa por la cual, a veces siente la necesidad de ocultar los síntomas, para no causar compasión ni rechazo. Por esta razón muchos pacientes acaban viviendo la enfermedad en total soledad.

Los adelantos de la tecnología y la ciencia médica están cambiando los factores de riesgo de los enfermos de cáncer, pero el estigma social no ha sido directamente proporcional a estos adelantos de la medicina ahora mismo.

Nuestra cultura espiritual me evitó vivir todas estas experiencias de estigmatización dentro de mi núcleo familiar, pero no me salvé de percibir la fuerte estigmatización social. Sólo que mi cultura espiritual me salvaba de sentir <u>el dolor del dolor</u>, el dolor moral o emocional que ello ocasiona. El mensaje del estigma social no tocaba mi alma, pero sí afectaba la alta frecuencia energética del instante eterno de sanación que yo debía sostener en mi mente, mi psiquis y mi corazón para conseguir la sanación total.

Mi punto de reflexión iba más allá del estigma, porque yo consideraba muy difícil cargar con esta marca cuando mi consciencia estaba trabajando por la sanación o de hecho la enfermedad ya superada. Comenzando porque en mi caso, con un cáncer superado, cuando asistía al control médico, estaba calificada como enferma oncológica. Ahora mismo, seis años después de mi cirugía, me realizaron una colonoscopia de control y mientras me preparaban para el procedimiento, la enfermera le decía a la anestesista "Ella es paciente oncológica".

No siempre se considera la posibilidad de curación. En algunas ocasiones no existe el pasado, el cáncer siempre es un presente vayas donde vayas. Pocas veces te tratan como a un paciente que tuvo cáncer, por lo regular eres un paciente que tiene cáncer.

Aquel día, regresé a casa reflexionando sobre este estigma, que no le deja espacio al paciente sobre las grandes posibilidades de sanación. Mi preocupación al respecto se debía a que yo conocía que las células de nuestro cuerpo tienen consciencia, perciben nuestros pensamientos y reaccionan positiva o negativamente de acuerdo a nuestra posición mental, pues el ser humano está conformado por cuerpos energéticos. Aún el cuerpo más denso que es el cuerpo físico, mirado como el último ladrillo de nuestra construcción, es un cuerpo conformado de energía. Un microuniverso de partículas subatómicas. Un cuerpo compuesto de células, átomos, electrones, protones, neutrones, corpúsculos, paquetes de energía llamados quarz o cuantos de energía esencial. La materia sólida de acuerdo con el concepto newtoniano no existe. Somos una maravillosa construcción de energía de consciencia con todas las posibilidades de acción, reacción, renovación o también destrucción. Y la marca social del cáncer recordándome todo el tiempo que estaba enferma iba en contra del trabajo que yo estaba realizando con mi pensamiento positivo de sanación.

¿Cómo sanarse, si la palabra cáncer es sinónimo de muerte? Si los mismos profesionales de la medicina casi no la pronuncian y le hablan al paciente con otras denominaciones más suaves.

Un año antes del cáncer de colon, mi dermatólogo me extrajo un lunar en mi brazo izquierdo y me dijo que lo enviaría al laboratorio, pero estaba ya seguro de que era algo con un nombre que yo no entendí. Casi salgo del consultorio creyendo que iría a cirugía por un problema con el lunar, pero nunca escuché la palabra cáncer. Fue la enfermera quien al despedirme y verme tan tranquila, me preguntó si yo había comprendido que era posible que tuviera cáncer de piel.

La palabra "cáncer" está mitificada, porque se cree que es sinónimo de muerte larga y dolorosa. Menos digna que un infarto del corazón, que puede causar una muerte fulminante. Siempre he pensado que el juzgamiento, el rechazo y la discriminación de los enfermos corresponden a la carencia de respuestas reales sobre la verdadera causa energética de la enfermedad. Además, se ignora que una enfermedad no se da al azar, por lo regular lleva un objetivo espiritual que hay que descubrir.

El cáncer: una luz que desaloja la sombra de la inconsciencia

Debo clarificar aquí que una de las causas de la enfermedad es el cobro kármico para adquirir determinado nivel de consciencia que el ser necesita para continuar su ascenso evolutivo. Este cobro kármico es una des des-densificación; esto quiere decir, transmutar o cambiar la energía densa del ser humano por energía más sutil. La energía densa es la energía del ego, la energía de las acciones negativas que se han realizado en esta o en anteriores vidas. De acuerdo con el cobro, se da en el cuerpo, o en la mente. En ocasiones es doloroso o afecta el sistema nervioso o el cuerpo físico, por esa razón se presenta la limitación física en forma de enfermedad. Si el cobro es sobre el sistema nervioso, se presenta la enfermedad mental o los problemas que afectan la mente. Y si el cobro es sobre el alma, se presentan las demás limitaciones que afectan el alma, como el dolor por desamor, soledad, pobreza, y demás afecciones del alma. Pero el cobro kármico que pasa por el cuerpo físico en forma de enfermedad causando dolor no es diferente del cobro kármico que pasa por el alma del ser humano llenándolo de tristeza y desolación por la pérdida de un amor o un ser querido. Y tampoco difiere del cobro kármico que preocupa la mente y causa estrés o angustia por la pobreza o limitación económica. ¿Podríamos denominar enfermedades a estos dolores del alma o a estas limitaciones del bolsillo cuando no hay dinero? Sí. Estos son enfermedad del alma o enfermedad económica. Pero la ignorancia sobre las verdaderas causas energéticas de la enfermedad y su relación con las leyes universales establecen diferencias inexistentes. Pues realmente son las leyes universales las que ordenan los efectos que como seres humanos en esta o alguna existencia pasada generamos como causas. No es un castigo, al contrario, es una gran oportunidad para nivelar las cuentas pendientes que traemos de vidas anteriores o de esta misma vida.

He presenciado situaciones donde personas muy sanas que nunca han estado enfermas se expresan con desdén sobre los enfermos. Estas personas no saben que ellos están sufriendo la misma limitación con otras denominaciones que van más allá de la semántica, porque la palabra "enfermedad" es solo un nombre que se le ha dado a una afección mental o física.

Según el diccionario, enfermedad "es el estatus consecuente de afección de un ser vivo caracterizado por una alteración perjudicial a su salud".

De acuerdo con este significado, la palabra "enfermedad" es igual a la palabra "pobreza", que es un nombre para una condición de limitación material que también causa alteración mental o física.

Lo mismo podríamos expresar sobre la palabra "fama", un nombre para alguien que mediante el éxito o el renombre pudiera generar la limitación también de la libertad. En este caso también podría causar sufrimiento, puesto que ¿cuántos famosos han encontrado la enfermedad, el estrés, la ansiedad o la muerte huyendo de su sombra pública para tener un momento de privacidad?

También ellos sufren, como sufren algunas mujeres o algunos hombres que señalamos con la palabra "bellos". La belleza es un concepto que tiene la posibilidad de incluir la limitación llamada esclavitud, porque algunos seres hermosos físicamente se convierten en esclavos de su belleza y se someten a grandes sacrificios para sostenerla. Ellos también sufren, y muchos mueren sacrificando su vida por sostener su figura. Estos solo son ejemplos de limitaciones humanas que puede detectar quien vive la circunstancia y abre su mente más allá de los sentidos físicos para reconocer el origen energético de los acontecimientos que se revelan en la vida física y que por desconocimiento se juzga o discrimina.

Se desconocen las leyes universales. Yo he aprendido un poco de ellas porque la Madre Luz incursionó profundamente en el estudio de las leyes, e hizo grandes descubrimientos que dejaron un gran registro sobre la comprensión de las leyes universales, y más aún, ella descubrió que con una evolución espiritual de alto nivel, el ser humano puede lograr salirse de la administración de estas leyes y quedar bajo la regencia de una sola ley, que le entrega una vida de dharma, fuera de la regencia de la ley del karma.

Pero no quiero decir que los pobres, bellos, famosos o enfermos lleven el karma sobre los hombros. No. Los talentos o las virtudes físicas, mentales o morales son oportunidades para avanzar en el descubrimiento de uno mismo. Pero de acuerdo con el manejo o la administración que se les dé, esos carismas se pueden tornar en kármicos o dhármicos. Igual no todas las enfermedades o dolencias físicas son cobros kármicos.

Dhármicos son los casos que no conducen a ninguna clase de limitación o esclavitud y permiten que se los disfrute sin exigencia ni sufrimiento alguno.

Es importante resaltar que en ocasiones es el espíritu de la persona el que pide a Dios vivir determinado dolor o enfermedad en su cuerpo para avanzar aceleradamente en su evolución y la vez ayudar dejando un registro nuevo de consciencia y de luz en la humanidad.

Francisco de Asís le pidió a Cristo que le permitiera llevar en sus manos los estigmas de la crucifixión, y Cristo le concedió la gracia. Pero esto no solo sucede en grandes avatares de la humanidad, también puede estar llevándose a cabo en la persona que está a tu lado, o en ti mismo. Sólo que tú no eres consciente de ello si todavía no tienes percepción o comunicación con tu espíritu, pues es él quien pide la gracia.

Mi corazón vibra de alegría por poder escribir aquí para clarificar el párrafo con el cual el Espíritu Santo reivindica y empodera a los enfermos para superar con dignidad la enfermedad. Además el Espíritu Santo les entrega claridad y consciencia a los sanos, y así borrar por siempre las diferentes formas de estigmatización.

Mi misión es clarificarlo y hacerlo público después de haber descubierto estas diferenciaciones y de haber recorrido paso a paso y sentido los estigmas del camino. Sendero por medio del cual descubrí que el hecho de haber nacido prematuramente y como consecuencia haber sido una mujer muy débil y enferma fue la bendición más grande de mi vida porque me permitió conocer sobre la superación de las condiciones más difíciles. Mediante una enfermedad grave, pude descubrir las grandes posibilidades de renovación quántica, la cual te estoy trasmitiendo aquí con la energía de mi propia experiencia.

Mi mensaje para ti:
Tu instante de des-estigmatización
Abre tu mente para examinar los estigmas del camino de tu vida.
Rastrea tu alma hasta encontrar las huellas de discriminación, soledad e incomprensión que hayan estropeado los espacios de tu mundo interior.
Abre tu corazón con amor, reivindícate y empodera tu vida en la claridad que te entrega la luz del Espíritu Santo.
Vibra tu instante de clarificar los estigmas del camino recorrido.

Instante ocho. Instante de justicia

Comprendiendo la vida por medio de la ley del karma

"La enfermedad, los cánceres y un sinnúmero de detalles que a veces atraviesan las líneas del cuerpo y se detienen a experimentar con las células y a querer hacer una vida independiente o invasiva en ellas, son el resultado del proceso del mismo espíritu que busca tener espacio y claridad para la consciencia de lo que está viviendo de todas las deudas pasadas, aunque no se contenga el karma nacional, regional. El karma del cual el ser no puede deshacerse mientras viva en la Tierra es el karma geoambiental".

(Fragmento del mensaje de Madre Luz con inspiración del Espíritu Santo, entregado a la Maestra Hansayana como una encomienda universal).

Me senté en la silla al lado de la ventana mirando el océano para recibir directamente los rayos del Sol mientras realizaba esta parte de mi laboratorio que me conectaba con uno de los interrogantes más poderosos de mi vida.

Aquí el Espíritu Santo me estaba hablando sobre las deudas pasadas. Si son deudas pasadas, son de otra existencia, entonces ello conlleva a recordar y meditar sobre la creencia de la reencarnación en mi vida. ¿Cómo y cuándo comencé a aceptar esta creencia como una verdad, hasta este momento crucial en mi vida?

Hice la retrospección y recordé que mis bases religiosas se desarrollaron en la infancia bajo la negación de la doctrina de la reencarnación. Fue por medio de mi nueva cultura espiritual que encontré verdaderas respuestas al tema. Mi pregunta más profunda era por qué existía tanta injusticia en el mundo. Por qué tanto desbalance entre la riqueza, la pobreza, la enfermedad, la salud, la opresión y los oprimidos. El yugo y los subyugados. Por qué si todos pertenecíamos a la misma fuente creadora, Dios o Universo, como cada cual comprendiera a su Creador, no habíamos sido creados igualitariamente.

De niña se me dijo que teníamos que responder por un pecado original y que por ello existían el dolor, la opresión y la muerte. Así lo creí, pero a medida que ampliaba mis conocimientos en todas las áreas de estudio, no sucedía lo mismo con la comprensión del desequilibrio que veía en la naturaleza humana, vegetal y animal.

Surgieron entonces más interrogantes sobre mi religión. Por qué tengo que responder por el pecado de Adán y Eva. Por qué tengo que sufrir tanto si yo no soy culpable. De qué pecado vino Cristo a salvarnos a todos. ¿Acaso ese pecado no era originado solo por Adán y Eva? Nuestra historia sagrada estudiada en la escuela me dejaba más interrogantes que claridades. Las acciones propias de quienes vivían muy bien, con muy buena salud, prosperidad y lo que llamamos felicidad, no eran mejores que las de aquellos que tenían que vivir en condiciones deplorables.

Entonces comencé a comprender que aquella deuda de pago original tenía que ser propia y debía remontarse a un pasado que no recordábamos. No podría ser la herencia solo de Adán y Eva, podría ser una herencia mía, que no recordaba porque había tenido otra vida anterior. Pero en ese momento mi religión me prohibía pensar así y encerré por muchos años esa pequeña brizna de verdad descubierta, hasta que mi nueva cultura espiritual me lo confirmó y clarificó al conocer sobre la reencarnación y la ley del karma.

Para comenzar, no podríamos hablar de karma sin hablar de reencarnación. Para mayor claridad, aquí plasmo un fragmento de nuestra Biblioteca Universal, que entrega una respuesta sobre el tema:

> Recordemos que encarnarse es tomar nueva existencia. Quien se encarna llega a la Tierra conteniendo en su mente facultades, conteniendo en su espíritu luz amplia y suficiente para encontrar dentro de sí mismo y por medio de los demás la relación del amor y el sentimiento. El ego es una manifestación de la parte negativa, que le va a dar la fotografía constante de la vida, porque le va marcando o midiendo la evolución de su espíritu. Cuando cada uno de vosotros tomó parte dentro de esta existencia, venía a definir no la vida material sino la existencia espiritual. Para definir ésta era necesario tomar la forma humana de masculino o femenino y completar todo aquello inconcluso desde una existencia, dos o tres, cien, atrás, venir a esta existencia con lo aprendido y por aprender. Complementar, entregar un trabajo organizado con el espíritu y en hermandad con un conglomerado humano y presentar la constancia de esta labor para que el espíritu vuelva nuevamente a tomar el lugar de la luz que le corresponde. Y de esta manera disfrutar la existencia del espíritu en su Reino de Luz.

> Madre Luz con inspiración del Espíritu Santo (***de la Biblioteca Universal***).

De acuerdo con el anterior mensaje, para mí era muy claro que si había tenido existencias pasadas y había que regresar a nuestro Reino de Luz, era porque ya habíamos estado allí.

¿Pero dónde se generó la deuda universal? La pregunta seguía siendo la misma: ¿por qué debíamos reencarnar?

Ahora te puedo expresar que si ya estuvimos en un Reino de Luz, quiere decir que ya teníamos la perfección, porque Dios es la perfección. Esta frase sobre Dios es la que se acerca más a darle un calificativo al estado de mayor excelsitud o vibración energética que podamos alcanzar. Aquí podríamos hablar de estados energéticos sutiles, de luz sin materia física. Éramos seres de luz, ángeles, dioses, arcángeles. Éramos luz, y esa luz pura es energía, pero energía esencial, energía de creación divina.

Ahora sí podemos hablar de aquel pecado original.

En la Biblia católica, se nos relata que hubo una batalla angelical y que Luzbel, la Luz Bella, que era un ángel, quiso ser más que Dios, se reveló y se convirtió en Demonio, en Lucifer. Por este motivo descendió al averno.

Lo anterior es real, pero falta explicar lo más importante, que entregaría muchas respuestas al mundo católico. Que él no descendió solo. Este ángel caído perdió la gracia divina con todos los que se revelaron junto a él. En el camino de descenso se fueron creando diferentes planos con formas, que dieron lugar al mundo de la materia, el universo dual, la luz y la oscuridad, el positivo y el negativo. Por esa razón estamos aquí, porque somos esos ángeles caídos que nos revelamos contra Dios, seguimos una voz equivocada, descendimos desde nuestro Reino de Luz y debemos regresar a él.

Para restablecer el orden universal, se crearon las leyes universales, entre ellas la ley de causa y efecto, llamada ley del Karma.

Aquí compartiré algunos fragmentos sobre el karma, extraídos de nuestra Biblioteca Universal:

> Karma es **el** significado de lo que se es, se hace se efectúa en cada existencia como resultado del ego, la energía del polo negativo. La vida de karma es una obra que crea cada ser en

este planeta, el planeta tierra es controlado aún por la ley del karma al llegar el ser humano sobre la tierra lo hace con dualidad, esto quiere decir un tanto por ciento de energía negativa y un tanto por ciento de energía positiva, producto de sus vidas anteriores.

(Madre Luz en inspiración del Espíritu Santo (tomado de la Biblioteca Universal)

La ley del karma se creó porque al existir la dualidad, se hacía necesario efectuar las transferencias energéticas del dual negativo hacia el polo positivo. Esto quiere decir que se hacía necesario ayudar al ser humano a hacer la transferencia de su ego desde un polo negativo hacia su polo positivo. Por consiguiente, transferir la energía del polo negativo al polo positivo se hace a través de los campos físicos y mentales del ser humano, que son los densos, por esa razón causa sufrimiento físico, mental, emocional o psíquico, tal como lo explicaba anteriormente designándolo como cobro kármico.

No importa la diferencia de conceptos respecto al tema, que establezcamos entre una religión y otra con creencia de pecado original en Occidente o creencia de karma y reencarnación en Oriente. Esta deuda va más allá de estas diferencias. Esta caída fue desde nuestro Paraíso original, y allí debemos regresar. Pero el regreso tiene un orden, que son las leyes universales, y una de ellas es la ley del Karma, de causa y efecto o de acción y reacción, como se llama también en la física. Pero la ley que permite reconvertir estos efectos causales y equilibrar la balanza energética en cada ser humano es la ley del dharma. Quiero decir que cuando el ser humano va trascendiendo hacia niveles superiores de consciencia, llega un momento en el cual por su trabajo consciente, logra liberarse de la ley causal activa. La misma ley causal opera también borrando el karma de la vida humana. A esto se lo llama rompimiento kármico.

El rompimiento kármico borra los efectos de sufrimiento o estados causales. La vida de la persona cambia positivamente. Por lo tanto, la densidad de los efectos que están marcados en su vida se recoge como una cuerda que se había extendido por el tiempo y el espacio. Luego se generan causalidades en beneficio de la persona, y el sufrimiento va desapareciendo de la vida.

Nuestro pecado original viene desde esa caída universal. Fue allí donde perdimos el contacto con el Reino del Padre Dios o Paraíso del Esplendor. Consecuentemente, al ascender de regreso a nuestro Reino, debemos recuperar esta energía cuya esencia en una parte se encuentra dormida en nosotros mismos como material energético que nos constituía como seres divinos, la cual por el descenso, fuimos dejando disperso en todo el universo. Es esa la razón que nos lleva a comprender que debemos transformar la energía dual que se nos revela mediante lo que llamamos el ego, y que la religión llama pecado.

En Occidente se piensa que Cristo vino a borrar todos los pecados de la humanidad. Yo pensaba que si fuera así, ya no tendríamos que sufrir pagando una deuda que ya fue saldada. Luego descubrí que sí vino a salvarnos, a redimirnos.

Cristox vino a redimirnos de la ignorancia. Vino a facilitarnos el camino de regreso, dejar el camino estelar de la energía de AMOR que no se conocía sobre la Tierra, pues la ley mosaica manejaba otras reglas. Con el amor, nosotros podríamos emprender el camino de regreso al Padre. Él se hizo hombre, sufrió como humano, pero a la vez, por medio de su resurrección nos enseñó que no existía la muerte, que lo que existía era la vida eterna. Él nos enseñó que existía el Padre Eterno, Él se proclamó como camino de regreso al Padre. "Yo soy el camino, la verdad y la vida". Él se hizo ejemplo vivo de amor. El amor, la única energía que supera el ego de lucha de poder que generó la división. La división que rompió la unidad que vibrábamos en el principio antes de que nos convirtiéramos en ángeles caídos.

Pienso que algunos creyentes de diversas religiones están sentados en discusión sobre las diferencias de los caminos de regreso a nuestro lugar de origen de luz. Los occidentales consideran que el pensamiento budista es fatalista porque no supone el pecado original sino el karma sobre las acciones pasadas que determinan la vida del presente. Y para los orientales el concepto cristiano del pecado original es peor, porque la deuda original casi es irreversible, no hay vida previa ni próxima, solo tiene una vida, solo tiene una opción, cielo o infierno.

Si conociéramos sobre nuestro origen y la caída universal (verdades que se han ocultado), sería más fácil comprender que todos (Oriente y Occidente) tienen razón en cuanto a que existe una deuda con nosotros mismos, pues las acciones han causado reacciones que han determinado positiva o negativamente nuestras vidas. Que por lo tanto en Occidente y en Oriente por igual somos responsables del pasado. Ahora lo importante es concentrarnos en el presente y conocer hacia dónde nos dirigimos y la ruta de regreso.

Podemos entonces decir que nuestro espíritu está embarcado en un viaje milenario hacia la unión divina. Viaje que se ha prolongado cada vez más porque hemos perdido el camino de regreso. El mapa de regreso fue entregado con toda la señalización precisa, pero lo hemos perdido muchas veces. Lo expreso porque la doctrina de la reencarnación no era un misterio, era el primer bloque de conocimiento para la evolución de nuestro espíritu.

Por ello han venido a recordarnos los grandes santos, avatares, místicos, maestros y seres iluminados, para dejarnos lecciones de entrega y de amor con el fin de que aprendamos a vivir en permanente reconcilio, logremos la unidad y regresemos a casa.

¿Pero qué hemos hecho? Así como han existido seres que han dejado huellas de luz, han existido también quienes han traído oscuridad y confusión sobre la Tierra. Seres quienes debido la guerra de poderes e intereses personales han mutilado la verdad de la reencarnación de los libros sagrados.

Si aquí, en Occidente, al niño se le enseñara que no hay que hacer el mal porque ese mismo mal se devuelve en un cobro igual, porque estamos regidos por leyes universales inexorables, este niño crecería un hombre sano, porque sabe que no tiene que esconderse para hacer el mal puesto que del primero que tendría que esconderse sería de él mismo, en el que resuenan las leyes universales más claramente que las leyes judiciales de la Tierra.

La doctrina de la reencarnación ha sido de manejo milenario, y el croquis preciso para volver al Padre desde el cristianismo con Jesús y los primeros cristianos.

Te invito por un momento a apartar el pensamiento lineal que la mente occidental tiene sobre la reencarnación para encontrar en el Nuevo y Antiguo Testamento de la Biblia vestigios de esta verdad, que no pudieron ser cortados.

Por ejemplo: entre los judíos de la época de Jesús, era normal manejar ya el concepto de la reencarnación del espíritu, como lo podemos ver en el siguiente versículo, en que se considera que Jesús podría ser Elías.

Marcos 6:14,15. *"Otros decían: 'Es Elías'. Y otros decían: 'Es un profeta, o alguno de los profetas'"*. **La pregunta que surge aquí es cómo podría** hacerse la anterior afirmación si no se manejaba el tema de la reencarnación.

En Marcos 8:27, Jesús mismo es quien pregunta a sus discípulos:

"'¿Quién dicen los hombres que soy yo?'. Ellos respondieron: 'Unos,

Juan el Bautista; otros, Elías; y otros, alguno de los profetas'".

El hecho de que la gente de la época opinara de acuerdo al anterior versículo y que el mismo Jesús no hiciera ninguna corrección al respecto demuestra que esta era una verdad aceptada.

El versículo del Nuevo Testamento que más confirma la existencia de la reencarnación es el siguiente: *"Al pasar Jesús, vio a un hombre ciego de nacimiento. Y le preguntaron sus discípulos, diciendo: 'Rabí, ¿quién pecó? ¿éste o sus padres para que haya nacido ciego?'"* (Juan 9:1,2).

Si era un recién nacido, y se pregunta si pecó éste o sus padres, ¿quiere decir que se puede pecar antes de nacer? Eso sólo puede confirmar que esta no era la única existencia, porque de lo contrario, aquí se estaría diciendo que Dios castigaba desde el nacimiento sin haberse cometido pecado todavía. No podía ser que eternamente pagáramos por la deuda de Adán y Eva.

Resuelto lo anterior, ahora quedaba mi pregunta sobre el desequilibrio social, económico y político, sobre quienes nacían en un sitio más privilegiado que otros. Esta parte la pude comprender en el transcurso de mi vida, encajando una a una, de forma organizada y profunda, las fichas que sobre el karma se nos iban revelando a lo largo de nuestro camino espiritual desde al año 1976. Es un tema muy profundo, pero hermoso, porque por medio de él podemos encajar las fichas perdidas de lo que juzgamos como injusticia, desamor y abandono divino.

Conociendo sobre el funcionamiento de la ley del karma, finalmente reconocemos el orden del universo. Brevemente, aquí te dejo enunciados algunos aspectos importantes sobre el karma colectivo que nos ha correspondido compartir con el resto de la humanidad más cercana.

Para comenzar, el Espíritu Santo en el párrafo de su mensaje de encomienda me está recordando que *"el espíritu del ser humano busca tener espacio y claridad para la consciencia de lo que está viviendo, de todas las deu-*

das pasadas, aunque no se contenga el karma nacional o regional...". Quiere este párrafo decir que existe un karma colectivo.

Voy a introducirte hacia el reconocimiento del karma colectivo, para que puedas comprender el enunciado anterior.

Lugares de nacimiento. De igual manera que cada ser humano nace en una zona con características específicas para desarrollar su vida y conservarla física, orgánica y mental activa, cada zona es el lugar donde desarrollará su *karma colectivo*.

Este karma colectivo se desarrolla mediante diferentes características, entre ellas la **ubicación geográfica** que determina zonas de alto riesgo, por ejemplo zonas de huracanes, terremotos, erupción volcánica, y demás, donde nacen quienes deben vivir bajo esa línea kármica para nivelar energéticamente su balanza universal.

También las zonas con característica ambiental y de **producción de tierras** (de alta polución, esterilidad o productividad). Allí nacen quienes necesitan vivir la limitación de la producción agrícola, o al contrario, quienes se han ganado el dharma o el derecho de vivir en zonas de alta productividad de alimentos. O quienes necesitan el cobro kármico geoambiental, afectando su salud por medio de la alta polución de la zona donde nacen. Quienes nacen en lugares con características de organización sociopolítica (injusticia social) necesitan sentir la injusticia social y aprender de la justicia sufriendo la opresión sobre sí mismos.

Igualmente, nacer en sitios agrestes como los polos, los desiertos o la selva no se da por azar. Todo tiene una razón precisa de ser y estar. **Pero el lugar de nacimiento no se convierte en un punto definitivo,** porque el mismo orden universal va llevando al ser humano a otros puntos diferentes, a realizar aprendizajes continuos para su evolución. Esa misma ley que para algunos es tan dura, implacable e inviolable, es justa a la medida que el ser humano necesita y justa también dentro el orden universal que administra la vida de todos los seres en cada planeta en evolución.

Aquí podemos conocer que cada ser nace sobre la zona de la Tierra con las condiciones climáticas, alimenticias y geográficas que requiere para la evolución de su espíritu. Y todo esto se realiza con el colectivo humano que tenga las mismas necesidades de superar limitaciones a todo nivel.

Cuando conocí lo anterior, fue claro para mí que nuestro Padre Universal había establecido un orden cósmico de justicia que era inherente a cada uno de sus hijos, para proveerle las condiciones necesarias hacia su ascenso evolutivo.

Gracias a estos conocimientos que me entregó mi cultura espiritual, ahora puedo escribir con propiedad desde mi corazón. Corazón que encontró la respuesta al interrogante más trascendente que cuestionaba la justicia divina. Encontré que vivimos abrigados de amor, sabiduría y justicia eterna.

Ahora, allí, en el hotel, estaba conjuntando todo el aprendizaje que clarificaba mi vida para generar el potencial de energía necesaria para hacerme justicia y lograr mi sanación.

Mi mensaje para ti:
Instante de justicia
Ubica tu mente bajo el dominio de tu consciencia espiritual y prepárala para clarificar y comprender todos los aspectos que juzgas injustos sobre el orden universal.
Sondea los reclamos internos de tu alma y busca el reconcilio interior y exterior hacia quienes necesitas perdonar.
Abre tu corazón hacia el amor, comprende, perdona, reconcíliate, ama y gana en las leyes universales un nuevo ritmo de la justicia universal para tu vida.
Vibra tu instante de Justicia Universal.

Instante nueve. Instante de compensación

Equilibrando la balanza de mi vida universal

"El karma es una deuda muy profunda, la mente no puede recordarlo ni reconocerlo, no podría con ninguna información al respecto, pero sí puede identificar que necesita un perdón divino por algo que sucedió en algún tiempo en su vida y que ese algo pueda estar ocasionando no solo la enfermedad física o el deterioro físico, puede estar ocasionando escasez económica, privaciones o falta de encuentro consigo mismo al nivel de Dios como UNO".

(Fragmento del mensaje de Madre Luz con inspiración del Espíritu Santo, entregado a la Maestra Hansayana como una encomienda universal).

Sudaba, había estado tan inmersa en mi laboratorio, que no me di cuenta del Sol sobre mi cuerpo. Corrí un poco la persiana para cubrirme, sin perder la visión del astro rey, y noté que este se acercaba al momento del zénit.

La sorprendente revelación sobre una de mis vidas pasadas

La lectura de este párrafo en su totalidad no solo pasó por mis ojos, también atravesó los ojos de mi alma, ya que yo había tenido la gracia de haber sido revelada directamente por Cristo sobre una vida pasada.

Esta revelación había trasformado por completo mi vida para aprender sobre la sincronía del universo que se revela mediante todos los seres con quienes nos corresponde encontrarnos en este camino de la vida terrena para compensar o equilibrar grandes deudas que nuestra mente no puede recordar.

En la época en que se dio esta revelación de una vida pasada, me encontraba inmersa en la vida supuestamente normal como cualquier persona que cumple con todas las normas espirituales, sociales y morales establecidas por las jerarquías divinas y humanas. Pensaba que viviendo así, mi vida trascendería por los senderos del amor y la justicia, para vivir en equidad y obtener la paz que como ser humano buscaba. Pero a pesar de todo, me encontré con que la vida me determinaba aspectos difíciles que estaban alejados de toda conciliación con quien había conformado mi primer matrimonio. Estaba separada de mi primer esposo hacía varios años, y no se había podido llegar al divorcio porque había un hilo de incomprensión y de desacuerdos que no me permitían cerrar ese ciclo. Conseguir la firma de mi divorcio se había convertido en una batalla. A pesar de todo mi conocimiento espiritual, faltaba un ingrediente esencial en mi recorrido cognoscitivo sobre la convivencia. Había un eslabón perdido en mi búsqueda de reconcilio con otras personas que definitivamente tenía que encontrar, si quería vivir en paz.

En ese entonces, tenía conocimiento sobre la ley del karma y la doctrina de la reencarnación. Por esa razón, para aprender a manejar mi vida, que cada vez se tornaba más difícil, trataba de existir conforme a las leyes universales, haciendo práctica expansiva de todos los conocimientos. En este proceso, los conocimientos religiosos se transformaron en espirituales, los sociales se expandieron a universales, y los morales se abrieron en consciencia.

La noche de la revelación

Pero algo insondable me esperaba. Algo que rompió todos los esquemas mentales relacionados con la convivencia y con quienes me encontraba a mi paso: una revelación que conectaba con el karma y la reencarnación. Fue esta la que me permitió conocer una vida pasada mía y por medio de ella comprender por qué se hacen tan difíciles las relaciones interpersonales independientemente de la existencia del amor.

La asombrosa revelación la recibí directamente de Cristo. Fue Él quien me llevó al reconcilio consciente o reencuentro con una persona que había conocido hacía pocos meses en una apartada isla del Pacifico. Este ser había tenido ascendencia directa conmigo en una vida anterior. Al tiempo de conocerla, pude identificar que el rastro de sus acciones pasadas le hacía la vida más difícil, no le permitían tener felicidad ni paz en esta existencia.

Sin conocimiento alguno de nuestra vivencia anterior, le entregué a Iris (voy a llamarla con este nombre) toda la ayuda espiritual y material que requería como ser humano. Se hospedó en mi hogar; compartí y le brindé confianza como nunca había hecho con alguien a quien no conocía muy bien. Nunca imaginé cuánto necesitaba llevar a cabo este reconcilio consciente para no deambular más por el mundo, y saldar la deuda del karma en su vida. Solamente lo supe después de haberla ayudado y servido.

La vivencia comenzó así: una noche del día miércoles de la Semana Santa del año 1994, me encontraba meditando, inspirada en el Maestro Jesús, Cristo (como es llamado por la mayoría de las personas), cuando percibí su presencia. Vi su silueta de luz, que se desvanecía en una nube por la cual me llevó a experimentar una de mis vidas pasadas de manera muy singular.

La nube desapareció, y de pronto me vi sentada en un carro. En esta vivencia yo estada dividida en dos partes: una parte de mi ser, el físico y mental, era el ***protagonista*** que sentía y vivía los afectos de la experiencia, y la otra parte era mi consciencia como ***espectadora***, que reflexionaba en cada paso de esa vida pasada.

Aquel carro se desplazaba por una carretera empinada en un país europeo que yo percibía como Francia. Era un vehículo grande y moderno para esa época de siglos atrás. Yo iba acompañada de mis seres más queridos. Todos estábamos alegres y hacíamos bromas; alguien trató de levantar una especie de compuerta o de cajuela ubicada en el techo del vehículo. Uno de mis seres queridos, quien conducía el vehículo, se entretuvo en estos movimientos con la cajuela, la cual unos queríamos que se abriera, y otros no. De pronto se encontró en un instante ante una curva, que calculó mal, y perdió el control del vehículo, el cual se deslizó por un precipicio. Yo sentía el movimiento del carro cayendo al compás del terror de mi corazón. Fui consciente hasta determinado momento, cuando perdí el conocimiento. No sé cuánto tiempo transcurrió. Cuando desperté, escuchaba sonidos de ambulancia a lo lejos, y muchas personas tratando de realizar el rescate. Recuerdo que cuando trataban de sacarme de entre el chasis, yo vi todo mi lado derecho destruido, desde la cara hasta la pierna. En medio de la sangre que cubría mi rostro, pude ver sin vida a mis seres más queridos. Pero lo más impactante que recuerdo fue ver totalmente destrozado al ser que iba a mi lado, un hombre a quien yo amaba inmensamente.

En la observancia de estos hechos, desde mi consciencia, que era la espectadora, yo percibía esta pena con tal intensidad, que fue como revivir toda esa experiencia y el dolor de esa vida en la visión de esa noche.

Como protagonista sentía laceración en mi cuerpo y en mi alma. Sentía que mi vida había terminado allí mismo, y ya no quería vivir más, ¿para qué?

Luego de esta escena, perdí el conocimiento, para luego despertar en estado de amnesia parcial.

Pasó mucho tiempo, creo que tres años, más o menos. Estuve recluida en un hospital en estado de total discapacidad. Había quedado sin movilidad de mi hemisferio derecho, mi columna estaba arqueada hacia el lado derecho y tenía un aparato externo que me ayudaba a sentarme y acostarme recta. Quedé sin poder comunicarme verbalmente, y sobre todo sin los seres más cercanos que me brindaran ayuda y consuelo. Allí tuve oportunidad de conocer el amor y el desamor de los seres humanos.

Y digo que conocí el amor porque luego me trasladaron a un sitio muy parecido a un sótano donde me organizaron habitación, puesto que no tenía dónde ir. Viví en ese hospital gracias a una mujer que trabajaba allí como ecónoma (encargada de los suministros alimenticios para el hospital). Ella me protegía, me brindaba todos los cuidados que yo requería y que su poco tiempo le permitía. Pero sobre todo, me brindaba todo su amor. Nos compenetramos tanto, que aprendí a comunicarme con ella; no puedo saber cómo, pero dialogaba con ella. Con el tiempo ya me había convertido en algo así como la leyenda de ese hospital, puesto que siempre había una romería de médicos, enfermeras, pacientes y visitantes hacia el sótano donde me encontraba.

Poco a poco fui recordando el momento del accidente, pero una pena muy grande mezclada con rencor emergió dentro de mí al no entender por qué me había pasado ese accidente, si yo era creyente y en el momento en el que el vehículo se deslizaba hacia el precipicio, me había encomendado al Maestro Jesús (así lo llamaba yo) e interiormente confiaba en que nada grave me iba a suceder. Sin embargo, todo había terminado para mí. ¿Por qué? No podía entender por qué mi Maestro Jesús me había abandonado.

Como protagonista, me preguntaba si habría perdido la fe y la confianza en mi Maestro Jesús. ¿Ya no amaba la vida?

Mas como espectadora, percibía que una fuerza espiritual muy grande latía aún en mi interior.

Y expongo que también conocí el desamor, porque un día, mi amiga que velaba por mí, me confeso que mi madre vivía y que ese secreto nadie lo conocía. Sí. Vivía, y trabajaba en ese hospital. Aunque no recordaba nada de mi madre, sentía lo que nunca se pierde, aquello que está más allá del recuerdo: el amor. Me dio mucha alegría saberlo, aunque una gran tristeza ensombrecía la alegría, puesto que mi madre no deseaba verme, menos aún cuidarme. Nunca bajó al sótano a visitarme. Le envié mensajes con mi amiga, pero nunca quiso saber de mí. Además, ese secreto solo lo sabíamos mi amiga protectora, mi madre y yo.

Como espectadora reflexionaba que alguna razón muy fuerte y poderosa tendría ella para actuar así. Como protagonista que sufría los efectos, cuestionaba la falta de razones para comportamientos infrahumanos.

Teniendo en cuenta la tecnología de hace siglos, época en que este hecho había ocurrido, fue mucho tiempo el que pasé en las salas de cirugía en medio de análisis, exámenes y pruebas médicas para reconstruir mi físico.

Pero estos dolores físicos ya no eran tan representativos, porque ahora estaba de por medio una gran ilusión, quería tener cerca a mi madre; quería tener cerca algo que representara ese pasado que se me había escapado. Aquella ilusión que me aferraba a la vida deseando una recuperación física, había cambiado. Ahora realmente ansiaba más mi reconstrucción moral y espiritual que la física.

En medio de este escenario, veía que un día mi amiga me transportaba en una silla hacia los jardines del espacioso hospital para recibir el Sol. Recuerdo que pasábamos frente a una hermosa fuente de agua natural rodeada de flores, ubicada en el patio central, al lado de una capilla, cuando alcancé a escuchar los cantos religiosos en latín. Estos sonidos removieron algo dentro de mí, que me hizo recordar y entender que estábamos en Semana Santa. Efectivamente era Jueves Santo. Entonces percibí un sentimiento olvidado. De inmediato me llegó el recuerdo del Maestro Jesús, y sentí nostalgia, como si recordara algo de mi pasado. Mientras me encontraba socavando estos reflejos para encontrar pensamientos del pasado, la silla de madera se deslizaba pesadamente (puesto que era una silla de aquella época). Pasaban por mi lado muchos pacientes con sus visitantes, y me miraban con curiosidad, pero yo no me turbaba; ya estaba acostumbrada a ser el centro de atención de la curiosidad de los visitantes al hospital.

En medio de nuestro paseo matutino, mi amiga fue llamada urgentemente por algo así como un altavoz del hospital, y me dijo que me dejaría por un momento. Precisamente allí, al lado del pasillo, había un cuarto tan pequeño como un closet. Recuerdo que allí adentro había una escalera y una pequeña estantería con cajas y con pinturas.

Mi silla era de madera y muy ancha, por consiguiente no entró totalmente por la pequeña puerta. Mi amiga, en su afán de no dejarme en el pasillo en la exposición pública, me atravesó como pudo a la entrada de ese cuarto y me dijo: "Ya regreso. No demoro".

Como espectadora supe que ella se había ido preocupada porque nunca me había dejado sola en una silla, y mucho menos fuera de mi habitación, donde tenía todos los acondicionamientos para estar erguida.

Cuando yo estaba atravesada en medio de la entrada del pequeño cuarto, llegó una monja del hospital, vestida de azul oscuro, con el gorro blanco engomado de puntas, como las monjas vicentinas de años atrás. La monja llegó acompañada de un señor, que reconocí como el albañil del hospital. Ellos necesitaban entrar al cuarto donde me habían dejado. Como mi silla estorbaba para entrar, trataron de sacarla, pero esta no salió; entonces, la empujaron hacia adelante para que les diera

189

paso. En ese momento, yo me asusté mucho, porque estaba sola sin mi amiga, que sabía cómo cuidarme, y sentí un gran dolor físico en mi deforme columna; pero el mayor dolor fue moral. Mientras ellos movían la silla para todos los lados para desatascarla, sin pensar en el dolor físico que esos movimientos me causaban, quise morir. Ellos no eran conscientes de lo que yo sentía, y yo no alcanzaba a comunicarme para hacer entender mi sufrimiento físico y moral. En ese momento de dolor, volví a escuchar la música sacra que provenía de la capilla, y en un instante el recuerdo regresó, percibí a mi Maestro Jesús, ya no con ese rencor inconsciente que siempre me había acompañado desde el momento en que recordé el accidente; pude recordarlo con inmenso amor, y ya no le reclamé mi atormentada vida; le pedí que me llevara, que yo muriera en ese instante, porque sentí el desamor de la humanidad y de mi madre, y ya no quería vivir más.

Entonces, sucedió lo inenarrable… mi garganta emitió un sonido desgarrador de dolor contenido por tantos años; y la estantería con pinturas de ese pequeño cuarto cayó al piso, no recuerdo por qué, pero la vi en el piso. Mientras todo ello ocurría, me paré erguida de la silla y me di cuenta de que ahora podía caminar. La monja y el señor que, por supuesto, me conocían, cayeron de rodillas y gritaban: "Milagro, milagro". Yo salí corriendo, llamando a mi amiga por todos los pasillos, envuelta en la sábana blanca que había estado cubriendo mi cuerpo, y gritando: "Estoy sana... estoy sana... estoy curada". Las personas que se encontraban en los pasillos y jardines, y aun los que se encontraban en la capilla, salieron y seguían atrás de mí gritando tanto o más que yo. Al pasar por una puerta de cristal, pude observarme, pude ver cómo era mi físico: una chica de diecinueve o veinte años con un físico muy agradable y una cabellera larga de color claro muy hermosa. Yo me miré por primera vez en esa puerta de cristal y me vi envuelta en una sábana. Me podía ver sana, completamente normal.

Entretanto, allá, al final del pasillo, vi que venía mi amiga acompañada de otras personas, que se habían adelantado a contarle a mi amiga lo sucedido. Ella venía llorando. Y recuerdo que se secaba las lágrimas para estirar sus brazos desde lejos y llegar a abrazarme. Entonces, con la fuerza de una llave de agua que se abre por primera vez, brotó de mí una pregunta eterna, la incógnita de mi vida:

—¿Dónde está mi madre? Dime, ¿está aquí hoy?

Mi amiga dudó al responder.

Como espectadora, desde mi consciencia pude darme cuenta de que ella no quería comprometerse; no quería violar un secreto; pero fue más fuerte su verdad, y me contestó afirmativamente:

—Sí, aquí está hoy.

—Vamos —le dije—. Llévame hasta ella. Soy normal. Ella me recibirá.

Mi protectora no dudó. Entonces yo la seguí... o mejor, la seguimos todo el personal del hospital, que se había enterado de mi sanación. Nos dirigimos a la cafetería del hospital que se encontraba repleto de visitantes, pacientes, médicos y enfermeras. Allí se detuvo mi amiga, mirando al frente. Todas las personas que me conocían se pararon, y me señalaban vociferando frases como: "Increíble", "Milagro", "¿Qué le pasó a ella?, ¿qué pasó aquí?".

Me dirigí hacia mi amiga, le volví a preguntar:

—¿Ella está aquí?

—Sí —me respondió.

Yo todavía no podía recordar del pasado rostro alguno; entonces grité con el ansia del hijo que necesita a su madre:

—¡Madre!... ¡Madre!

Pero nadie respondía. Entonces, volví a gritar, y vi cómo una mujer se dirigía hacia el frente, pero no me miraba; solo miraba el piso. Pensé que esta no era, y volví a gritar:

—¡Estoy sana!... Estoy sana. Madre, ¿dónde estás?

Como espectadora vi que ella tenía a su lado un acompañante espiritual. Parecía un ángel guardián o protector que le decía a su consciencia: "¿No te vas a acercar, si siempre lo has deseado?".

Esta mujer entonces se acercó, y yo le pregunté a mi amiga:
—¿Ella es?
—Sí —me dijo.

Fui en busca de su abrazo, pero ella nunca levantó sus brazos. Entonces, una fuerza me hizo caer de rodillas a sus pies. Abracé sus piernas y lloré desconsoladamente con un llanto tan amargo, que por medio de cada lágrima reclamaba un poco de amor.

Como espectadora, me di cuenta de que esta misma voz de consciencia, su ángel guardián, le decía a mi madre: "¿No la vas a abrazar, si siempre lo has deseado?".

Ella solo colocó sus manos sobre mi cabeza. En medio de mis lágrimas, levanté mi cabeza y la miré a los ojos. Encontré que sus ojos estaban llenos de lágrimas, igual que los míos. Deseé con toda mi alma que me levantara y me abrazara fuertemente, para llenar el vacío que yo llevaba dentro, muy dentro de mí corazón. Pero allí termino mi visión sin recibir ese abrazo dentro de esa experiencia de mi vida pasada, la cual mi Maestro Jesús me había permitido conocer.

Una vida pasada, la cual desconocía hasta este presente del hoy, en esta mi nueva existencia, quizás siglos después, porque allí, en esos ojos de mi madre, llenos de lágrimas, pude reconocer a Iris, la mujer que en esta existencia había llegado a buscar mi ayuda sin conocerme, se hallaba hospedada en mi hogar, y se encontraba durmiendo en su lecho, contiguo a mi cama.

Sí, reconocí en Iris a mi madre pasada, ese ser que había llegado, que solo hacía unos meses yo había conocido y había acogido en mi hogar porque era rechazada por su familia. Este detalle era lo único que yo conocía de ella.

Y cuando el telón de la experiencia se estaba cerrando, reconocí que aquella mujer protectora, que me había ayudado tan desinteresadamente en aquella vida pasada, era quien hoy es mi hermana Hensisar. Solo podía ser ella, pues nadie mejor que Hensisar podría ser la representación del amor incondicional y del servicio que nos ha brindado a todos los que hemos tenido la gracia de tenerla cerca.

Eran las tres y media de la madrugada, y quedé bañada en llanto, silencioso para no despertar a Iris. Continué en velación, reflexionando sobre la reencarnación que yo conocía, pero que ahora se había convertido en una realidad. Finalicé dando gracias al Maestro Jesús por permitirme esta sabia enseñanza. En ningún momento antes, sentí más alegría por haber servido a alguien como lo hice en aquel momento.

Me levanté muy temprano, porque teníamos un compromiso con las personas que ese día Jueves Santo asistían a la meditación en nuestra fundación. Mi amiga despertó, y mientras yo corría de aquí para allá, tratando de organizarme para no llegar tarde a la fundación, pude notar que ella me miraba como si presintiera algo, mientras me hacía una pregunta que me dejó atónita:

—Hansayana… ¿Será que uno puede saber de otras vidas?

Quedé como paralizada con esta pregunta. No esperaba que la historia que había visionado la noche anterior tuviera también un epílogo en mi vida presente.

—¿Por qué lo preguntas? —le dije.

—Porque me gustaría saber qué he hecho yo para vivir lo que he vivido.

—Ya llegará el momento de saberlo —le contesté.

—Hansayana —me dijo—; necesito hablar contigo urgentemente.

—Está bien; hablaremos cuando regrese, porque tú sabes la importancia de la reunión de hoy, y debo llegar a tiempo. Te prometo que cuando regrese hablaremos.

Y ella me respondió:

—Es que como hoy es Jueves Santo, y me quedaré aquí sola gran parte del día, quisiera que me prestaras algo especial para leer, que me pueda preparar para esta fecha, de pronto he sentido una gran necesidad de saber cómo conocerme más.

Entonces, al azar saqué un folder con mensajes y encontré unos mensajes o textos de sabiduría alusivos a la preparación para la Semana Santa, que habíamos recibido unos años atrás, se los entregué y me despedí.

A pesar de las múltiples ocupaciones que tuve ese día en nuestra fundación, no pude desconectarme de la experiencia vivida la noche anterior. Cuando regresé a la noche, ella me estaba esperando impaciente, y mientras cenábamos, me comentó que había aprovechado el día al máximo, y que tenía muchas cosas que revelarme. Luego pasamos a mi alcoba, que ahora compartía con ella. Mi esposo dormía en otra habitación porque estábamos separados y en un proceso eterno de divorcio. Y ella me dijo:

—Hansayana, necesito confesarme con alguien, y qué mejor que contigo.

Yo le expresé que fuera al sacerdote de su iglesia, pero ella me dijo que no, que sentía que lo debía hacer conmigo. Yo le contesté que si eso la hacía sentir mejor, yo la escucharía.

Y comenzó a relatar algunos episodios de su vida que yo aún ignoraba, ya que nos conocíamos hacía poco tiempo. Allí me enteré, entre otras cosas, que un tiempo atrás había intentado suicidarse, y cómo milagrosamente se había salvado. Necesitó comentarlo, porque entre los mensajes espirituales que yo le había dejado ese día, había encontrado que quitarse la vida era una de las transgresiones más graves que como ser humano se puede cometer ante las leyes universales.

Pero lo que realmente me llevó a una mayor comprensión de lo que estaba sucediendo entre las dos fue la razón que la llevaba a terminar con su vida. Cuando se lo pregunté, me dijo algo que me entregó toda la claridad para comprender de los efectos kármicos que todavía cargaba sobre sus hombros.

Entre sollozos me dijo:

—Hansayana, la verdad es que nunca he podido ser feliz. Amo inmensamente a mi padre, pero él no me acepta. Mi madre obedece a mi padre, y él no le permite comunicarse conmigo tampoco. No he podido ganarme su cariño, por consiguiente no puedo vivir con ellos, sobre todo con mi padre, quien es el que manda en mi hogar. Tengo una hija de siete años, y cuando nació, mi esposo me echó de la casa, mi padre me quitó a mi hija y no me permitió vivir con ellos. Mi padre nunca me escuchó, sólo escuchó a mi esposo y no me permitió explicar la acusación de mi esposo, no sé por qué. Mi pequeña hija prefiere vivir con sus abuelos que hacerlo conmigo. Mi propia hija no quiere verme. Ni siquiera el amor de ella puedo tener. Todo esto me ha llevado a andar de un lado para el otro, deambulando, sintiendo el desamor y la incomprensión de seres que he amado de verdad. Por eso estuve en el mundo de las drogas, y créeme que luché mucho para salir de ellas. Por eso he deseado morir. Dos veces tomé fósforo rojo y una vez arsénico para quitarme la vida, pero las tres veces me salvaron. Quiero decirte que con lo que he leído hoy, me arrepiento y nunca más lo volveré a intentar. Quiero que me ayudes a pedirle perdón a Dios... No sé, pero siento que hoy es un día especial, quisiera volver a empezar; quisiera volver a casa, ser recibida, amar y sentirme amada.

Luego me narró terribles circunstancias por las que había tenido que pasar. Situaciones que vive cualquier mujer que, presa de desamor, desilusión, desesperanza e ignorancia espiritual, se lanza a la calle a vivir experiencias que la vida de la calle le ofrece como única opción.

En honor a la verdad, hoy puedo escribir que aquella noche, escuchando la vida tan intensa y abrumadora que había tenido que vivir aquella mujer tan joven (quien ya yo sabía que había sido mi madre en otra vida pasada), pude comprender más de la vida, la reencarnación y la ley del karma que lo que había leído en toda mi existencia.

Pude comprender por qué en un momento de su vida ella se encontró totalmente desamparada, abandonada por los seres que más amaba. Sin poder vivir con su propia hija, sin el amor de sus padres —de quienes no había podido recibir su afecto por más que ella procuró lo contrario— y sin el amor de su esposo. Entonces se dedicó a deambular por el mundo, perdida en el desamor que inspiraba, hasta intentar terminar con su propia vida. Pero todavía no era el momento, y la muerte tampoco la recibió.

Esa noche, en la penumbra de mi habitación, nos arrodillamos en el piso y oramos. Aunque ella ignoraba mi experiencia de la noche anterior, yo era totalmente consciente del karma que le había hecho tan difícil su vida; ya conocía yo la verdadera causa que tenía como efecto la vida que ella llevaba, según me había confiado.

Mientras yo oraba, ella no cesaba de llorar. Entonces, en medio de la oración, pedí perdón a Dios, en nombre de ella. Luego ella oró pidiendo perdón.

Silenciosamente, desde mi corazón con una oración no verbal, y con toda mi alma, elevé a Dios la acción de gracias por el reconcilio que se estaba realizando entre ella y yo. Estábamos recogiendo juntas frente a Dios el karma que pesaba sobre sus hombros. Pedí a Dios que borrara de su vida ese lastre que traía desde siglos por sus acciones y por el desamor de quien en esa época fuera su hija (yo misma) y le permitiera equilibrar su vida, vivir en armonía y paz con los suyos, su pequeña hija y los seres que más amaba en esta vida. Y expresé en oración interna que yo la perdonaba de corazón. Al final de la oración, abrí mis ojos, y en medio de la penumbra, pude darme cuenta de que ella me estaba mirando fijamente, y me dijo:

—Hansayana... ¿puedo abrazarte?

Equilibrando una deuda universal

Ella me abrazó tan fuerte, que yo sentí ese gesto hasta mi espíritu, y recordé el abrazo que en aquella existencia me había quedado esperando, de quien fuera mi madre. Con esa consciencia lo recibí, con la diferencia de que yo lo conocía, y ella lo ignoraba. Yo conocía toda nuestra vida de existencia pasada, la cual ella había postergado expectrando en el tiempo y el espacio, hasta ese momento. Ese instante eterno en que nuestros espíritus, con otras materias y otro cuerpo, los de esta vida, estaban recogiendo los hilos del karma, cerrando un ciclo con la cercanía del amor, el perdón y la reconciliación de otra vida en esta misma Tierra.

Con esa consciencia recibí de ella su abrazo. Sentí que aquel vacío que había sentido en mi pecho la noche anterior se iba llenando estremecedoramente al ritmo de sus lágrimas y de las mías.

Hablamos mucho. Ya era medianoche, y nos dispusimos a dormir, pero ni Iris ni yo podíamos conciliar el sueño.

—Hansayana —me dijo—, ¿estás dormida?

—No —contesté—. Todavía no.

—-Hansayana... Gracias.

—¿Gracias por qué?

—No sé, pero me siento libre, alegre; como si se me hubiera quitado un peso de encima. Me siento livianita y llena de alegría, como para comenzar a vivir. ¿Será porque me confesé contigo?

—Sí, eso debe ser —le contesté

Pero por supuesto que yo sabía que su nuevo estado se debía al reconcilio consciente que acababa de realizar su espíritu con el mío. Desde su mente, ella era inconsciente, pero desde su espíritu era muy consciente de los sucesos. Su mente ignoraba el cómo y el porqué de los sucesos que yo conocía. Pero ese conocimiento no era necesario; lo importante era el reencuentro de dos espíritus conscientes, listos para el reconcilio, pues ella ya había sufrido lo suficiente, y así había reparado sus acciones erradas de esa existencia pasada. Ella se había ganado el dharma del reconcilio, y atrajo la recuperación de su paz y armonía, que es la esencia sabia que pertenece por herencia a cada ser humano, pero que la pierde fácilmente por la inconsciencia de vida.

Quince días después, cuando llegué a casa al atardecer, ella me recibió con mucha alegría porque había vuelto a llamar a su ciudad, a casa de sus padres. Se encontró con la sorpresa de haber podido dialogar con su madre. Ella le había dicho que su padre quería hablar con ella, pero él no estaba en ese momento en casa. Ella debía llamar nuevamente. La emoción por esta noticia de su padre después de seis años de no querer saber nada de ella la tuvo paralizada al pie del teléfono toda la tarde hasta el momento en que debía volver a llamar. Su padre le comunicó que si ella quería regresar a casa con ellos, las puertas estaban abiertas, y que además su hija la estaba extrañando mucho.

Recuerdo verla bailando y saltando aquella tarde en la sala de mi apartamento. Me abrazaba una y otra vez, le daba gracias a Dios y gracias a la vida que le brindaba una nueva oportunidad.

Días después, inundada de alegría, Iris viajó a su ciudad, que quedaba en la frontera con Ecuador, a 12 horas de la ciudad de Cali, la ciudad donde yo vivía.

Meses después me escribió, y yo le respondí con una carta donde le expresaba mi alegría por la forma en que sus padres la habían recibido, y le dije que siempre habíamos estado unidas desde el espíritu, que nuestro encuentro había sido universal. Hasta este momento, Iris no conocía mi experiencia de aquella noche.

Esta carta la llevó a reflexionar que había algo que debía saber, y el 27 de julio de 1996, vino a visitarme y me rogó que le dijera lo que había querido expresar en mi carta, porque ella tenía un gran presentimiento por el inmenso cariño que sentía por mí, pues me miraba como a una madre. Obviamente ella desconocía que la madre había sido ella.

Solo en esta fecha, dos años después de la experiencia, ella conoció la verdad de esa existencia pasada nuestra. Además, entendió por qué vivió lo que vivió, y adquirió más consciencia para continuar su vida de acuerdo con lo que había conocido sobre las leyes universales y la reencarnación. En ese encuentro, le pedí consentimiento para publicar este testimonio sin mencionar su nombre. Sentí que esta experiencia no se podía quedar solo en mí y decidí compartirla realizando talleres de reencuentro para ayudar a reconciliar el alma humana.

Hasta que supe de Iris, en el año 1998, antes de mi viaje a los Estados Unidos, se encontraba en su ciudad, con sus padres y con su hija.

La enseñanza del reconcilio

Hasta ese momento de mi vida, la reencarnación era una doctrina en que yo creía, pero solo ahora, con esta experiencia, la pude sentir tangible en mi vida para jamás olvidar la gran responsabilidad de conciliación que tenemos con quienes nos encontramos en nuestro camino. No existe el azar en el universo. Esta experiencia me permitió como única posibilidad el reconcilio, para equilibrar la energía que no me permitía una vida plena.

Estos reencuentros cambiaron mi vida, de tal modo que desperté una consciencia superior para vivir en constante reconcilio con todo los seres con quienes me encuentro a la orilla del camino de la vida. Por su parte, Iris entendió por qué había vivido lo que le tocó vivir y abrió una nueva consciencia para saber cómo vivir de allí en adelante.

Hansayana (Inés Valencia)

No pierdas tu instante de compensación en la ruta de la vida

De acuerdo con esta experiencia, pude aprender que cuando lo permitimos, el universo guía nuestros pasos igual que lo hace con la órbita de los planetas y la ruta de las estrellas. Puedo expresarlo por la forma tan causal en que este encuentro con Iris se dio. Aquí te voy a relatar exactamente en qué momento se cruzaron nuestras vidas.

El ciclo de mi divorcio nunca se cerraba, pero el amor sí estaba abriendo un nuevo ciclo en mi vida al conocer a Comepine, mi esposo actual. En esa época, Comepine y yo tomamos la decisión de irnos a un sitio donde pudiéramos descansar unos días, que no fuera muy turístico y cuyo ambiente fuera natural o exótico. En ese instante llegó una estudiante de nuestra Fundación y nos comentó que acababa de pasar el fin de semana en una isla muy pequeña, de muy pocos habitantes, en el océano Pacífico. Que era tan pequeña que solo tenía un hotel. Esta discípula nuestra había pasado allí unos días fabulosos. Tomamos entonces la decisión de ir a esa isla esa misma semana.

Pero llegamos en época no propicia para la playa. A ese tiempo los nativos de la zona lo llaman Mar de Puja, en la temporada de Luna Llena. Esto quiere decir que nuestro paseo se estaba reduciendo a ver un mar oscuro, casi de barro, que arrastraba grandes palos y ramas hacia lo que había sido el área de la playa. Era tan agitado, que el oleaje había tomado toda la playa y entraba por debajo del rústico hotel que estaba construido sobre palustres. Nosotros, los únicos clientes del hotel en ese fin de semana, ya llevábamos dos días parados en el balcón de la residencia esperando que se hiciera el milagro de la calma del océano para poder disfrutar de nuestro viaje. Al tercer día las condiciones climáticas cambiaron, pero el pedazo de playa que quedó estaba hecho un desastre. No había un sitio más o menos limpio donde uno se pudiera bañar. Tomamos la decisión de hacer lo que no queríamos anteriormente: irnos a una isla turística llena de gente, como era la que estaba situada a una hora de allí más o menos. Cuando estábamos entrando a hablar con el dueño del hotel, lo encontramos junto a una pareja que en ese momento entraba.

El dueño del hotel nos presentó y dijo que ellos se iban para Cali. Nosotros les dijimos que nosotros nos íbamos para la otra isla, porque allí no habíamos podido disfrutar de la playa.

Nos sentamos a compartir con ellos un rato, y empatizamos tanto, que nos invitaron pasar con ellos en su pequeña isla al frente de donde estábamos. Ellos eran Iris y su pareja, un biólogo marino con quien ella compartía en esa época. Ambos amaban el mar. Iris había conocido a Manuel, el dueño de esa minúscula, pero encantadora isla, cuando llegó allí acompañada de un grupo de hippies que lo conocían. Iris se enamoró de Manuel y del mar y se quedó allí viviendo.

Aquel día de nuestro encuentro, ni ellos se fueron para Cali, ni nosotros para la isla cercana. En un instante nuestros planes cambiaron, y la vida de Iris y la mía se cruzaron como dos estrellas en el firmamento de la Tierra para deshacer la bruma del karma y dejar la estela de luz que ya le correspondía a nuestras vidas.

En su minúscula, pero paradisíaca isla, pasamos los días restantes en el horario diurno. A la noche ellos en su canoa nos trasladaban a nuestro hotel. En muy pocos días forjamos una fuerte amistad que ahora podemos comprender que estaba signada como un encuentro universal. En el transcurso de un año, nosotros regresamos dos veces más a ese hermoso lugar.

Cuando ella viajaba a Buenaventura, el puerto más cercano a Cali desde su isla, siempre me hacía una llamada telefónica. En una de esas llamadas me dijo que el océano se había tomado toda la isla, que había arrastrado con todos sus haberes y sus documentos y que ellos se habían salvado. Que luego habían regresado allí, pero ya no era lo mismo. Solo quedaba un pedacito de playa. Yo noté en su voz que ella no era feliz, que estaba sufriendo mucho, le pregunté sobre ello, pero se puso a llorar y me colgó la llamada.

Meses después me llamó desde Cali, mi ciudad. Estaba allí al teléfono diciéndome que había venido a Cali con Manuel, pero que él se había vuelto solo a la isla, que no la quería más en su vida. Ella estaba en Cali sin documentos, sin dinero y sin saber a dónde ir. Yo en el teléfono, sin conocerla mucho, pero con fuertes latidos en mi corazón que me impulsaban a ayudarla, le dije que cogiera un taxi y le di la dirección de mi apartamento. Ella me respondió que no tenía ni un centavo para un taxi. Cuando llegó pude ver marcas de golpes en su cuerpo y su cara y un brazo bastante golpeado en el área del codo y la muñeca. No tuve que preguntar mucho para saber que Iris estaba siendo víctima de violencia doméstica. La vi tan confundida y desprotegida, que desde ese momento decidí protegerla. La invité a quedarse en mi apartamento hasta que ella tuviera claro qué iba a hacer con su vida en adelante.

Allí comenzó este proceso tan trascendente para mi vida que me permite ahora escribir que no basta conocer de dónde venimos, quiénes somos, hacia dónde nos dirigimos, ni conocer hasta de nuestras vidas pasadas, si no reconocemos el compromiso fundamental con nuestro propio espíritu, como lo es el de vivir en reconcilio constante.

Pienso que esta vivencia nos dejó no a dos seres sino a la humanidad una enseñanza que abre las puertas para conocer esta verdad del **reconcilio a cada instante**, que va más allá del karma, más allá de la reconciliación, más allá de la regresión.

Esta vivencia me enseñó que no sería suficiente una vida, esta vida, para conocer aspectos de vidas pasadas y seres con quienes nos tenemos que reconciliar. No. No bastaría, pero sí basta saber que cada ser que pasa por nuestra vida lo hace siguiendo inexorables leyes cósmicas universales que rigen nuestras existencias ante las cuales no podremos evadir nuestras responsabilidades pasadas. Seres con los que tenemos cuentas por saldar, no como un destino impositivo y marcado, el cual no se puede cambiar, sino como una ruta de la cual, antes de llegar a la Tierra conocemos todo su recorrido, pero olvidamos cuando tomamos una nueva vida. Solo el despertar de una consciencia espiritual nos ayuda a descifrar códigos perdidos como el de la reencarnación.

Si se cree que cometimos errores, contrajimos y continuamos contrayendo deudas con nosotros mismos sobre los demás, como también otros seres lo hicieron y continúan haciéndolo con nosotros, dejaríamos entonces de buscar en otros la perfección que no poseemos y el perdón que aún no tenemos. Solo así daremos paso a la paz.

La anterior experiencia nos lleva a entender que venimos a la sincronía del sin tiempo y sin espacio del presente eterno, a reencontrarnos para reconciliarnos y ganarnos así el paso dimensional a una vida superior. Así regresamos a nuestro principio que fue de armonía y de paz.

Pude comprobar por mí misma que el *reconcilio* es la herramienta más poderosa para vivir en paz. El reencuentro en nuestras acciones con quienes hemos encontrado en nuestro camino de la vida y que forman parte de nuestro entorno hoy, <u>ahora</u> que mañana será pasado, y ayer fue futuro. Seres que tenemos muy cerca, pero sentimos lejanos, porque en algún momento de nuestra vida nos hicieron daño y dejaron duras huellas de dolor. Seres también para quienes hemos sido cruentas espinas de laceración. Seres que se encuentran parados a la orilla de nuestro camino, merecen y esperan también realizar su reencuentro o reconciliación, como fue mi caso.

Esta experiencia me enseñó a vivir en paz con todos los seres que me encuentro en mi camino y a reconocer que ellos y yo estamos allí en ese instante eterno no por casualidad sino por causalidad, siguiendo un plan universal.

Perfeccionando cada instante de nuestra vida, nos ajustaremos al ritmo nuevo del universo. No nos podemos quedar con las cuentas pasadas, los rencores pasados, las incomprensiones pasadas.

Debemos estar al día como el paso del Sol, que cada instante está en la posición perfecta y sincrónica. La sabiduría es la perfección de cada instante, que se ajusta a la nueva vibración de nuestro corazón al ritmo del universo.

Vivir con sabiduría es poder comprender que aunque no todos entienden nuestro corazón o nuestras actitudes, nos entendemos a nosotros mismos en nuestro propio ritmo universal y que la compensación llegará por sí sola como ley divina.

En el fragmento del mensaje del Espíritu Santo al inicio de este capítulo, se habla sobre el karma como una deuda muy profunda que la mente no puede recordar ni reconocer, y se dice que tampoco la mente podría soportar ninguna información al respecto, pero sí puede identificar que necesita un perdón divino. Fue eso exactamente lo que experimenté con Iris. Tal como lo dice el Espíritu Santo, el karma es una deuda muy profunda que la mente no puede recordar, por esa razón, la de no recordar, debemos vivir en reconcilio con quienes compartimos la vida.

Este testimonio de mi vida sobre la existencia de la reencarnación y la necesidad del reconcilio es una invitación a vivir y si es necesario, a reconstruir una vida consciente de nuestras acciones, mediante el perdón y el reconcilio, aunque de alguna manera ello signifique volver a empezar para ya no reprobar más. Es encontrar el sentido auténtico de la existencia por el reencuentro consigo mismo por medio del reconcilio con los demás seres.

La experiencia sobre el reconcilio con Iris que aquí estoy exponiendo atrajo a mi vida gran compensación, porque como por arte de magia, después de este suceso, la brecha de incomprensión entre mi ex esposo y yo se disolvió, y finalmente pudimos realizar nuestro divorcio en paz.

Todo este recuento de mi reconcilio anterior llegó desde mi memoria a mi alma, allí, en mi laboratorio de consciencia, en la cama de aquel hotel al lado de la playa. Ahora estaba experimentando otra etapa de reconcilio más profunda, con la consciencia de quien puede morir al día siguiente.

Mi mensaje para ti:
Instante de compensación universal
Formúlale a la mente la posibilidad de haber vivido otras existencias que han dejado huellas que ahora estás recogiendo.
Ubícate en el conocimiento presente sobre el karma y la reencarnación y con la energía del presente, vuelve al pasado y explora en tu alma aquella parte de tu vida que hasta ahora no habías podido comprender.
Abre tu corazón en justicia hacia ti mismo, aclara, recoge, antiespectra el camino recorrido, perdona y recibe el veredicto a tu favor de la justicia universal.
Vibra tu instante de compensación universal.

Instante diez. Instante de renuncias

Renunciando para resplandecer en lo que verdaderamente soy

"Hay que renunciar a ser quien es como Hansayana, es importante. Puedes renunciar a su figura, a su forma, a su forma de ver la vida. Puedes renunciar a ser escritora, renunciar a ser mujer, a ser madre, a ser amiga, maestra y cuando miras que se quita todo, que parece que no quedara nada, es cuando resplandeces con mayor rapidez la claridad de lo que realmente eres como energía, como luz".

(Fragmento del mensaje de Madre Luz con inspiración del Espíritu Santo, entregado a la Maestra Hansayana como una encomienda universal).

A esta hora ya los rayos del Sol estaban perpendiculares a mi ventana. La playa llena de turistas, y el océano resplandecía en todo su esplendor. Volví a mi cama. De acuerdo con el párrafo anterior, yo también debía resplandecer como el Sol, pero primero tenía que examinar si había nubes oscuras de apegos internos para luego saber a qué renunciar.

Después de la conciliación continué con la renuncia de acuerdo al anterior fragmento del mensaje del Espíritu Santo.

Tenía que renunciar, y aunque pensaba que al haber recorrido alguna parte de este camino espiritual y singular ya había realizado todas las renuncias, ahora debía acceder a un nivel más profundo de la renuncia. ¿Pero cómo saber hasta dónde debía renunciar?

Yo tenía conocimiento de que veces llegamos a un punto de la vida donde sólo queda renunciar. Pero ese punto no es cuando el corazón está agitado, la mente confundida, y cuando el alma se debate en la incertidumbre. Allí, según decía alguno de nuestros maestros espirituales, "ese no es el momento de renunciar, sino el momento de llorar".

Sabía que para renunciar hay que tener serenidad, y con esa energía serena, unificar el corazón y la consciencia del espíritu y preguntarse a sí mismo a qué se debe renunciar. Ejemplo: renuncio a sostener esta relación afectiva porque no puedo seguir llevando el dolor del alma que quema mis sentimientos. Renuncio a la forma de amar que solo me ha reportado tormento, confusión y desacuerdo conmigo misma.

Se puede renunciar a la tristeza, a la soledad. Renunciar es rendirse para no seguir batallando con el caos de la vida. Después de la renuncia viene la entrega. Se entrega al universo (cuando digo universo, me refiero al orden universal que Dios ejerce sobre toda creatura) o al Espíritu universal para que ilumine su entrega y el camino que se va a seguir.

No hay que temer a la renuncia. La palabra renuncia no significa perder algo, porque cuando aprendemos a renunciar, como por arte de magia espiritual, parecen las soluciones que traen la claridad para aprender a llevar la vida. La renuncia es entonces la compensación que resuelve el problema. Y la clave de la solución no está en la renuncia que se hace, sino en la energía de lo que se entrega, que se devuelve en transformación hacia tu propia vida trayendo la energía contraria a la del problema.

Había llegado mi momento de realizar la práctica de otras renuncias más profundas todavía.

Siempre supe que la vida para un maestro espiritual incluía exigencias, las cuales no podría analizar con mi mente porque lo juzgaría como injusticia. Este era un campo que sólo el espíritu podía comprender. La luz de conocimientos recibidos hacía muchos años vibraba con actualidad en ese instante de mi retiro. Por medio de ellos pude tomar aliento y continuar mi proceso de autodescubrimiento, pues el Espíritu Santo era mi guía, mis padres me estaban acompañando de corazón en este retiro, igual que mi esposo, mi familia espiritual, mi comunidad. Todos mediante la distancia estaban en común unión conmigo esa noche. Pero yo debía hacer mi trabajo, nadie lo podía hacer por mí. Igual que nacer, nadie había nacido por mí; igual que morir, nadie podría morir por mí.

La muerte ajena

Quizás ahora mismo estaba muy cerca de mi muerte y en el pasado había estado también muy cerca de la muerte, pero la veía como la muerte ajena. Aquella muerte que vemos a diario en los demás y creemos que no es para nosotros todavía. Entonces comencé la reflexión de mi renuncia con la muerte ajena. Hice un recuento de lo cerca que he estado de la muerte ajena, pero no tan cerca como si fuera la mía. La muerte de mi madre cuando yo era una adolescente. Los sufrimientos que ella vivenció, y el mío y de mis hermanos al escucharla todas las noches y los días en un solo quejido de dolor, acompañado de una frase "Ayúdame, Dios mío, a pasar este tránsito". Esas palabras se repetían cada día momento a momento. De tanto escucharla fui entendiendo que mi madre pedía a Dios que le diera fuerzas para hacer su trasbordo hacia la muerte.

Luego, la muerte de mi padre. Recordé una madrugada en que mi hermana Hensisar me fue a buscar porque él estaba muy mal, llegué y alcancé a abrazarlo cuando comenzó con sus estertores de muerte. Así, en nuestros brazos murió papá, sufriendo fuertes dolores debido a su cáncer de hígado, que lo llevó a su partida definitiva de esta Tierra.

Luego el doloroso secuestro y posterior muerte de mi hermano Francisco.

Más adelante experimenté el dolor indefinible que causó la muerte súbita de mi hermana mayor Oliva. La nostalgia por la ausencia de un hermano o hermana es indescriptible. Allí, en mi cama, comprendí que debido a estas huellas de muerte y de dolor que quedaron impresas en mi ser, realicé acciones para ayudar a menguar el dolor de la humanidad.

En relación con ello, una de las experiencias fue con los enfermos terminales de cáncer en el hospital La Viga, en Cali. Las monjas de ese lugar aceptaron mi ayuda y la de mi esposo Comepine. Por dos años y medio acudíamos allí todos los sábados para dar aliento y preparar a los enfermos para su partida definitiva (muerte). Nuestra labor era ayudarlos a acrecentar su fuerza y su fe en medio de momentos tan difíciles de dolor. Cuando los enfermos nos esperaban ansiosamente cada semana, íbamos viendo cómo nuestra labor era necesaria.

Pude ver que a veces el dolor del dolor, o el dolor moral, superaba al dolor físico, por más fuerte que este fuera. Lo aprecié en las madres jóvenes, que sufrían más por la incertidumbre de saber que estaban muriendo de cáncer dejando a sus hijos pequeños. Comprendí a pacientes que sentían tanto dolor físico, que no querían escuchar ninguna palabra, ni saber nada de Dios. A ellos les entregamos un trato especial, pues nos convertimos en los escuchadores de sus quejas y sus reclamos por la "injusticia de Dios". Nosotros no tratábamos de evangelizarlos, solo escuchábamos con atención sus sufrimientos. Hasta que al final, un día cualquiera, eran ellos mismos quienes nos pedían que por favor les habláramos de Dios. Nosotros les explicábamos que realmente la muerte no existía, que era como un pequeño paso hacia la verdadera vida. Mientras ellos nos escuchaban, los ojos les brillaban por la esperanza de una vida sin dolor. Recuerdo que lo que más les reconfortaba era poder comprender que ellos habían sido quienes les proveían a sus hijos todo lo que ellos necesitaban Comprendieron que ellos solo habían sido un instrumento de Dios y que sus hijos continuarían cuidados y protegidos por medio de otros seres que se convertirían en ese puente o instrumento de Dios mediante sus leyes universales.

Capitalicé una gran experiencia en esa época. Podría escribir cómodamente sobre cada caso, porque mucho aprendí, pero sólo como una etapa de mi vida incompleta, porque ese fue un trabajo externo.

Allí, en mi laboratorio de consciencia, entrando a nuevos terrenos de la renuncia, pude comprender que en aquella época, aprovechando la experiencia con cada paciente, yo hubiera podido hacer ese trabajo como un laboratorio en mi vida interna para perder el miedo a la muerte. Cada semana yo era testigo de cómo morían cinco o siete pacientes terminales, quienes prácticamente se habían convertido en amigos. Ahora reflexionaba que en lugar de extrañar a cada paciente cuya cama ya encontraba vacía o en lugar de sobrecogerme con el dolor y la figura que iba tomando cada paciente cuando se aproximaba a la muerte, yo hubiera aprovechado y trabajado la renuncia a mi forma y a mi figura humana. Si en la agonía de cada ser que vi morir allí hubiera muerto con él en los residuales de mis egos (residuos de personalidad con ego, como la vanidad, el prejuicio, la lástima y el recelo), tal vez hubiera perfeccionado lo que hoy estoy haciendo aquí, en este retiro, para encarnar estas palabras del Espíritu Santo: *"Hay que renunciar a ser quien es como Hansayana, es importante, puede renunciar a su figura, a su forma, a su modo de ver la vida". Revisé los aspectos que percibí que tenía que corregir y continué con mis renuncias.*

Renuncia a ser madre. Más profundo que dejar de ser
"Renunciar a ser mujer, a ser madre"

Renuncié a ser madre. No hay palabras para describir lo que esto significa y lo que duele en el corazón. Para esta renuncia comencé remontándome a otra renuncia que había tenido en base a una experiencia con mi hijo hacía muchos años.

Cuando mi hijo tenía 5 años, comenzó a presentar desmejoramiento físico, anemia y fuertes dolores en las piernas. Estos problemas se fueron pronunciando al grado de limitarle su vida normal. Se le realizaron algunos exámenes de sangre, los cuales salieron un poco dudosos. Su médico nos aconsejó llevarlo a un especialista. En el consultorio del especialista, después de exhaustivos análisis y de un examen llamado mielósea (examen de la médula de hueso), el médico me expresó que desafortunadamente tenía que comunicarme que mi hijo tenía leucemia. Después de sobreponerme a la noticia, le pregunté sobre el tratamiento que debía seguir, y él me respondió:

—Lo siento, pero el niño tiene la clase más agresiva de leucemia, leucemia mieloblástica aguda. Este tipo de leucemia se origina en la medula ósea, donde se produce la sangre. Su hijo ya no está produciendo sangre, la producción de sangre que tiene puede durar solo tres o cuatro meses, quizás menos.

—Doctor —le respondí—, ¿está usted diciéndome que mi hijo va a morir dentro de tres o cuatro meses?

Él asintió con la cabeza y luego agregó:

—Sabemos que arriba de Dios no hay nadie; si usted cree en Dios, acójase a Él.

—¿Pero no podemos hacer algún tratamiento?

—Sí. Podemos comenzar a hacer quimioterapia, pero si le soy sincero, no le puedo dar ninguna esperanza. En este momento tengo 250 niños con leucemia en la sala Ana Frank de este

Hospital. Lo podemos hospitalizar e iniciar el tratamiento, pero no se haga esperanzas." —

Por favor, doctor, algo se debe poder hacer. ¿Qué hacen los padres de esos niños?"- Le pregunté con la esperanza de seguir algún patrón que me llevara a la sanación de mi hijo.

Sencillamente aceptaron la enfermedad después de llevarlos a Houston (Texas), que es donde quienes tienen medios económicos se trasladan para iniciar un tratamiento —me respondió—, pero le aseguro que en este caso, allá no se puede hacer más de lo que aquí mismo se haría.

Yo salí del hospital con mi mente confundida, no llamé a casa, no me comuniqué con nadie. No sabía cómo hacerlo, no sabía cómo darle la noticia a mi esposo. Ni siquiera yo, que había escuchado al médico, lo podía creer. Me senté con el niño en el parque Panamericano de la ciudad de Cali, que queda al frente del hospital departamental. Eran más o menos las cinco de la tarde de un 30 de julio, época de verano. Venteaba fuerte, y los niños acompañados de sus padres elevaban las cometas. Había un ambiente muy alegre que contrastaba con mi tristeza. Juan Carlos, sentado a mi lado, alejado de la agonía de mi alma, disfrutaba de este escenario. En otro tiempo él también había estado corriendo en ese mismo parque elevando cometas con su padre.

Mientras estuve allí, yo no cesaba de mirarlo. Lo veía desmejorado, él siempre había sido un niño hiperactivo, y su felicidad más grande eran las vacaciones en la finca para montar a caballo. A los 4 años ya cabalgaba solo, pero desde hacía algunos meses su energía había disminuido a tal punto, que cuando íbamos a la finca yo le tenía que recoger las piedritas para jugar con sus carros de juguete. Pero todos pensábamos que este estado era pasajero, solo era anemia. Ahora, consciente de la gravedad del mal que afectaba a mi hijo, por primera vez lo notaba muy pálido, muy quieto, sentado en la banca del parque, riendo inocentemente con el juego ajeno de los niños que corrían con sus padres elevando las cometas. "Debe sentirse muy mal ——pensé—, de lo contrario, ahora mismo ya estaría buscando amiguitos y corriendo en este parque". Yo no podía llorar delante de él, ya que cuando salí del consultorio él me vio llorando y se preocupó mucho. ¿Pero cómo reprimir el llanto? Necesitaba hacer algo para no llorar, necesitaba alejarme de ese escenario.

Tomé entonces a mi hijo de la mano y caminé mucho alejándome del parque, como si en cada paso quisiera deshacer las palabras que había expresado el médico. Ahora que lo escribo, puedo decir cuánto hubiera querido haber conocido en aquel momento la riqueza más profunda de la vida espiritual que hoy conozco para haber minimizado mi sufrimiento y el de mi hijo.

En ese tiempo, con mi caminata trataba de recoger el tiempo y el espacio que había vivido allí en el consultorio médico. Inconscientemente trataba de antiespectrar. Solo me di cuenta de lo que estaba haciendo cuando Juan Carlos se quejó de cansancio. Aunque llegar a este estado psíquico es una reacción natural en una madre que acaba de recibir una noticia de tal calibre, luego no me perdonaba esa caminata. No me perdonaba el haber pasado por encima de mi verdadera prioridad, que era mi hijo y su bienestar.

Cuando regresé a casa, ya era de noche, y toda la familia me había estado buscando. Al no encontrarme, por supuesto habían llamado al médico, y él les había comunicado el diagnóstico sobre el resultado de la mielografía.

La propuesta de toda la familia era llevar al niño a Houston, hacer lo que hubiera que hacer para buscar la sanación. Pero yo ya tenía muy claro lo que el médico me había expresado. En mi caminata comprendí que si yo tenía otra opción, ¿por qué no tomarla? Tenía la confianza en Dios. Acudí a mi hermana Luz Alba, nuestra guía, aunque en ese momento todavía no era maestra espiritual, pero su luz y su sabiduría ya nos guiaban en las circunstancias difíciles. Ella me dijo: "Tu hijo no es tuyo, ellos son espíritus que vienen a cumplir una misión, pero son prestados, solo están con nosotros por un tiempo, o nosotros estamos con ellos por un tiempo, es solo eso. Así que entrega tu hijo a Dios. Prepárate y haz la entrega de forma consciente, y Dios decidirá qué hacer con su vida".

Lloré lo indecible ese día y los días siguientes, porque no me sentía segura de hacer tal entrega. Yo reconocía que esas palabras eran sabias, pero llevaban una dosis de entrega más grande de lo que yo como madre podría dar. Yo sentía que mi hijo era lo único que tenía. Él era mi tesoro más grande, al que me había prendido más últimamente debido a que hacía unos pocos meses había perdido a una bebé de tres meses de gestación y con ella la esperanza de volver a tener hijos. Hacía cuatro años estaba en tratamiento para engendrar a mi segundo hijo, y cuando lo habíamos logrado, una noche de regreso a casa, ya llegando a la puerta de mi casa, un hombre se abalanzó sobre mí, me agarró del cabello y me tiro al piso para robarme la cartera y unos paquetes que llevaba. Como resultado de esa caída, había perdido a mi bebé. Estaba recuperándome de esa gran pérdida y ahora me encontraba en otra circunstancia de pérdida: debía renunciar a mi único hijo.

Pero las luces de mi reciente vida espiritual me dieron la fuerza y la sabiduría para hacerlo. Una semana después, me reuní con mi hermana e hice a Dios la entrega consciente de mi hijo. La hice con sinceridad, desde mi corazón, y logré hacerlo con paz. Le di gracias a Dios por haberme permitido tener la gracia de ser madre de un niño tan especial y lleno de amor como Juan. Además por haberme brindado el regalo tan precioso de la maternidad. No hice esta entrega acompañada de su padre, porque en ese momento él estaba en *shock* y no había podido asimilar lo que estaba pasando, mucho menos estaba listo para hacer una entrega así. Al ritmo espiritual que él llevaba, no se le exigía esta entrega.

Una semana después mi hermana me visitó para decirme que había recibido una encomienda espiritual. Que se le iba a iniciar un tratamiento de energización a Juan Carlos. La felicidad que yo sentí no cabía en mi corazón, pero ella me dijo que no malentendiera sus palabras, que no me hiciera ilusiones, pues energización no era lo mismo que sanación. Que solo Dios conocía qué podría pasar, que ella solamente era su instrumento.

Juan Carlos no fue internado en el hospital para iniciar tratamiento convencional alguno. Comenzó a ser tratado por la medicina espiritual. Cuando hablo de medicina espiritual, me refiero a médicos espirituales de otros planos o dimensiones, quienes siempre habían tenido conexión con nosotros desde que mi hermana había despertado a su vida espiritual. Yo misma había sido tratada por ellos. Eran un cuerpo médico de ayuda a la salud de los seres humanos. En esa época se llamaba la Gran Confederación Estelar de Ayuda a la Tierra. Estaba regida en ese entonces por el Maestro Asthar Sheran. Así se llamaba en ese momento, porque ahora ha cambiado de nombre, de regencia y de constitución. Ese cuerpo médico está comandado por el médico y Maestro Anthar. Ellos realizaron la energización o tratamiento a Juan Carlos, por medio de mi hermana, quien hoy es la Madre Luz.

Tres veces a la semana nos reuníamos mi hermana Hensisar, la Madre Luz y un pequeño grupo de miembros de nuestra fraternidad espiritual para asistir al tratamiento. Adicionalmente a este tratamiento, mi participación era dejarle a mi hijo agua todas las noches al lado de su cama, vestirlo de blanco en la noche, orar con él y decirle que debía tomar el agua cada día porque los ángeles le dejaban allí la medicina. Además, darle una alimentación especial, bañarlo con plantas y algunos elementos tan sencillos que cualquier mente dudaría del poder de ellos. Además, debía dejar irradiando agua al Sol, otras veces bajo la Luna, y bañarlo con esta agua al aire libre recibiendo los rayos solares.

Pasaban los días, y Juan pasaba de tratamiento en tratamiento. Estaba acostumbrado a ir cada fin de semana a la casa de su abuela en el campo, pero la frecuencia de los tratamientos no permitía sacarlo de la ciudad.

Más o menos a los 45 días después de haber iniciado el proceso, se hizo un receso del tratamiento, y ello me permitió llevarlo de vacaciones a la finca. Allí comencé a ver que el color *ceroso* de la piel le estaba cambiando. También su mirada opaca volvía a brillar. Después de dos semanas en el campo, regresamos a la ciudad, Juan Carlos se veía con más color en sus mejillas y de mejor ánimo, pero yo me resistía a hacerme ilusiones por este cambio físico de mi hijo. Al llegar a la ciudad los tratamientos espirituales continuaron.

Tres meses después, Juan Carlos corría por todos lados y volvía a ser el niño sano e hiperactivo de antes. Inclusive se había sanado de graves problemas bronquiales que había sufrido desde su nacimiento.

Lo llevé al consultorio del especialista, y este al verlo me dijo que lo notaba muy bien, pero que le haría algunos exámenes de sangre. Las pruebas de sangre salieron perfectas. El resultado salió tan bien, que no fue creíble. Le repitieron los test tres veces ya que el médico no podía creer lo que estaba viendo. Me dijo: "Yo no sé usted qué ha hecho, pero este niño está sano". Yo le dije que como la ciencia no tenía la última palabra, yo había acudido a Dios, tal como él me había recomendado.

Continué haciéndole seguimiento clínico, lo llevaba al hospital cada tres meses para exámenes de sangre. Así continué haciéndolo por un año, hasta que el médico prácticamente me echó de su consultorio. Me dijo "Tu hijo está sano. No tienes que volver más".

Al momento de escribir estas líneas, mi hijo es un ser adulto, sano, quien me ha dado un nieto, llamado Juan Sebastián.

Antes de continuar con mis siguientes renuncias debo hacer un paréntesis para clarificar cómo se da un proceso de sanación mediante maestros espirituales extraterrestres.

Tu instante de conocer sobre la medicina espiritual

He vivido en medio de medicina espiritual y aquí he narrado un proceso de sanación de mi hijo realizado por el comando médico de ayuda a la Tierra, conducido por el Maestro Anthar.

Este es un tema que abre una gran incógnita en la mente humana. Alguna vez alguien me preguntó sobre la diferencia entre los médicos extraterrestres y los médicos que parten de la Tierra y continúan "ejerciendo" como médicos espirituales, realizando sanaciones a pacientes aquí, en este planeta. Es alentador conocer que se puede continuar la misión en otra dimensión, si quien parte de la Tierra (muere), ha logrado conocer esas dimensiones desde el mismo planeta.

Por esa razón y muchos otros interrogantes sobre el tema que me han preguntado en mis talleres, he decidido compartirles a continuación un fragmento de un logos (mensaje) proveniente del mismo Maestro Anthar, recibido por medio de Madre Luz, sobre la misión de los médicos de la tierra y los médicos dobles, quienes se visten de luz y hacen pasar por médicos prometiendo sanaciones que nunca se dan, dejando como resultado la desconfianza, la incertidumbre y confusión sobre la medicina espiritual.

La medicina, los médicos de luz y los médicos dobles en el espíritu
La misión de los médicos

> Cuando se despierta en un ser humano determinada anormalidad física, dicho desorden puede obedecer al orden mental psíquico, el orden astral inferior, el astral superior, a sus campos cétricos (su cuerpo de sentido y de sentimientos), al cuerpo físico en su envoltura: el cuerpo.
>
> La precisión de todo aquello que se realiza es la base cosmogónica de lo que tenemos para entregar dentro de nuestra evolución espiritual, por ello es importante no concebir, sino creer.

Es importante que conozcáis dos aspectos:

Primero nuestro espíritu consciente trabaja dentro de cualquier país. El globo Tierra es un espíritu para nuestro ser espiritual.

Nuestro trabajo se realiza aquí (Occidente) como se hace en el Medio Oriente. Occidente refleja en el espíritu necesidades grandes de la influencia oriental. Oriente necesita de Occidente, equilibrar costumbres y unificar el amor. ¿Por qué? Una razón sencilla:

Cuando se quiere evolucionar conscientemente, como es vuestro caso, es muy necesario descubrir en el interior del ser que todas las culturas, religiones, filosofías y teologías se encuentran dentro de cada uno de vuestros seres. ¿Por qué? Porque cada ser es uno mismo; cada ser es ser vosotros mismos; cada ser está identificado con la misma célula primigenia, la voluntad creadora en el Padre Dios.

Cada uno de vosotros es igual a aquel que no os cae bien o que tiene desavenencias con vosotros, o que dista mucho socialmente de pertenecer a vuestro medio, o que es más pobre o más rico que cada uno de vosotros; más sabio, más ignorante. Todos somos uno. El enfermo es uno con el niño, el anciano, el débil, el fuerte. Todos somos uno con el rico, el pobre, el maligno o el benigno. Todos somos Uno.

La identificación del amor debe ir hacia donde me llaman o donde me necesitan, hacia donde está la luz o donde está la oscuridad para llevar mi luz. Obedezco a los órdenes que me rigen, como orientación angelical, orientación de consciencia.

La obediencia es el margen que no permite la disipación del ser. La sabiduría es una luz de energía veloz que intensifica el amor de los corazones en todos los pasajes que existen de culturas, razas, color y karmas.

Mi espíritu va orientado en la luz y lleva la luz. Tengo el médico doble de reemplazo que dice ser mi reemplazo. Él llega en la oscuridad de quien lo llama pensando en la luz, entonces obra en su oscuridad, y todos ven en la luz que puede opacar esa oscuridad, pero la razón que sostiene el engaño y sostiene la mentira del mundo es la desobediencia.

La obediencia es un don natural. Si mi espíritu, mi mente y mi materia se transportan hacia donde bellos y hermosos pacientes mueren de dolor material, de angustia espiritual y obro en mi voluntad para la sanación que puedo hacer en sus espíritus y en sus materias, estoy desobedeciendo a las leyes cósmicas que rigen a cada ser.

Mi parte está en colocarse para cada acción en la posición espiritual de la luz, vertiendo hacia donde se me dirige. Si se me dirige hacia el espíritu y no hacia la materia, acudo al saneamiento del espíritu, y siendo médico, obedezco al orden cosmogónico que me dice que esa materia no va a sanar. Si se me orienta a sanar la materia y no sanar en el espíritu la desorganización de amor que allí hay, solamente se organiza en la materia que me es permitido obrar.

Por ello todos los cuerpos médicos que son distintos, pero en la unidad de la luz son uno solo, se ven diferentes de acuerdo a la cultura, se ven diferentes desde este microcosmos de la Tierra (médicos de la Tierra), que desencarnando siguen haciendo su función benéfica espiritual cumpliendo ciclos de vida deskarmatizando sus espíritus.

Entonces, la técnica es evolución; ellos podrán sanar en cierta medida en el orden del amor a la obediencia, pero tendrán que dejar cierta medida superior de saneamiento a nuestros principios de conocimiento cosmogónico superior; aprenden en esa medida a hacer las funciones nuestras y van evolucionando dentro del mismo plano –tierra, pero en servicio continuo y proyectado hacia la luz.

¿Qué sucede con seres muy especiales que han definido su vida en la Tierra con la misión de médicos al desencarnar? Si han hecho un servicio malévolo a la humanidad, han sido exploradores humanos; han sido practicantes del exterminio de las vidas fetales, ellos entran al ciclo que se llama "evolución de contenido".

La evolución de contenido les permite encontrarse con todos los espíritus a los cuales no dejaron hacer su evolución sobre este planeta.

Esto les abre la consciencia creadora superior, y comienzan con estos espíritus a hacer el trabajo de contenido espiritual, ayudándolos dentro de la evolución que ellos truncaron sobre la Tierra. Son infinidad sobre el período de tiempo espiritual los espíritus que se encuentran en esta labor de contenido.

Por ello, todo aquello cuanto se hace o se deja de hacer, cuanto es oscilante y realmente no va en evolución, sino que va en retroceso evolutivo, desencadena en el ser humano presiones. Presiones que van a las regencias de cada uno de sus siete chakras, más los cetros pulsares de energía vital.

Hay millones de determinantes que hacen que el hombre fracase en su evolución. Pero el mayor determinante es la falta de obediencia. Al hombre le es supremamente difícil obedecer y le es difícil someterse a una ley mayor.

Entonces, por no obedecer está creando siempre sus propias matrices de vida, en derredor de lo que él cree hacer bien para sí mismo y para los demás y se sostiene fiel a los principios que comparte según su mente, y no entiende que está sometiendo esos principios a la luz del espíritu que se opaca con las leyes que determina al hombre sobre su mente. Estos son los puntos que, tratados en este día, ayudarán en vosotros a esclarecer enigmas circundantes en vuestro ser.

Que la paz de Dios Cósmico esté en vuestros espíritus, mentes y materias. Que la luz cósmica del poder de la salud energice vuestros seres corporales y os permita vibrar la paz y la armonía de la energía divina.

(Tomado de un mensaje revelado a Madre Luz por Anthar, médico cósmico).

Madre Luz con inspiración del Maestro Anthar. Tomado de la Nueva Biblioteca Universal

De acuerdo con este logos del Maestro Anthar, se puede comprender un poco más sobre la existencia de los dos polos donde existe la luz, pero también la oscuridad. Son los mundos paralelos a esta dimensión. En el polo opuesto a la luz existen las mismas entidades de la luz vestidas de divinidad. Estas toman la identidad de los seres de la luz que deseen y se presentan a establecer comunicación con los seres humanos de este plano tridimensional llamado planeta Tierra. Establecen comunicación con las médiums, que son canales de comunicación telepática, o con canales inconscientes que prestan su cuerpo para ser tomados por los supuestos seres de luz y recibir información sobre lo que ellos llaman el mundo del más allá. Realmente, si un ser es solo un canal o médium, puede ser contactado por la luz o la oscuridad, porque es como un teléfono que puede ser receptor y emisor sin distinguir el idioma.

Para que un ser se convierta en un canal que sólo sea contactado por altas entidades de luz, debe convertir su humanidad en divinidad. La divinidad significa alta vibración energética. Si el ser vibra en una alta frecuencia energética, no puede ser contactado por seres de bajas vibraciones como son las entidades del mundo dual o de la oscuridad. Los seres de altas dimensiones no se contactan con los médiums duales.

Engañados de esta manera, algunos médiums reciben la comunicación que luego se redistribuye por todo el planeta como una gran red de desinformación y confusión sobre los temas del mundo espiritual y terrenal.

Una de las formas de engaño es la de la sanación. Estas fuerzas oscuras prometen curar y tener poderes de curación sin contar con las leyes universales que rigen a cada ser humano. De acuerdo con las leyes, sólo se puede sanar a quien le sea permitido sanar según el plan universal diseñado para su espíritu. Cristo, siendo Dios, no sanaba a todas las personas que se le acercaban, porque Él respetaba las leyes universales, pero tenía poder y potestad para conceder rompimiento kármico cuando lo veía conveniente (esto es romper la cadena de dolor generada por las acciones pasadas). Hay quienes necesitan sentir el dolor físico para trascender su espíritu. Hay quienes deben ser sanados en su espíritu y no en la materia. Solo por medio de la ley de karma y dharma se conocen los límites de la sanación.

La única forma de comprender cómo funcionan las dimensiones duales (luz y oscuridad) es conociéndose uno mismo, despertando un nivel superior de consciencia, ya que en nuestro universo interior existen esa luz y esa oscuridad juntas. A ello se debe nuestra batalla diaria por trascender la oscuridad interna que nos causa la falta de paz. Te he revelado el anterior tema sobre cómo funciona la medicina espiritual y cómo funcionó en la enfermedad de mi hijo. Enfermedad que a la vez me permitió el primer nivel en el aprendizaje de la renuncia, la entrega consciente del hijo ante la voluntad divina.

Ahora, continuando con mis renuncias allí, en mi cama de hotel, encontré que anteriormente pude haber hecho entregas sin renunciar del todo. En aquel tiempo yo había entregado a mi hijo, sí, pero no había renunciado a ser madre, yo creía que lo había hecho, pero la renuncia que ahora se me pedía era más trascendente, era renunciar al ego de madre.

Para mayor comprensión voy a ilustrar el tema con una semejanza:

Alguna vez pude comprender la renuncia cuando me gustaba portar joyas. Mi guía espiritual me pidió que no las usara, que las dejara, que renunciara a ellas. Así lo hice, por mucho tiempo. Por años, no solo no las usé. Un día me di cuenta de que ese gusto por las joyas había desaparecido, ya no me hacían falta. Allí comprendí que había tenido un ego de orgullo cuando portaba las joyas, y ese estado de complacencia se había convertido en parte de mi personalidad. Después de descubrirlo, volví a tener algunas, pero mi posición era diferente, las portaba con sencillez, sin el ego de poseer, de tener, de mostrar que se tiene. Con este ejemplo solo quiero ilustrar un poco que la renuncia no es quitar, perder, tirar lo que se pide renunciar. No. La renuncia es hacer desaparecer la energía inarmónica que causa poseer ese algo.

Renunciar a ser madre no es dejar de ser madre, es perfeccionar la maternidad.

Nunca hay que dejar de ser madre. Renunciar no es dejar de ser madre. Al contrario, se perfecciona la maternidad cuando se descubre que ser madre no lleva el apego de la pertenencia. Ese fue mi descubrimiento. Por el desconocimiento de esta verdad, cuántos hijos, hombres y mujeres, se han reñido con sus padres, inclusive se han alejado de sus hogares para siempre, porque no pueden comprender por qué sus padres les quieren absorber todos los pasos de su vida. A veces, pensando en ayudarlos, se les elige la pareja con quien se deben casar, la carrera que deben estudiar, la creencia que deben practicar.

Soy consciente de que este es un tema delicado, porque la misión de los padres es la de ser guías de los hijos. Eso es indiscutible. Pero la pregunta que se formula es hasta dónde. Es la medida la que no hay que confundir, porque no estaríamos siendo sabios. En algunas ocasiones podríamos incurrir en creernos dueños de sus vidas, les cortamos las alas y no les permitimos volar tan alto como traigan en su plan universal.

No es muy fácil comprender esta medida de libertad cuando se trata de nuestros hijos, porque pensamos que si no estamos allí presentes, ellos no lograrán avanzar con éxito y protección en el camino de la vida. Tal como se lo aconsejábamos a las madres con enfermedad terminal en el hospital de La Viga, en Cali, quienes no podían morir en paz pensando en sus hijos: "No temas por ellos, tú solo has sido el instrumento de Dios para cuidar, guiar y proteger". Estas palabras las prediqué en aquella época, y años después me tocó el turno de separarme de mi hijo y confiárselo a Dios. Voy a relatar aquí el momento de mi máxima práctica sobre mi prédica.

En el desarrollo de nuestra misión espiritual en Colombia, se dio el tan esperado suceso de conseguir nuestra sede física para la Fundación. Esta estaba ubicada en una zona campestre lejos de la ciudad donde vivíamos. Debíamos mudarnos para laborar desde allí con nuestros seminarios y talleres en un ambiente natural. Sintiéndome muy alegre por esta adquisición tan esperada, invité a mi hijo, quien ya era un adolescente, a venir conmigo, ya que su padre y yo nos acabábamos de divorciar. Pero él se negó. Me dijo que no quería vivir en el campo. Le ofrecí proporcionarle una motocicleta para que se trasladara todos los días a una ciudad cercana para continuar sus estudios. Él amaba a Cali, nuestra ciudad, no quería irse. Allí había nacido y tenía todas sus amistades. Mi dilema fue muy grande, porque su padre y yo no vivíamos juntos, su padre ya tenía otro hogar, y Juan era un adolescente que necesitaba protección. Mi preocupación era que se sintiera inmensamente solo si yo decidía irme. Nunca nos habíamos separado, y mi mente me decía que ese era el peor momento para hacerlo. Pero él mismo, quien desde niño se había caracterizado por actuar con una madurez mayor a la correspondiente a su edad, me dijo que él sabía muy bien que para mí era supremamente importante continuar con mi misión, que no me preocupara, que él podría quedarse en Cali en lo de algún amigo. Al principio la idea me parecía descabellada, pero luego él mismo me iba entregando soluciones. Le pedí entonces a mi hermana Lilia que le permitiera quedarse en su casa. Aunque ella nunca me lo preguntó, yo sabía que no podría comprender por qué yo estaba tomando esa decisión. Pero lo importante es que lo acogió con mucho amor, y yo estuve más tranquila, porque Juan quedaba bajo un techo conocido y protegido. Allí estuvo por un tiempo y luego se trasladó a otro sitio.

Escribirlo aquí es muy fácil, pero comprender lo que el corazón de una madre siente cuando llega el momento de separarse de su hijo por las razones que sean es indescifrable. Yo sabía que la vida nos había mantenido juntos hasta ese día. A partir de allí, cada uno seguiría su propio camino.

Yo puedo hablar de lo que siente una madre por la separación de su hijo, y de la soledad que siente el hijo, porque percibí lo que él sintió con nuestra separación. Pude percibir lo que mi hijo nunca me expresó. Pero lo dejé volar, y él me dio el ánimo para que yo continuara con mi vuelo.

Cómo protegió Dios a mi hijo cuando hice la entrega de él para hacer nuestra misión

Narro aquí la ruta protectora del universo para un joven, quien como el primer vuelo de un ave, sale lejos del nido.

Hoy puedo decir que esa fue la época más trascendente de Juan. Había crecido dentro de un hogar con buena posición económica, y de pronto se encontró rodeado de un ambiente completamente diferente. Inició la incursión hacia la vida con limitación económica, se relacionó con otro extracto social; aprendió a amar a sus nuevos amigos que ya no vivían en zonas de prestigio; asimiló valores morales donde nunca pensó encontrarlos; aprendió a discernir entre el bien y el mal que se le brindaba y que él sentía que no estaba acorde con sus principios. Por medio de las experiencias propias y de las limitaciones económicas de sus nuevos compañeros, encontró el tesoro de la amistad; comprendió la sinceridad de la verdadera amistad, que le caló el alma y llenó su corazón de alegría. En el transcurso de ese proceso, mi hijo creció y maduró. De pronto la madurez de su personalidad emergía como un maravilloso loto por encima de las circunstancias difíciles que a su vez lo construyeron.

Cuando lo vi el día de su graduación, supe que sus luchas lo estaban construyendo, y que en un curso acelerado había realizado el aprendizaje que muchos seres realizan en toda una vida de experiencia.

En cuanto a mí, él pudo comprender que le correspondió un estilo diferente de madre. Una madre que teniendo una profesión, ya no la ejercía; una madre que en su camino había encontrado su misión; una madre que se sentía bien trabajando para lograr mayor consciencia espiritual en una nueva humanidad ayudando a construir una nueva sociedad.

Esta etapa de mi "separación" con mi hijo es la parte que no comprendían mi familia y mi núcleo social más cercano. Pero mi familia y mis amistades solo tenían una parte de la versión. Por medio de este escrito, estoy revelando la otra cara de la moneda.

Solo yo sabía por qué lo hacía. Cuando viajé a las tierras del Cauca, donde estaba nuestra nueva sede, le entregué mi hijo a Dios. Le expresé que yo continuaba con la misión y que Él se encargara de cuidar y de proteger a mi hijo. Para mí, una encomienda divina es sagrada, me refiero a mi misión. En palabras más sencillas, yo me dispuse a cumplir mi misión, me encargué de las cosas de Dios, y Dios se encargaría de las mías. Si puedo hablar de cumplir, puedo decir que he cumplido, y Dios o el universo, como lo quieras llamar, cumplió con mi petición. ¿Por qué? Porque me separé de mi hijo en la época más frágil para los jóvenes en Colombia: el conflicto armado entre Ejército, la guerra de guerrillas y el narcotráfico.

Las condiciones económicas del país tampoco eran las mejores. Más allá de la ideología política, la ruta que a la juventud le marcaba la brújula de la limitación económica solo les ofrecía pertenecer a alguno de estos grupos armados o al narcotráfico. Algunos sucumbían en el mundo del consumo: la drogadicción.

Nosotros estábamos en Cali, ciudad que desafortunadamente en esa época iba a la vanguardia del narcotráfico. Vivíamos en una unidad residencial de clase media alta, y la mayoría de quienes allí fueron los niños vecinos de mi hijo, amiguitos de juegos y luego compañeros de juventud, tomaron la ruta del narcotráfico. Desafortunadamente la mayoría de ellos se volvieron drogadictos también. Pocos años después, muy jóvenes, fueron perdiendo la vida como víctimas de la guerra entre narcotraficantes.

A pesar de la cercanía con este este círculo de sus mejores amigos que se perdían en medio de la droga o el narcotráfico, a pesar de estar "solo", Juan Carlos pudo mantenerse apartado de este mundo que desde muy cerca se le ofrecía una y otra vez.

Yo sabía y siempre confié que él estaría totalmente protegido, porque esa había sido mi entrega para poder continuar con mi misión.

Viajé a Cali para el día de grado de mi hijo. Ese día él me pidió ayuda para viajar a los Estados Unidos. Nunca me lo dijo, pero yo sabía que deseaba alejarse de ese medio. Yo le prometí ayudarlo. Meses después, desde el aeropuerto de Cali, voló hacia los Estados Unidos, su tierra prometida. Voló en su vida hasta donde quiso hacerlo. Años después, llegué a esta tierra con mi esposo Comepine, y Juan ya se había casado y me estaba esperando con el amor de siempre, con su esposa, con su hijo, mi nieto, que tenía dos meses de nacido. Su hogar se convirtió en nuestro primer nido al llegar a estas tierras.

De la renuncia, aprendí que aunque la entrega o la separación sean dolorosas, si es real y se hacen con consciencia, y sabiendo para qué y por qué, siempre tendrá un final pleno de alegría.

Ahora, muchos años después, en mi retiro de consciencia en el hotel, reafirmé que mi vida entera había sido un testimonio vivo de mi cultura espiritual ante la presencia de Dios. Recordé y reafirmé esta renuncia de ser madre, que no había sido comprendida por mi mundo cercano, y continué con otras renuncias que el Espíritu Santo en el mensaje guía me pedía.

Otras renuncias

Renuncié a ser esposa, renuncié a mi forma, mi figura, a ser maestra espiritual, a ser hermana consanguínea (cómo me dolió esa renuncia). Renuncié y renuncié a la muerte, renuncié a la vida y renuncié a la enfermedad, renuncié a ser Hansayana, a los trozos de personalidad que nos quedan. Me sentí impersonal como es la impersonalidad en el macrocosmos. Allí un pedazo de roca ha podido ser un cometa gigante que cumplió una misión recolectora en el universo por cientos de años luz, y ese pedazo de roca jamás se lamentará de ser lo que es, porque ante la inmensidad del amor universal, no hay nada que discutir, solo comprender el orden del universo.

Nunca olvidé este conocimiento, lo tenía muy grabado en mí, pero quizás todavía era teoría, hasta este momento universal de mi retiro de consciencia, el cual me llevaba más allá del conocimiento mental. Yo sabía que todo este proceso que me encontraba vivenciando venía del macrouniverso. Pero aquí, en el micro, en esta Tierra, donde sentimos la carne, el hueso y el vibrar de la sangre para renunciar, tenía que encontrar el punto de cada renuncia para sentirla con el corazón eterno.

Sentí que renunciar no es expresar la palabra "**renuncio.**" No. Sentí por primera vez que es algo tan profundo, que se desprende desde adentro, desgarra el alma, traspasa la piel y no se quiere dejar ir, porque es parte de uno, pero al mismo tiempo se sabe que ya llegó la hora. Si mi cuerpo físico estaba a punto de desaparecer, ¿por qué no iba a desaparecer una parte de esa personalidad? Me costó llegar a este estado porque hubo renuncias que me costaron lágrimas, pero al final logré hacerlo. Quedé en nada, me sentí nada. No hay cómo plasmar con letras el estado en que quedé después de esta parte de renuncia.

Renuncié a ser escritora

"Lo que programes en ese día de vida será el día siguiente, los días siguientes, y lo que dejes escrito".

¿Cómo podía el Espíritu Santo decirme que renunciara a ser escritora y a la vez encomendarme un escrito sobre este proceso? Esa era la premisa paradójica de mi mente en aquel retiro.

En este momento, tú, que estás leyendo estas líneas, podrás comprender por qué solo ahora estoy escribiendo este testimonio.

Quizás en esa época llegué al retiro enfocada en mi salud o en salvar mi vida, o para cumplir la encomienda de escribirlo. Ese día no renuncié a ser escritora, solo comencé mi renuncia a ser escritora, y hoy, después de varios años, escribo sin al ánimo de reconocimiento personal alguno, nada más que el que merezca la esencia del contenido de este escrito. Hoy solo escribo porque siento amor por la humanidad y quiero compartirle algo con la certeza de poder ayudar. El estado energético con el cual ahora plasmo estas líneas es el de poder llegar al corazón de quien sienta dolor físico o de alma, o no sienta dolor pero necesite despertar su corazón y su consciencia universal por medio de mi propia experiencia.

Escribo porque renuncié a escribir por escribir. Escribo porque aunque la encomienda de escribir este calendario fue entregada en el año 2006, hoy he avanzado un poco más en el conocimiento de la quántica esencial*, mediante mi propia construcción interior, para entregar algo más que una experiencia pasada. Hoy aquella experiencia se eternizó a tal punto que la puedo vivir en cada instante de mi vida.

Este es el verdadero mensaje para ti, porque tú también puedes lograr ese instante eterno. Fue tan profundo el momento de la renuncia, que el mismo proceso arrancó de un girón la vieja personalidad. La anterior huella de figura y forma que hubiera existido antes de mi enfermedad usurpando mi verdad tuvo que dar paso sin la menor brizna de preocupación, de un día a otro, a una nueva consciencia. A la vez me iba encontrando ante la sorprendente revelación en mi alma, que transformaba mi pensamiento frente a la valoración anterior por ser madre, maestra, escritora o un ser de relación humana alguna. Hasta ahora comprendía el grado de importancia de dejar de ser por medio de la renuncia para ser lo que verdaderamente soy.

Mi mensaje para ti:
Tu instante de renuncias
Háblale a tu mente, convéncela con tu consciencia
expresándole la necesidad de la renuncia.
Escudriña aquellos recintos de tu alma que se han oscurecido
con tanto sufrimiento con el paso
del ego del apego, los amores y los desamores, los seres
queridos que se han marchado, que te han rasgado el alma y
dejado en soledad sin que hayas aprendido a renunciar aún.
Pide la fuerza del Espíritu Santo y despoja tu corazón del
apego a cualquier cosa, y sentirás una libertad desconocida.
Descubre en la renuncia la libertad del amor de tu corazón
universal.
Vibra tu instante de renuncia.

Instante once. Instante de despertar

Recorriendo estaciones para despertar
mi universo interior y encontrar
mi consciencia universal

"*La consciencia tiene estaciones diferentes de amor, de sabiduría, de justicia y de luz, y en cada una de ellas hay tantas reglas y tantos órdenes, que hacen difícil la búsqueda de la claridad completa, de la entrega completa*".

(Fragmento del mensaje de Madre Luz con inspiración del Espíritu Santo, entregado a la Maestra Hansayana como una encomienda universal).

Comí algo muy frugal y regresé a la ventana. A esta hora, cuando los rayos del Sol ya habían recorrido gran parte de su camino del día, yo también sentía que iba adelantando el recorrido de mi vida. Pero aún solo estaba en una estación, muy lejos de la ruta hacia la claridad de mi consciencia para la toma de mi decisión final.

Despertando Kundalini

Al leer el anterior párrafo, recordé que para despertar mi consciencia, yo había ido recorriendo diversas estaciones de amor y sabiduría a lo largo de mi vida espiritual, transformando aspectos internos de retazos de personalidad, pero en ninguna de ellas había estado tan conscientemente comprometido mi cuerpo físico como esta vez, con una enfermedad.

Los procesos espirituales anteriores no eran para trascender nada en mi cuerpo físico. Cuando desperté Kundalini en el año 1999 para despertar un nivel de consciencia que me condujo a recibir mi maestría espiritual en el año 2001, aprendí a recoger espectros del alma que había dejado rezagados en mi recorrido de la vida. Este fue mi primer despertar para darme cuenta de cuán insondable es nuestro universo interior y que además podríamos perdernos en la búsqueda de la claridad completa, como lo dice el párrafo del mensaje del Espíritu Santo.

En mi vida normal muy a menudo surgía una pregunta, la cual es muy común en quien desconoce la profundidad de la vida espiritual y escucha decir que esta vida que conocemos y percibimos como real es un sueño. Que estamos en un letargo espiritual y que hay que despertar.

Mis preguntas eran: ¿Por qué hay que despertar la consciencia espiritual?; ¿Cuál es ese mundo real que dicen que no puedo ver si no despierto mi consciencia espiritual?; si todo me parece tan real, ¿puede haber algo más real que esta vida? Muchas veces despertaba a la mañana con la certeza de que esta vida era todo lo que existía. ¿Si la vida es un sueño, cual es la realidad? Estos eran mis interrogantes, hasta que poco a poco fui develando la respuesta.

La pauta para comprender mi adormilamiento espiritual me la entregó el vasto mundo de los sonidos, cuando comprendí que ciertos animales podían escuchar sonidos que yo no escuchaba. Sencillamente en los sonidos existía una diferencia de grado vibratorio, y este grado de diferencia los hacía inaudibles o audibles a mi oído. Comprendí que el hecho de que no pudiera escuchar ciertos sonidos no quería decir que no existieran. La limitación auditiva del oído humano le permite percibir solo las vibraciones que oscilan entre dieciséis mil y veinte mil ciclos por segundo. Esto quiere decir que todas aquellas vibraciones de menos de 16.000 ciclos y más de 20.000 ciclos son inaudibles para los humanos.

¿Qué pasa entonces con todo ese universo de sonidos que no puedo escuchar? ¿Se trataría solo de una limitación del oído humano? ¿Y para qué fueron creados los colores que no puedo ver, como los infrarrojos o los ultravioletas, los cuales, al igual que con ciertos sonidos, están fuera de mi capacidad de percepción? ¿Y qué sucede con los demás sentidos? ¿Por qué ciertos seres humanos tienen capacidad intuitiva o perceptiva, o tienen sabiduría para comprender la vida o poseen facultades extrasensoriales y pueden ver ángeles y percibir dimensiones y vida más allá de esta tercera dimensión? Mi respuesta fue: definitivamente alguna parte de mí debe estar muy dormida para no poder comprender o percibir este vasto universo. Una gran parte de mí vive en la ilusión de esta vida pensando que ella es todo lo que existe.

Toda una gama de colores, sonidos y consciencia cósmica vibraba, existía, y yo no me percataba de ello conscientemente, porque ello pertenecía al mundo de la consciencia o mundo del espíritu. Yo me encontraba dormida en el mundo de la materia, soñando que vivía, comía, dormía, reía, lloraba, amaba, sufría. Todo en un mundo "real".

Pero ¿cuál era la diferencia entre el mundo de la materia y el del espíritu? Pareciera que materia y espíritu fueran dos naturalezas diferentes. Pero luego aprendí que son dos naturalezas proyectadas del espíritu creado. Son dos expresiones vibratorias del único espíritu trascendental; la consciencia es una naturaleza sutil, y la materia una naturaleza más densa de Él.

Acerca de ello, el maestro Paramahansa Yogananda decía "La diferencia entre espíritu y materia yace en la calidad de las vibraciones de ambos". Esta conclusión, igual que la de los sonidos y los colores, me explicó por qué no estamos despiertos para percibir la vida del espíritu. No había limitación, era cuestión de despertar, despertar la consciencia de mi espíritu, la consciencia divina, adaptando el sistema vibratorio interno para percibir la verdadera vida dentro y fuera de mí.

Un proceso de despertar muy conocido es el despertar la energía de Kundalini (madre Kundalini o madre eterna), significa despertar la energía de la consciencia divina que se encuentra invertida, dormida en nuestro nadi Shusuma (un canal energético que parte del coxis, la base de la columna). Allí, como un mapa de energía, se encuentra la ruta de ascenso de la energía de la gran consciencia universal. Por medio de los chakras, desde el último en el coxis, hasta el primero, que se encuentra en la coronilla. La energía esencial en su ascenso por los centros energéticos explosiona en cada chakra hasta llegar al séptimo, el cual es Sahasrara, para abrir en el asiento pineal (la glándula pineal) la comunicación directa con el universo.

Por medio del despertar de la energía de Kundalini, recuperamos nuestra consciencia perdida e invertida al llegar a este planeta. Esta inversión se debe a que nacemos con todas nuestras facultades divinas adormiladas, y nuestra misión es despertar esta consciencia que perdimos en nuestra caída universal desde que éramos ángeles y vibrábamos en una alta frecuencia de luz. Despertando esta energía, podemos encontrar el verdadero sentido de nuestra vida, promover nuestras habilidades creativas y despertar nuestra mente y todo nuestro ser a niveles más profundos de consciencia para llegar a la comprensión de nuestra unidad universal. Quiero decir que la vida y la conexión con Dios se hacen así más evidentes en nuestra vida.

Pero este despertar no se logra por arte de magia. Este es un proceso que no se busca, se da a razón de un trabajo de ascenso de consciencia de forma natural y gradual en el ser humano. Luego se inicia el despertar de su sistema endocrino en sus glándulas superiores, y generan el movimiento de esta energía dormida para que comience su ascenso según el croquis que cada ser traiga registrado para este ascenso de consciencia. Este despertar no tiene una regla general, es diferente para cada persona. Pero este proceso, tal como está diseñado, tiene limitaciones que al final del libro explicaré más concretamente. Este proceso se puede repetir varias veces, y cada vez se asciende hasta el nivel donde pueda llegar de acuerdo a la misión de cada espíritu. Hasta aquí, cada uno despierta el nivel de consciencia que pueda manejar para su vida integral.

El proceso compromete todo el cuerpo físico, el sistema endocrino, la psiquis, y obviamente el sistema nervioso. No es un proceso fácil de pasar. Por esa razón digo que es un mapa. Tú puedes llegar o te puedes perder en el recorrido y nunca lograr el nivel de consciencia, porque la psiquis o el sistema nervioso no resistieron este singular recorrido por tu universo interior para definir cuál consciencia eliges para desarrollar tu vida espiritual.

Anteriormente explicaba que allí, en la base de la columna, se encuentra la energía de consciencia dormida. Recuerda que debido a nuestra caída universal, esta energía ya es dual. Nacemos con la energía dormida allí, en el coxis, energía dual (el positivo y el negativo). Quiero decir que allí está tu luz y tu oscuridad, y mediante la ruta de ascenso, tú defines con cuál de las dos frecuencias energéticas te quedas. Si tienes una misión sobre la Tierra, y es seguro que la tienes, en el ascenso de esa energía se da una batalla contigo mismo para definir tu misión. Ambas energías coexisten dentro de ti. Tu fuerza negativa trata de ganar para hacer que tu vida se realice haciendo la contramisión. Tu vida la defines en medio de tu propia batalla. Tu lucha con tus pensamientos, tus sentimientos y tus acciones. Las dos fuerzas son muy poderosas, pero solo una de las dos debe vencer. En medio de esta guerra interna, se aprende a superar el ego, se muere en los aspectos álmicos más densos que se identifiquen. Es una forma de morir, de dejar de ser en el aspecto materialista. Por esta razón se resiente tu sistema nervioso, tu psiquismo, tu cuerpo físico, tu mente, tus cuerpos energéticos, tu corazón.

Durante el recorrido de esta energía, el sentido que tenías acerca de la vida se desvanece, y entras a vivir en una dimensión inimaginable por tu mente. Las noches y los días se convierten en grandes encuentros con tus dos energías, mediante los cuales tú desarrollas la fuerza interna de la consciencia o la inconsciencia, que van definiendo la ruta hacia el despertar consciente o inconsciente (luz u oscuridad).

El despertar de la energía Kundalini es para trascender nuestra propia oscuridad

Si la fuerza de oscuridad gana la meta final, serás un ser que desarrollará su misión de oscuridad sobre la Tierra. Esa es la razón de la existencia de seres con mucho poder y dominio para hacer el mal, como quienes trabajan la magia negra. Con facultades paranormales o no, hay quienes trabajan para la oscuridad en diferentes misiones que generan confusión y guerra sobre el planeta.

Si la energía de quien logra llegar a la meta de consciencia es de luz y no de oscuridad, nacerá espiritualmente un ser que trabajará para ayudar a expandir la luz sobre este planeta. Si su nivel de consciencia es lo suficientemente alto, se convertirá en un maestro o un líder espiritual.

Cuando se hace un verdadero maestro espiritual, no se recibe un título, se recibe una infusión y la confirmación de todo su trabajo de realización espiritual, porque su alma ha muerto en determinado porcentaje para la vida terrena. Allí, la realidad de Dios ya vive dentro de uno mismo. Pero su trabajo de maestría apenas comienza por medio de la transmisión de su sabiduría hacia sus discípulos.

Existen muchos mitos sobre el despertar de Kundalini, pero cada uno habla de su propia experiencia de acuerdo con el nivel que haya logrado. Esta es solo la descripción de la mía. La Madre Luz en la página de nuestra Fundación expone magistralmente su despertar de Kundalini. Gracias a su guía, pude pasar este proceso, que para mí fue muy difícil. Ella y mi padre espiritual estuvieron todo el tiempo acompañando mi proceso, enseñándome a cambiar la apreciación de mis estados difíciles hacia experiencias maravillosas, esclareciendo cada signo nuevo que aparecía en mis agitados estados. Mirarme en sus ojos serenos me daba la seguridad y la certeza de que no estaba perdida, al contrario: me estaba acercando al encuentro de mi consciencia real hasta el nivel donde pude despertar.

Para un proceso de estos se necesita una guía, un maestro espiritual. Algunas veces, los síntomas son confundidos con vertientes de enfermedades mentales. Cuando esto sucede, los seres confundidos a veces buscan a su pastor o al sacerdote, pero lastimosamente la religión no tiene repuestas. Muchos seres se quedan perdidos en su mente o su psiquis y terminan en medio de tratamientos psicológicos o psiquiátricos debido al incomprensible cambio de sus comportamientos mentales y psíquicos, que plantean el paso de esta nueva energía por nuestro ser.

En esta etapa de mi vida pude comprender un poco más que ese es un paso delicado, por no decir peligroso, si se pasa sin guía. Es un paso para dejar de ser, para superar el ego. Un orden dentro de tantos órdenes, para encontrar la claridad, tal como lo expone arriba el Espíritu Santo.

Desperté a la verdad de Cristo como Cristox Solar

Cuando Cristo "murió" y descendió a los planos abismales —tal como lo describe el credo católico, "al tercer día descendió a los infiernos"—, salió de la oscuridad tan limpio como había entrado. Entró como Dios y salió con más luz, porque trascendió la oscuridad. ¿Por qué crees que entró Cristo al astral inferior u oscuridad o averno, como quieras llamarlo?

Para enseñarnos a salir de la oscuridad. Allí nació nuestro derecho a conocer la oscuridad para trascenderla. Nosotros, los seres humanos, en nuestro libre albedrío convivimos con la energía dual, pero tenemos la oportunidad de trascenderla, como lo hizo Cristox. Esa fue su enseñanza. En ese descenso, Cristox se probó como Dios y se ganó la dimensión del Sol para continuar como regente de la Tierra emanando su energía desde nuestro astro solar. De allí viene el nombre de Cristox Solar. Ya no es el Cristo crucificado en la Tierra hace más de dos mil años, es el Cristox, cósmico del Sol, que rige y entrega vida espiritual a la Tierra desde cada rayo de Sol que recibimos día a día. Mediante mi despertar de consciencia, pude descifrar dentro de mí con mayor claridad las revelaciones que habíamos recibido sobre Cristox solar.

El primer despertar del amor universal

Como lo exponía anteriormente, el ascenso de tu energía Kundalini sigue la ruta de tus centros energéticos o chakras. La energía fluye por medio de ellos y se detiene en cada chakra, despertando todo tu ser a la dimensión correspondiente a cada centro de energía. Para darte una mayor comprensión de este paso en la vida práctica, tomo mi diario para transcribir literalmente mi experiencia del 24 de febrero de 1999, en nuestra sede campestre, después de casi un año de haber comenzado este proceso de ascenso de Kundalini:

> Hacía un mes había comenzado a sentir una tristeza infinita y muchos deseos de llorar. No había causa para ello, pero la presión en mi cuerpo cétrico o emocional era latente. La Madre Luz nos había visitado ese fin de semana y me había dicho que mi energía había llegado a mi plexo cordal, mi chakra del corazón. Me dejó dos hojitas con un mensaje que Cristo me enviaba del libro del amor, cuyo fragmento decía

así: *"Inmortaliza tu esencia en el estado esencial de cada vibración mortal. Apodérate de tu consciencia y ama con esa consciencia tu corazón".*

(Madre Luz con inspiración de Cristox Solar).

Cuando recibí el texto, no podía comprender muy bien su significado para relacionarlo con mi estado de tristeza y desolación. Yo me preguntaba qué querría decirme Cristox con esa frase, pues yo siento que amo a mi corazón.

En una noche fría, invernal, mi estado emocional se tornaba tan torrentoso como la lluvia de aquella noche. Yo trataba de controlar mi estado emocional, que se combinaba con el psíquico y desesperaba todo mi cuerpo. No hallaba descanso, no estaba relajada como para acostarme, ni para meditar, solo quería salir corriendo, pero el clima en aquella zona montañosa era de un invierno extremo. Me sentía encerrada, pero el encierro estaba dentro de mí. Quería gritar para sacar mi tristeza, pero no quería despertar a mi esposo, quien merecía su descanso nocturno, ya que casi todo el tiempo estaba pendiente de mí. Mi corazón se aceleraba al grado de taquicardia y no me podía calmar, sentía como si mi corazón fuera a explotar. No tenía otra opción que buscar consuelo, y para ello, llorando leía y leía el párrafo de Cristox, y me preguntaba una y otra vez qué me querría decir el Maestro.

En un instante, mi corazón se agitó tanto, que puse la mano en él para calmarme, y comencé a percibir en mí un pulsar diferente, que me transmitía una consciencia más alta de lo que hasta ese momento significaba para mí el corazón. Comencé a percibir algo que no había sentido antes y saqué mi diario para escribir todo lo que percibía:

> He latido desde el centro de tu existencia, desde el seno de tu madre y luego desde tu primer día de vida sobre esta tierra. He sido el reactor de los distintos estados de amor que has vibrado, desde que era bebé y levantabas tus brazos para ser

abrazada por tus padres y por tus hermanos. Esa fue la primera vibración de amor maternal y filial.

Más adelante vibré tus estados de amor y de desamor. Conformaste diferentes unidades sentimentales que te hacían amar el estado de la compañía. Año tras año, mes tras mes, hora tras hora, minuto tras minuto, instante tras instante, he estado entregándote el hálito de vida, y lo he hecho lento, lento, más lento que las medidas normales. Tú siempre te has quejado de mi funcionamiento, porque al tomar medidas numéricas de mis latidos te entregan resultados de presión baja. A veces has sentido que me voy a parar y me has mirado despectivamente como un órgano débil. En ocasiones, cuando irradias amor, me has sentido vibrar aceleradamente y has sentido que crezco y no quepo en tu pecho. ¿Pero qué pasa con tu saber teórico? Tú has leído las letras de la luz y sabes de memoria que soy un equipo para vibrar solo estados de paz.

> Recuerda que en mi centro energético se transforma el amor material y se sublimiza hacia el amor universal. Te quiero decir que ya recorriste todos los estados del amor vibratorio del amor conocido en la Tierra. Ya cumplí ayudándote a transmigrar los fluidos y las energías de tu laboratorio químico que representa la sangre. Ahora estoy procesando el estado del amor físico e inconsciente a la consciencia superior. Si todos tus estados de amores anteriores han pasado por mi sistema de irrigación de los corpúsculos del amor, ahora hemos llegado a un extremo del camino con dos vertientes, y ya tu consciencia ha escogido la que nos lleva a vibrar las armonías sublimes e inmortales del amor eterno, amor universal.

> Tu energía de consciencia en su ascenso puede hacer que mi latido pare, o que explote en mi vibración para que me reconozcas, me escuches como ahora y dejes de mirarme y sentirme como lo has hecho toda la vida, un músculo deficiente y débil. Quiero que me ames, que abrazados así como

ahora mismo has tenido que colocar la mano en mi centro para sosegarte, lo hagas con amor, con consciencia de que este nuevo estado de amor que estás conociendo en esta existencia no puede pasar por otro órgano que no sea por mí: tu corazón. Yo permito que la materialidad de los amores de la Tierra se desplace a los planos de la recuperación, para que puedas descubrir el amor eterno.

Después de esta experiencia, mi corazón se quedó tan quieto y lento, que por un instante sentí que me faltaba el aire, pensé que me moría. Luego sentí un profundo relax, y una paz sublime invadió todo mi ser.

Solo en ese momento comprendí el significado del mensaje que el Maestro Cristox me había enviado. "Apodérate de tu consciencia y ama con esa consciencia tu corazón". Desde esa experiencia, la relación con mi corazón se volvió consciente, y sentí que despertaba un nuevo amor que irradiaba hacia la humanidad sin discriminación de raza, género y demás. Fue ese mi despertar del amor universal.

Así como fue el paso de la Kundalini por mi corazón, vivencié el paso de esta energía por cada chakra, que me dejaba una enseñanza diferente y un despertar en cada estación de luz.

Es la experiencia que vive cada ser que despierta del sueño de la ilusión de la vida y entra a la dimensión de la existencia. Algunos seres viven esta experiencia, pero desconocen qué fue lo que sucedió en ellos que transformó su vida a tal punto, que terminan desconociéndose a sí mismos.

Eckhart Tolle, el reconocido y admirado escritor del libro *El poder del ahora*, relata en su obra el súbito despertar que lo convirtió en maestro espiritual: "Sabía, por supuesto, que algo profundamente significativo me había ocurrido, pero no lo entendía en absoluto. Solamente varios años después, luego de haber leído textos espirituales y de haber pasado tiempo con maestros, me di cuenta de que lo que todo el mundo buscaba ya me había pasado a mí".

En unos seres este proceso es gradual, y en otros es un solo momento. Los grandes avatares o místicos han despertado esta energía y han elevado su consciencia, o activado facultades paranormales de un momento a otro y se convierten en místicos de la noche a la mañana, como fue el caso de Francisco de Asís, quien sintió tal transformación en su vida, que no fue comprendida por su familia, quienes llegaron a dudar de su cordura mental.

Mi Kundalini en medio de la guerra en Colombia

El paso que realicé de mi despertar de Kundalini no sólo representó para mí un paso delicado en mi vida interior, también mi vida física estaba en peligro, porque la sede campestre de nuestra Fundación estaba ubicada en el sudeste colombiano y en ese momento los grupos armados de guerrilla y paramilitarismo habían tomado mucha fuerza en esta región, tanto que el gobierno colombiano la había declarado como zona roja o de conflicto.

La inestabilidad psíquica y física que se vive durante un proceso de despertar de Kundalini genera una gran inestabilidad en todos los aspectos de la vida, mientras dura el proceso. En mi caso, la experiencia fue muy singular porque estaba viviendo este despertar en medio de la zozobra de los campesinos que llegaban a nuestra sede buscando cómo refugiarse de los combates entre la guerrilla y el Ejército. Me causaba un profundo dolor vivir de cerca tanta violencia. Tuvimos que presenciar cómo los campesinos eran desplazados de sus tierras y de sus hogares. Este desplazamiento era tan abrupto, que de un día para otro perdían todo lo que habían construido durante toda su vida.

Esta experiencia de desplazamiento de sus tierras era paralela a la que yo estaba viviendo internamente, porque mediante mi proceso de Kundalini, me sentía desplazada también con incertidumbre de mi tierra interna, de mi yo conocido, mi anterior personalidad.

En ese momento yo no distinguía cuál de los dos procesos me dolía más, si el interno o el externo de la guerra que se encrudecía en nuestro entorno cerrando cada vez más nuestro camino para desarrollar libremente en esas tierras las actividades ligadas a nuestra misión. Hasta que llegó también nuestro momento. Fuimos desplazados de nuestra sede campestre. Tuvimos que huir en medio de la guerra, abandonando nuestra sede para salvar nuestra integridad física y psíquica tal como tantos otros colombianos habían hecho.

Culminé mi proceso de despertar de Kundalini en la ciudad de Cali, comprendiendo que nada sucede al azar. Tenía que participar libremente de las acciones y de las reacciones del universo visible e invisible. Mientras todo este proceso político se definía en mi país, mi proceso interno definía también mi despertar y la conexión a la nueva energía cósmica que conviviría conmigo para siempre, como el bebé que toma las células de su paternidad universal para nacer a la nueva consciencia universal.

Ahora que lo escribo, pienso sobre cuántos caminos internos hay que vivenciar. Cuánto hay que morir, cuánto hay que dejar de ser para poder comprender la sabiduría paterna universal. Pero todo lo vivido se convierte en un insignificante punto en la lejanía, si lo comparas con la fuente magnificente de amor y los destellos de luz y de sabiduría de nueva consciencia, que por medio de este proceso alcancé a despertar en mi universo interior.

Mi mensaje para ti:
Tu instante de despertar
*Despierta tu mente, conecta tus sentidos intuitivos y perceptivos.
Invoca las facultades universales de tu espíritu y pide
iluminación para despertar del sueño de la ilusión.
Devela la oscuridad que descubras en ti, transfórmala con la
fuerza magnificente del Espíritu Santo.
Cree en el ascenso de la consciencia mediante tus chakras como
una onda de luz que se apodera de tu consciencia.
Abre tu corazón; define la luz en tu vida, acepta la nueva
consciencia espiritual
Y despierta tu corazón eterno.*
**Vibra tu instante de despertar a la gran consciencia
universal.**

Instante doce. Instante de eternidad

Comprendiendo que nacer o morir es lo mismo

"Si se aprendiera a vivir y con la misma intensidad se aprendiera a morir, los seres vivirían con el día y abandonarían el día y renunciarían en la noche; así, cuando llegara la muerte vestida de luz o vestida de sueños o ilusiones, podría llevárselos en su carruaje mágico como una experiencia más entre el día y la noche.

Pero la separación y el ser muchas cosas, ya sean identificaciones, quitaron el sentido esencial de que la vida y la muerte son lo mismo, el mismo asunto entre lo esencial y lo material.".

(Fragmento del mensaje de Madre Luz con inspiración del Espíritu Santo, entregado a la Maestra Hansayana como una encomienda universal).

En este instante, ya tengo el Sol al otro lado de mi habitación, no lo puedo ver directamente, pero continúa con su ritmo iluminando el océano, la playa, la gente y mi corazón, que en cada momento se clarifica más y se orienta a meditar sobre la eternidad.

La huella de mi muerte clínica

Continuaba con mi laboratorio allí, en mi cama del hotel. Se acercaba el momento de programar mi muerte en la próxima cirugía. Pero antes de continuar, recordé mi muerte clínica, que ya me había enseñado algo sobre la muerte.

La primera y maravillosa experiencia sobre la muerte la había tenido en el momento del nacimiento de mi hijo.

El parto se estaba complicando. Perdí mucha sangre, y mi presión estaba cada vez más baja.

En el momento del alumbramiento, sentí que ya no tenía más fuerzas, fui perdiendo la visión, me fui enfriando, el frío calaba hasta mis huesos. Lo último que escuché fueron las voces lejanas de las enfermeras que con voz trémula le decían al médico: "La estamos perdiendo, doctor".

Luego dejé de escuchar... y sentí algo así como un vacío. Me sentía en medio de una espesa niebla que cada vez se iba haciendo menos densa. Luego me vi flotando en la sala de partos. Vi a las enfermeras, al médico, a otros que deberían ser también médicos que entraban en ese momento. Vi a mi hijo, a quien acababan de sacar con fórceps, le estaban cortando el cordón umbilical. Vi mi cuerpo tendido y a los médicos tratando de revivirme. Estaban colocando electricidad en mi pecho. Pero mi cuerpo no respondía. Después de varios intentos por resucitarme, el médico dijo: "No puede ser posible... se nos fue". Luego de unos momentos de silencio, agregó: "Hay que avisarle a la familia, que está afuera". Yo veía todo este escenario como si fuera ajeno a mí. Lo único que me conectaba con aquella sala era mi pequeño niño. No había dolor, no había susto, no sentía emoción, no vibraba ningún sentimiento conocido. Solo sentía paz y libertad. Una libertad suprema que nunca pude olvidar. Luego vi una luz como aquella luz del Sol que se filtra en medio de una persiana. Esta luz que venía del techo de la sala me impulsaba a ascender. Seguí esta luz, ascendí por el techo y me encontré volando sobre la ciudad. Luego aparecí en mi casa, la recorrí, estaba vacía, el teléfono no dejaba de timbrar.

Después de esta escena me vi en un túnel que parecía de un metal que irradiaba luz, no sabría descifrar el color preciso, pero era como luz plateada. Mientras volaba vertiginosamente por ese túnel, iba viendo mi vida como si fuera una película. En ese momento yo tenía 25 años. A pesar de ser muy joven, ya había tenido experiencias de sufrimiento emocional y sentimental y por supuesto de enfermedad. Ya había conocido el amargo y el dulce del amor y de la vida. Ya había experimentado los momentos aquellos en que la vida pesa sobre los hombros y las lágrimas caen sobre las mejillas como cascadas de desilusión. Sin embargo, cuando vi la película de mi vida en un instante, me pregunté: ¿Esto era la vida? ¿Solo esto? ¿Por tan poco he llorado y sufrido tanto? Allí, en medio de aquel túnel, sentí algo parecido a la vergüenza por el sufrimiento de mi vida terrena. Vi ese sufrimiento totalmente insignificante. Toda mi vida se había resumido en un instante, en solo un instante. ¡No lo podía creer!

Luego, si puedo decir "luego", puesto que allí no se siente el tiempo, sino que se pierde esta coordenada terrena, todo sucede a la vez, puesto que no se aprecia las cosas con los sentidos sino con la consciencia.

Al final del túnel había una bifurcación, y en ese punto vi algo parecido a una silueta con forma de luz que me esperaba. En la vertiginosidad en que me dirigía, me encontré ante este ser que percibí como mi médico Anthar. Él era de la Confederación Estelar de Ayuda a la Tierra, me había atendido y sacado de grandes crisis de enfermedad por medio de la Madre Luz. Lo reconocí sin que se presentara, porque allí no se necesita hablar, todo lo que sea permitido comprender se conoce desde la consciencia. Al encontrarme ante él, yo vibraba algo parecido a la alegría, pero la alegría se queda corta ante este estado tan excelso que sentí. Fue un diálogo entre el maestro

Anthar y mi espíritu. Diálogo que nunca pude recordar conscientemente, pero que percibí que se quedó para siempre en mi corazón.

Luego me señaló mi camino, yo tendía a continuar hacia el lado derecho. Desde el lado derecho de la bifurcación, yo recibía una iluminación tan esplendorosa como el mismo Sol abrazando cada átomo de mi ser. No era un camino, no era una parte más de aquel túnel. No lo puedo describir, era como otra dimensión de mí misma, porque me quería fundir con ella y quedarme allí para siempre. Traté de dejarme llevar por esa luz del lado derecho, pero el Maestro Anthar me señaló continuar hacia el lado izquierdo y me transmitió que todavía no era tiempo, yo debía terminar mi misión. Recuerdo que solo volteé hacia el lado izquierdo y después de esta escena escuché voces lejanas que decían: "Doctor, está volviendo, está volviendo". Me encontraba otra vez en la sala de partos. La entrada no fue como la salida, sencillamente yo estaba allí escuchando la voz ahogada de las enfermeras. No veía nada, solo escuchaba voces de asombro y el llanto de un niño, ¡mi hijo!, que me brindaba un nuevo sentido de regreso a la vida. Me sentía muy cansada. Me volví a dormir.

A la mañana siguiente, estaba semidormida cuando escuché el diálogo de dos enfermeras que entraban a mi cuarto y hablaban sobre su cambio de turno y en voz de susurro, la una le decía a la otra: "Esta señora anoche se nos murió. Cuando el médico lo iba a comunicar al esposo, ella revivió. Pero estaba bien muerta. El médico no supo qué pasó, y ni le informó a la familia".

Aquella mañana el universo permitió que yo escuchara esa conversación para estar segura de que no había soñado, que todo había sido una realidad. Dios me había permitido vivir esta experiencia con un propósito especial. Desde ese día, mi mente se abrió a comprender la vida del espíritu y a vivir de acuerdo con el ritmo que mi espíritu marcara para mí.

Un nacimiento y una muerte: "El mismo asunto entre lo esencial y lo material"

Allí, en la sala de partos, mientras mi hijo llegaba a esta Tierra, tuve la gran enseñanza sobre la muerte y la vida. Él hacía su descenso, y yo ascendí a algún punto de mi universo interior, que me abrió un nivel de consciencia y permitió comprender el arte de nacer y de morir. Yo estuve allá, en algún punto tratando de comprender un universo nuevo para mí, y mi hijo llegando aquí, a la Tierra, tratando de vivir en este otro universo.

La diferencia era que yo podía percibir un poco la libertad del macrouniverso sin cuerpo físico, y mi hijo llegaba a esta Tierra con su espíritu encerrado en un cuerpo físico.

Allí, en mi cama de hotel, recordando aquella escena del pasado, pude comprender las palabras que en ese presente el Espíritu Santo me estaba expresando: "**la vida y la muerte son lo mismo, el mismo asunto entre lo esencial y lo material**".

El arte de nacer y morir

Es igual nacer que morir, ¿por qué?

Si hablamos del ser humano, cuando este nace en la Tierra, trae un espíritu que no se ve, pero existe. Es la luz que ilumina la vida de ese cuerpo físico que no sabe lo que la vida de la Tierra representa. Tiene que comenzar un aprendizaje para moverse, para gatear, caminar, correr, hablar. En fin, aprender a movilizarse en un mundo de tres dimensiones. Por esa razón, solo a los seis meses un niño puede detectar la tercera dimensión, porque antes todo lo ve bidimensionalmente, es decir, si va subir unas gradas, no ve la profundidad, tampoco vería el borde final, y continuaría derecho por el vacío.

De igual manera, cuando se parte de la Tierra o se muere, como es común decir. En este caso se entra a una dimensión que también es desconocida. Aquí queda el cuerpo físico, que es transformado por los elementos naturales, y el espíritu (y todos sus agregados o cuerpos energéticos) parte hacia otra dimensión sin materia, hacia dimensiones invisibles. En el ejemplo anterior del nacimiento, el espíritu entra a ser invisible, a una dimensión que no es la de él. Y en la muerte el espíritu regresa a su verdadera dimensión, en la que ya no es invisible, es su hábitat natural de luz, las esferas divinas, el cielo, como se quiera llamar. Allá el espíritu vuelve a nacer en su dimensión.

En el ejemplo anterior pareciera que al nacer, el espíritu se encarcelara en esta vida ya que no se le da actuación como protagonista de esta vida. Esto sucede por desconocimiento, por falta de

preparación espiritual. Es un hecho natural, casi nadie se prepara desde niño para morir; si acaso se hace, es cuando llega la vejez o a una enfermedad terminal.

Reflexionemos sobre nacer y morir

Es igual nacer o morir, porque cuando naces no entiendes lo que la vida de la Tierra representa. Cuando mueres, no logras comprender lo que ha sucedido, hasta que en tu misma consciencia lo asimiles o lo puedas entender. Cuando naces, debes crecer en tu cuerpo; cuando mueres, debes potencializar tu energía divina.

Reflexiona sobre este concepto como un proceso que vemos a diario en la naturaleza. Desde el otoño parece que todo comenzara morir con la caída de las hojas de los árboles, el cambio del color de la vegetación. Los animales entran en hibernación. En el invierno parece que todo comienza a agonizar, es como la sepultura total. No hojas, no flores, troncos secos, la verde vegetación se ha secado.

Cuando después del invierno, llega la primavera, y luego el verano tan esperado, todo parece renacer, las flores, el aroma, el polen el colorido, el ambiente es más templado, se aleja el frío. Los pájaros regresan. ¿Qué había pasado, entonces? ¿Dónde estaban guardados tanta belleza, color y aroma? Podríamos decir que todo estaba dormido. Sí, dormido en una semilla. Dentro de una raíz o un tallo. No lo veíamos. El hecho de que no lo viéramos no quería decir que una fuerza poderosa no se estuviera gestando allí. Nos podríamos quedar sentados todo el otoño y el invierno al frente de un árbol, y no conseguiríamos ver todo el proceso de laboratorio interno de ese árbol, llevando la savia a cada rama, preparando matemáticamente el nutriente para cada una de sus millones de hojas y el aroma y color de sus futuras flores y frutos. Igual sucede con la vida humana. Un sinnúmero de procesos se está gestando en nuestro interior, que nos lleva a morir y lo más importante, a nacer o renacer.

¿Por qué? Porque las células de nuestro cuerpo mueren cada día, la sangre de nuestro cuerpo se renueva.

Las células están programadas para morir cada ciclo. Ejemplo: la apoptosis, la cual es la muerte celular programada; es una forma de muerte que convive con nosotros. Es una muerte ordenada de nuestras células. Ella hace posible la destrucción de las células dañadas genéticamente, evitando la aparición de enfermedades. Nuestra sangre se renueva cada tres meses, nuestra piel todo el tiempo está muriendo para dar paso a la piel nueva. Nuestros órganos se están renovando. Esto quiere decir que convivimos con la muerte en vida. Nacemos y morimos cada instante.

¿Has meditado sobre el renacimiento? ¿Sobre la gran oportunidad de renovación que llevas impresa ya en tus células día a día? ¿En tus órganos mes a mes y en tu sangre cada segundo de tu vida? ¿Has reflexionado sobre este sello de renovación constante que fluye en cada molécula de tu sangre y vibra en tu ADN?

Realmente no existe la muerte, sino la renovación, o transformación. O si hablamos en otros términos, la trasfiguración, la resurrección.

¿Qué es morir para el ser humano? Miramos la muerte como una experiencia que no quisiéramos vivenciar en la vida temprana ni lejana, como si lo mejor sería que no existiera la muerte. En cambio, el nacimiento lo celebramos y vivimos como la mejor experiencia. La muerte debe ser tan mágica como la vida. ¿Entonces cuál es el tabú de la muerte, para que nadie quiera tocar el tema? ¿Qué hace que la muerte sea tan misteriosa?

Pienso que una de las razones es el temor a lo desconocido. Quizá se tiene el concepto de que el espíritu se desprende de este cuerpo y sale no se sabe hacia dónde, o quizá no va ningún lado y muere allí, y no quisiéramos que toda esta experiencia maravillosa de la vida se quede allí en la sepultura. O quizá no se cree en el espíritu como la energía eterna que ha dado la iluminación a nuestra vida terrena y continúa su ascenso hacia la vida eterna. Si lo creyéramos así, podríamos comprender la muerte como la continuación de la vida. Si lo comprendemos así, no nos quedaríamos viviendo en un retazo de la vida pensando que experimentamos toda la tela de la vida.

Este es un instante para expresarte que tu espíritu es la base de tu existencia, que has sido creado y constituido en los poderes de Nuestro Padre eterno antes que tu materia y tu mente. Todo lo que no hagas para el espíritu es vano, es efímero.

La verdad nace de nuestro espíritu, pero se ha contaminado con la mente para decidir el camino de regreso y deambular por medio de los mundos planetarios prolongando el instante en que la eternidad vuelva a ser reconocida como el principio. Por el desconocimiento de este principio, sufrimos y no aceptamos el paso de eternidad para nuestros seres más queridos. Recuerda que ese instante de encuentro con la eternidad también es el instante eterno de tus seres queridos.

Tu instante de comprender la muerte de tus seres queridos

Te dejo aquí, en este instante, con un fragmento del libro de Madre Luz *Cartas de meditación solar, especialmente para ti.* En su carta 15, ella describe la muerte de un ser querido como la última batalla, así:

Mi última batalla

Ha muerto un ser querido. Siento un dolor profundo en mi corazón, como si una lanza atravesara mi pecho.

El guerrero que enfrenta la muerte vence su paso a la inmortalidad.

Alma amada, tú eres el gran guerrero o la imponente guerrera de la vida que hoy se enfrenta a su última batalla mortal.

Cuando la muerte ha tocado la puerta de tu casa, ha entrado en ella y se ha llevado el espíritu de un ser querido, tú puedes sentir el dolor de la impotencia física ante esta dura realidad y tienes muchos interrogantes en tu mente, como ¿dónde se ha ido su alma o su espíritu? Y en tu corazón aparecen estas afirmaciones: "Sólo veo la sombra de la muerte en su cuerpo inmóvil, todo esto es tan extraño y tan duro de aceptar...".

Alma amada, ven, quiero que te armes de valor, toma tu espada de rabia, impotencia y dolor y enfréntate a la muerte. Esta es una batalla muy importante.

Cierra tus ojos, y meditemos. En esta batalla te encuentras en un escenario amplio y oscuro. Abre el telón. No hay auditorio alguno, sólo eres tú, tu corazón, tu cuerpo, tu mente y tu consciencia.

Inclínate ante ti mismo, levanta tu espada y abre tus brazos... ¿Contra quién lucharás?

¡Contra la muerte! ¿Dónde estás, dónde te escondes? Siempre apareces como un ladrón, como una sombra, quiero luchar contra ti, ¡déjame verte!

Alma amada, medita, baja ya tu espada de venganza y de dolor, yo soy la muerte... Silencio, escucha: estás peleando contra ti mismo, ya que en tu cuerpo viene un programa de vida ya preestablecido, y en él se conoce cuánto tiempo debe durar tu vida física.

Entonces, yo no soy un ladrón, tampoco una sombra, yo soy una energía divina que cumple una misión trascendental que a ti no te agrada, pero que libera tu alma del dolor, tu cuerpo de la aflicción y te devuelve tu paraíso de la vida eterna.

No me temas, tampoco luches contra mí, yo sé que eres un valiente guerrero de la vida y que has dado grandes batallas, y que, si no has vencido en todas ellas, sí has demostrado coraje, valor y constancia.

Quiero que hoy sea esta tu última batalla mortal, ya que la comprensión de mi mundo de la muerte es el paso a tu propia inmortalidad.

Ha muerto la materia, la carne, el cuerpo ya no volverá a respirar, pero ha sucedido el fenómeno más trascendente para su espíritu, ya que ha alcanzado la eternidad, ha vuelto a la casa del Padre Dios.

Y tú, alma de guerrero, debes comprender que venciendo tus limitaciones humanas, lograrás tu espíritu inmortal.

Debes vivir sin temor a morir, ya que la muerte es la verdadera vida.

Ánimo, mi guerrero, mírame con luz para que desaparezcan tus sombras, mírame con amor para que entiendas mi misión y no luches más. Ríndete en el altar de la consciencia que es tu propio espíritu, allí nace la sabiduría de la verdadera vida.

Cambia tu espada por flores y ofréndalas a quien ha partido en espíritu para ser libre en eternidad; transforma tu dolor en alegría. También tú eres libre y comienzas a comprender el camino de la eternidad.

Medita...

Mi vida es importante, soy un ser inscrito en el universo del Padre Dios.

Yo amo mi vida, entiendo que voy hacia un proceso de transmigración en el que mi materia física termina y mi espíritu continúa en su marcha hacia la eternidad.

Estoy de paso sobre esta Tierra y debo dejar en ella mi cascarón físico viviendo mi vida con amor, reconciliación y paz, También me preparo para el día de mi partida universal.

Hoy despierto mi consciencia de comprensión inmortal.

Medita...

Mi mensaje para ti:
Tu instante de eternidad
Rompe el esquema lineal de tu mente mortal. Háblale de la eternidad.
Invoca el poder de tu espíritu inmortal y pide fuerza e iluminación.
Reafirma en tu alma la eternidad de tu vida y la regeneración de tus células,
Declara en tu corazón humano la inmortalidad de tu corazón eterno. Acepta tu nueva vida.
Vibra tu instante de eternidad.

Instante trece. Instante de laboratorio de consciencia

Programando mi vida o mi muerte

"Vive todo en un día, la futura cirugía, la futura sanación, los dolores. Vívelo todo en un día, como si pudierais programar lo que pasa con la mente y con el cuerpo, con los cuerpos, con los chacras desde la consciencia".

(Fragmento del mensaje de Madre Luz con inspiración del Espíritu Santo, entregado a la Maestra Hansayana como una encomienda universal).

Había llegado el momento preciso de hacer acciones, de programar. Salí a la terraza, pues mi habitación ya no estaba tan luminosa como a la mañana, pero afuera continuaba destellando la luz del Sol. Tomé aire y entré nuevamente a la habitación.

El dolor en un día

El paso siguiente era proyectar el día de mi cirugía para definir mi sanación. Programar mi vida o mi muerte. Llegó el momento de vivir el día de la próxima cirugía en mi laboratorio, en la cama del hotel. Ya empezaba la tarde, y me resistía un poco a llegar a este punto, porque hacerlo significaba tomar mi decisión final.

Ubiqué mi mente en el quirófano, me sentí fuerte, sin temores, dispuesta a vivir y a afrontar lo que tocara. Pero no... era como tratar de crear una escena que no sentía desde lo profundo de mi corazón. No podía vibrar la vida... la realidad de mi estado era que yo quería morir. Entonces programé mi muerte. Como estaba tan débil, y ya cansada, porque había comenzado este laboratorio a las cinco de la mañana, me sentía muy mal físicamente. El dolor en la región de mi colon se pronunciaba más por el cansancio de un día tan intenso. Mi alma estaba inundada de emoción, lloré mucho al proyectarme hacia ese momento. Conociendo de antemano las diferentes reacciones negativas de mi organismo, me proyecté muriendo de dolor y de complicaciones postoperatorias. Comencé vislumbrando que salía de cirugía, que tenía mucha sed y no podía tomar ni agua. Sentí que me moría, no me podían ayudar, no me podían dar penicilina, antibióticos; sentí tanto dolor físico, que mejor me dejé morir. Luego sentí que este instante tan temido solo era un pequeño paso. Me dejé llevar por ese paso de sueño y de muerte.

No es fácil plasmar aquí en letras lo que allí sucedió, pero experimenté un laboratorio tan real, que no lo podría explicar... no lo esperaba así. Fue una sorpresa para mí también. No volví a saber de mí. Solo recuerdo que me dormí y soñé que me recogió un ángel que me condujo volando sobre el mar. Yo iba en estado de paz. Mientras me alejaba, sentí una pequeña preocupación por el dolor que mi muerte causaba a mi hijo, mis hermanas, mis sobrinos y sobrinas, mis seres más cercanos y mi comunidad. Pero esa preocupación no me detuvo. Continué ascendiendo sobre el mar, el cual cada vez se tornaba más transparente, como un manto iridiscente de luz. Luego vi que desde la Tierra ascendía una energía que trataba de atraerme como un imán. Sentí esa energía muy pesada en mi corazón, era de mucho dolor y pena en el planeta, mucho dolor físico, que casi podía tocar. Sobre todo, lo que más llamó mi atención era que esta parecía una nube gris. Le pregunté a mi ángel sobre este manto, y me reveló lo siguiente: "Los humanos no comprenden qué es la muerte, no comprenden qué es la vida, esa nube gris es el velo de la ignorancia sobre la verdadera vida espiritual, la vida universal más allá de las molduras religiosas".

Cuando vi el <u>dolor del dolor</u> y la pena en la Tierra, hubiera querido hacer algo, para que nadie sufriera y que todos estuvieran llenos de paz como yo. Que sintieran la claridad de consciencia que yo experimentaba. Luego continué mi viaje, libre de desazón y del dolor que había llevado sobre mi vida, me alejé y no volví a mirar el planeta.

Desperté suavemente y me pregunté qué me había pasado. ¿Me estaba durmiendo, o tuve una experiencia extracorporal real? Mi cabeza me dolía fuertemente; mis ojos estaban hinchados del llanto por mis recuerdos del dolor y el dolor físico preliminar a mi supuesta muerte. Como fondo de este cuadro escuchaba el mágico sonido del hermoso océano. La sensación era nueva e indescriptible... había muerto, y no fue tan malo, sentí que solo fue un paso. Un trasbordo hermoso hacia la vida real para la cual había trabajado en esta Tierra. Comencé a sentir deseos de decidir morir, de partir de este planeta realmente y no luchar más por sostener vivo mi cuerpo físico. Medité profundamente acerca de transbordar. Había sido tanta la lucha por estar sana, que ni los seres que habían vivido cerca de mí habían podido calibrar realmente cuánto había sufrido interiormente y cuánto había deseado ser sana y vital. Esto sin contar con el <u>dolor del dolor</u> que produce el estigma que algunas personas colocan a quien no ha podido lograr la salud.

Desde que tengo memoria, recordaba a mi madre llorando a la orilla de mi cama, porque según sus palabras, "Mi niña se me va a morir". En muchas ocasiones desperté ahogada a la noche con algo tan sencillo como una hemorragia nasal, cuadro que tuve en reiteradas ocasiones, por 12 años. Alguna vez después de haber tomado una medicina para la gripe, me dio un colapso cardiaco, me tiré del carro que mi esposo iba conduciendo, no supe más de mí, hasta que desperté en una ambulancia donde trataban de revivirme.

Como esta escena pasaron docenas de cuadros parecidos donde mi vida estuvo en peligro mortal. Sería más fácil morir que luchar por sostenerme con vida. Me sentí cansada de vivir. Pensaba: "Solo es un paso, nada más, ya lo pude sentir hoy". Aunque lo sentí en un laboratorio, no sé en la realidad cómo sería mi reacción. Pero mental, psíquicamente, ya no me atemorizaba. "Sería bueno morir...", pensé. La eternidad la viviré en espíritu. Aunque finalmente sería Dios quien definiría mi vida o mi muerte, me habían dado la opción de votar a favor o en contra. Aunque conocía que tenía una misión de humanidad, un compromiso de transmitir nuestra cultura espiritual, esa premisa no me detuvo.

Mi mente dilucidaba en medio de pensamientos sobre nuestra misión de familia, que se volvió misión universal.

Hasta ese momento, para algunos no era fácil comprender que el cimiento de nuestra obra no es terrenal, que es una obra universal cuyo fundamento es energético y lleva décadas de preparación. Cuando esto sucede en una obra espiritual perdurable, los fundamentos se construyen preliminarmente en el corazón de cada uno de sus fundadores y seguidores para que su legado sea eterno.

Allí, en ese momento de mi laboratorio, yo sentía que ya era el momento de que comenzara la construcción física. Llegué a la conclusión de que nuestra obra espiritual, nuestra Fundación, ya tenía las bases en el corazón de todos los miembros, y yo era uno de ellos, pero también sentía que la construcción de nuestro paraíso físico no me correspondería, no sentía fuerzas físicas para continuar. Mi presencia no sería de mucha utilidad, mucho menos si iba a vivir enferma. Pero allá, en lo profundo de mi alma, emergía una inaudible voz que me animaba hacia otra opción que no era la muerte.

En este caso de vida o muerte, la definición no se hace en un laboratorio. No. El laboratorio es para identificar las diferentes mezclas del alma e ir recogiendo poco a poco la energía de confusión hasta llegar al instante de obtener una clara decisión final. De esta manera en mi mente se iba programando la decisión que sobre mi vida debería tomar. Mi laboratorio de ese día fue la guía más importante para programar lo que yo definiría, e identificar debilidades que debería trabajar para tomar mi decisión real.

Mi mensaje para ti:
Tu instante de laboratorio de consciencia
Enfoca tu mente hacia una nueva programación de tu vida en este laboratorio de consciencia.
Entra tu alma al laboratorio, examina qué aspecto de tu vida necesitas reprogramar para vivir sin temor. Qué debilidades encuentras para transformar.
Invoca el poder transformador del Espíritu Santo, que vibra en tu espíritu.
Armoniza tu corazón, rediseña lo que necesites trascender y continúa hacia tu nuevo programa de vida.
Vibra tu instante de laboratorio de consciencia.

Instante catorce. Instante del salto quántico

"La consciencia es como múltiples opciones, en que tienes una película de vida que no te gusta y la cambias por la que te agrade realmente, con la cual te sientes bien y la proyectas con tal fuerza, que la primera película necesariamente tiene que desaparecer, deja de existir.

Toma una nueva vida en el espíritu con tu propio cuerpo. Adelanta todos los pasos por dar, por seguir, como si solo existierais un día. Multiplica las células fuertes de la sangre, del corazón del cuerpo, multiplica la fuerza celular en el cerebro".

(Fragmento del mensaje de Madre Luz con inspiración del Espíritu Santo, entregado a la Maestra Hansayana como una encomienda universal).

Aunque mi panorama interno no vislumbraba mucha vida, sí la podía percibir en el panorama exterior, que era deslumbrante. La arena blanca resplandecía, el viento de la tarde había comenzado a soplar sobre las pequeñas embarcaciones, las cuales con sus velas de colores navegaban cerca a la orilla de la playa. Me senté en la terraza a leer el párrafo anterior y me concentré en él.

Percibiendo mi universo quántico

Después de percibir la tenue voz de mi consciencia, que trataba de convencerme de que había otra opción que no era la enfermedad ni la muerte, tomé el mensaje y encontré la respuesta en el párrafo de arriba del mensaje del Espíritu Santo.

En esa época yo apenas estaba comenzando a conocer sobre la física quántica aplicada a la sanación, por esa razón no tenía todos los elementos para comprender rápidamente el mensaje. Ahora, años después de haber incursionado en el conocimiento de la quántica esencial, recibida por medio de la Madre Luz, puedo comprender en un instante lo que en esa época me llevó un día.

En ese momento yo sabía por fuera de todo concepto científico que el universo no es lineal, que podemos salir del espectro marcado por el espacio tiempo, cambiar y reprogramar nuestra realidad. El tiempo recorrido era para no recorrerlo más. Ahora debía extraerle el espectro que viví con el espacio y el tiempo y convertirlo en esencia, por eso tenía que antiespectrado cada circunstancia de mi vida como lo he venido haciendo por medio de este calendario.

De acuerdo con el mensaje, yo comprendía que podría rediseñar mi vida si recogía o antiespectraba toda la energía de temor, dolor o muerte que había espectrado (que había expandido) en toda mi existencia.

Lo comprendía desde mi mente, pero aunque la mente tiene miedo de vivir sufriendo, tampoco quiere morir. ¡Qué encrucijada! ¿Tendría mi consciencia la suficiente fuerza espiritual para lograr este rediseño?

¿Quería mi corazón realmente continuar viviendo, cuando el escenario que tenía como primer recuerdo de mi niñez era más de muerte que de vida?

Einstein alguna vez había emitido una frase célebre que decía que no podemos resolver un problema mientras permanezcamos en el mismo punto de pensamiento que cuando lo creamos.

¿El Espíritu Santo me estaría llevando a otro nivel de consciencia para realizar los cambios que necesitaba mi cuerpo físico?

Más allá del pensamiento lineal

La física quántica ha realizado descubrimientos sobre cómo funciona la "realidad" de nuestro mundo. Ha descubierto el comportamiento del mundo de las partículas subatómicas, pero a pesar de esto todavía en unos seres existe el escepticismo y en otros el desconocimiento para relacionar este microuniverso descubierto, con todos los aspectos de su propia vida y menos aún con el cuerpo físico.

Puedo decirte aquí que lo que yo conocía hasta ese momento era aún teoría en mi vida. Pero yo no tenía mucho tiempo para dilucidar sobre lo que ya era una verdad simple para mí, aunque fuera teórica, lo importante era que creía en ella.

Mediante mi cultura espiritual, yo conocía la dinámica del microuniverso de mi vida integral, mis células y todo el microcosmos de mis propias partículas quánticas, las cuales como soles y constelaciones vibran en todo mi ser energético sin excluir mi cuerpo físico, mi hígado, mi cerebro, mi colon y demás. En ese momento me encontraba ante todo un universo de posibilidades **para lograr cambiar esta película. Según la expresión del Espíritu Santo en su mensaje, implícitamente estaba mencionando la quántica.**

Así lo concebí. Yo era la observadora que podía transformar mi escenario si me enfocaba en él tal como actúa la quántica que demuestra que la manera en que pensamos y nos sentimos tiene efecto sobre los sucesos de nuestra vida cotidiana. Había llegado entonces el momento de dar un salto quántico en todos los aspectos de mi vida.

Para que la anterior premisa se cumpliera, había que empezar por cambiar la manera en que pensaba y sentía. Hasta ese momento para mí era muy claro que podemos romper un patrón mental. Conjuntamente, los últimos descubrimientos de la física quántica habían demostrado la conexión entre el mundo de la mente y el mundo físico llamado "real".

Para conectar mi práctica y la teoría de ese momento, te invito a revisar los siguientes aspectos de la física: "Podemos crear nuestra realidad cuando creemos que lo podemos hacer".

Lo anterior quiere decir que la base está en el creer, pero desafortunadamente la mayor barrera para creer lo que podemos hacer se encuentra en nuestra mente, en nuestros pensamientos más arraigados de temor y miedo a dar pasos que desconocemos.

Queda entonces la primera pregunta: ¿Cómo se genera un pensamiento negativo de miedo o temor que no nos permite creer que podemos hacer cosas más allá de lo establecido como normal?

Y la segunda pregunta, cuya respuesta trae la claridad de los dos interrogantes planteados: ¿Cuál es la fuerza poderosa que nos permite romper un pensamiento que ha persistido por tiempo con nosotros para avanzar hacia una posición mental diferente?

Para encontrar las claridades de estos dos interrogantes, comencemos por recordar cuánto se ha evolucionado en el estudio del cerebro. Un ejemplo sencillo es comprenderlo por medio de la "tomografía", que es la medición de la actividad eléctrica mientras se produce una actividad mental, sea racional, emocional, espiritual o sentimental, y así se sabe a qué área del cerebro corresponde esa facultad. A partir de allí se ha descubierto que el cerebro realiza idéntica actividad cuando imagina que cuando ve. Esto quiere decir que para el cerebro no existe diferencia. En uno o en otro caso, nuestro cerebro mediante el hipotálamo fabrica las mismas respuestas a nuestros pensamientos y nuestras emociones en forma de sustancias químicas llamadas péptidos y neuropéptidos (si piensas en un limón, la boca siente el reflejo del ácido y segrega saliva como si estuvieras comiendo el limón realmente). Estas sustancias químicas son las responsables de las emociones, los sentimientos o los pensamientos que pueden ser positivos o negativos y que entran a nuestras células. Nuestras células son las receptoras de toda la actividad química de nuestro cerebro y como receptoras se acostumbran a recibir estas sustancias que se traducen en reacciones de alegría, tristeza, odio, ira, rabia, miedo. Las emociones resultantes se asocian con los pensamientos y generan determinada circunstancia de la vida. (Los escenarios de la vida cotidiana). Cuando estas condiciones son repetitivas, se genera el hábito del pensamiento. Expliquémoslo así: sabemos que continuamente nuestro cerebro está conectándose por medio de los millones de terminaciones sinápticas para generar pensamientos y emociones que se refuerzan cuando se repiten una y otra vez, generando asociaciones con las situaciones en que se presentan. Así se crean las asociaciones de una emoción con un miedo, por ejemplo: porque se tuvo una mala experiencia con esa emoción, esta se queda grabada asociada al miedo. Otro ejemplo es el de quien tiene miedo a la oscuridad porque tuvo una mala experiencia con ella y se quedó con la asociación de oscuridad y el temor. Podemos asociar determinado pensamiento o emoción con estas buenas o malas experiencias y formamos esos registros que quedan en nuestra memoria celular. Y si a ellos les agregamos los miedos que traemos por experiencias karmáticas no antiespectradas en otras vidas, las circunstancias de esta vida son cada vez más complejas de comprender y consecuentemente difíciles de superar.

Para salvarnos del miedo, lo que hacemos regularmente es distraer la mente con otra emoción o con otro pensamiento, pero esto genera la adicción, porque cuando esta solución pasa, nos encontramos con la realidad, y el miedo reaparece. Buscamos entonces la solución con otra más fuerte emoción para distraer el miedo, en un ciclo repetitivo que se convierte en una verdadera adicción. Hasta aquí espero haber entregado respuesta al primer interrogante.

Ahora el segundo. ¿Cómo romper esta conexión que se convirtió en una cadena cerrada? ¿Se puede cambiar el pensamiento que ya está arraigado en la persona?, ¿o el temor a morir? ¿El temor a sufrir, como en mi caso, por ejemplo? Se necesitaría una fuerza superior a los pensamientos y a las emociones. Una fuerza que domine la fisicoquímica del cuerpo humano (comportamientos de la materia, interacciones moleculares químicas y físicas, que generan comportamientos de la materia).

Esa fuerza superior es la consciencia. Con el poder de la consciencia que está más allá de la conexión química y física, podemos rediseñar esta cadena y crear el puente que libera en un tanto por ciento la vida humana de esta conexión.

Un ejemplo claro era el momento que me encontraba vivenciando en el cuarto del hotel. Ahora el universo me convocaba a dejar el pensamiento lineal para avanzar hacia una posición mental diferente, y ello solo lo podía lograr con la intervención de la consciencia.

Y la fuerza o el poder de la consciencia lo encontramos en la observación de nosotros mismos por medio de la meditación que ayuda a silenciar la mente para entrar a tu universo interior. También mediante el estudio de uno mismo, quiero decir, del conocimiento de uno mismo (quién eres, de dónde vienes, cuál es tu misión en esta Tierra, cuál es tu posición universal). Otra manera por la administración de tu energía, pero sobre todo por la observación consciente, que luego se convierte en participación consciente.

La observación consciente: **consciencia quántica**. Es una verdad para mí, porque he podido identificar que cuando se inicia la observación de uno mismo, nace el observador que comienza a ser consciente de sus acciones, sus pensamientos y sus reacciones.

Cuando se es consciente de esta fuerza, nace el control de las emociones, de los sentimientos. En consecuencia, el paso siguiente es la transformación. Transformación del pensamiento, la acción y reacción y como resultado un ser humano con un pensamiento nuevo y una vida renovada. Aún más allá de la observación, esto nos ubica como coparticipantes conscientes de todos los procesos de ascenso de consciencia. Este ha sido nuestro trabajo interior de años de preparación.

Nuestro trabajo para comprender cómo funciona la base primaria lineal de nuestro organismo y la base de la consciencia espiritual como consciencia quántica, que está por sobre esta constitución humana básica.

Se trata entonces de rediseñar el pensamiento lineal, convertirlo en quántico, y esto requiere cambios en nuestro organismo. Cambios en los sistemas que controlan las funciones de nuestro cuerpo, sobre todo el nervioso y el endocrino, ya que el pensamiento se genera por interacción de impulsos eléctricos generados por las células nerviosas en el cerebro. Y el comportamiento del ser humano también se rige por el sistema endocrino que controla el cuerpo por medio de mensajeros químicos que viajan mediante las hormonas.

Debido a este conocimiento base de nuestra cultura quántica, de rediseñar nuestro pensamiento, mi vida cotidiana y la de mi comunidad se desarrollan en claridad para manejar con sabiduría las difíciles circunstancias de la existencia. Asimismo, lo enseñamos a los estudiantes de la Universidad de la Confederación del Espíritu, el programa educativo de nuestra Fundación. Ellos aprenden a vivir esta cultura espiritual fundamentados en el estudio de ellos mismos para superar todos estos aspectos limitantes de sus vidas.

Sobre este mismo tema, se ha comprobado en investigaciones con lamas budistas en estado de meditación, que nuestro cerebro está permanentemente rehaciéndose. Premisa que hasta hace poco tiempo atrás era inaceptable, porque se pensaba que no se generaban nuevas neurona, en adultos, ni tampoco se regeneraban. Ahora es aceptado como neurogénesis adulta. Ya se conoce que generamos células nuevas en etapa adulta también y que la neurogénesis es un proceso natural que nos conduce a la conclusión de que se puede desaprender y reaprender, se puede rediseñar el pensamiento y conocer nuevas formas de vivir.

Concluí entonces que el universo quántico que vibra en mí podría conducir a la química de mi organismo, tal como el Espíritu Santo lo expresa en este párrafo: *"**Multiplica las células fuertes de la sangre, del corazón, del cuerpo. Multiplica la fuerza celular en el cerebro**"*. Retomando mi pensamiento quántico, la ruta que iba tomando mi decisión dio un giro a tal punto, que el campo de batalla en que se debatían mi mente y mi corazón se iba estrechando mucho más.

Mi mensaje para ti:
Tu instante del salto quántico
Prepara tu mente para saltar de la base primaria del pensamiento lineal.
Invoca la fuerza quántica lumínica de tu espíritu eterno.
Convence a tu alma de la necesidad de avanzar más allá de las tres dimensiones hacia un universo eterno y vibrante.
Declara en tu corazón la libertad del vuelo infinito hacia el pensamiento que renueva y regenera tu vida biológica.
Vibra el instante de este salto quántico.

Instante quince. Instante de definición

Definiendo mi vida o mi muerte, encontré el instante eterno

"Debes definir, debes definir lo que quieres para tu vida de aquí en adelante. Para que cuando pase ese día, ya lo hayas vivido con la consciencia para que no pienses en días posteriores sino en uno solo como definitivo, en el cual decidiste si querías morir, si querías vivir, cómo querías vivir realmente".
(Fragmento del mensaje de Madre Luz con inspiración del Espíritu Santo, entregado a la Maestra Hansayana como una encomienda universal).

Ahora la tendencia de mi pensamiento no era solo la de morir, ya se debatía en la dualidad muerte-vida, igual que el Sol al atardecer, el cual ya comenzaba a vestirse de rojo y naranja porque sus rayos violetas no se apagaban sin definir la última danza sobre las olas. Ya mi pensamiento sobre morir no era tan fuerte, y esta dualidad recién aparecida hacía más difícil mi momento.

El universo se me revela para la toma de decisión: vivir o morir

Había llegado a ese retiro con la consciencia de tomar ante Dios, en el Espíritu Santo, una decisión: sanarme, vivir o morir. Me habían dado la libertad de elegir. Ya prácticamente tenía mi decisión.

Quizás puedas pensar que la decisión más fácil es la de vivir. Y tienes toda la razón. Pero cuando se ha vivido luchando por vivir contra todos los pronósticos de vida, con todas las desventajas de salud posibles, sintiendo siempre más cerca la muerte que la vida, la decisión es paradójica, porque quieres vivir, pero sana; y en ese momento, la sanación dependía de la gestación de salud que yo misma pudiera lograr con mi consciencia de eternidad.

Me levanté de mi lecho, abrí un poco más la ventana del cuarto del hotel. Allí venteaba fuerte, pues mi habitación estaba ubicada en un séptimo piso. Observé el océano azul, y mientras mi mirada se recreaba en su belleza multicolor, el viento que entró por la ventana abrió una carpeta que estaba sobre la mesa al lado de la ventana y tiró al piso los papeles que aquella contenía.

Miré los papeles y los mensajes espirituales caídos, que había llevado, pero que no pensaba leer por el momento. El viento continuó batiendo fuerte, y los papeles volaron por el piso a mis pies. Cerré la ventana un poco, levanté algunos, y llamó mi atención, en una primera hoja doblada, un mensaje de Cristox, de nuestra Biblioteca Universal, que mi hermana, la maestra Hensisar, me había pasado el día anterior cuando yo arreglaba mi equipaje para mi retiro. Ella me había preguntado: "¿Llevas algo para leer?". Yo le respondí que sí, porque esa ha sido la costumbre en nuestra cultura, y era nuestra costumbre con mi esposo llevar en nuestra maleta de viaje mensajes de nuestra biblioteca para leer cuando tuviéramos tiempo; pero esta vez solo había escogido algunos al azar, aunque realmente no pensaba leer, ya que creí que suficiente tenía con la lectura de mi propia vida.

Volviendo a aquel mensaje que llamó mi atención, recuerdo que estaba en la carpeta que mi hermana me había entregado. Yo la había guardado con los demás mensajes. Lo recogí del piso y allí encontré las siguientes líneas que me detuve a leer:

> ... hay que saber entregarse en el camino de la eternidad. Si cada uno ya pagó su boleto de entrada con lo que ha dado de sí mismo, con lo que logra practicar en sí mismo, está listo para emprender el viaje de retorno a Casa Real en medio de los jardines de la sabiduría, en un viaje sin fronteras y sin limitaciones.
>
> Solo hay que saber escuchar. Lo que se escuche debe ser la onda cósmica de la eternidad, no el sonido estridente de los golpes del tiempo sobre el corazón, la mente y las células del cuerpo. Sólo hay que saber escuchar y aprender a llevar el ritmo de la eternidad sobre una vida eterna.
>
> Si ya por el tiempo recorrido, vuestro cuerpo contiene dolencias y malestares, que estos no sean un impedimento de eternidad, porque si hacéis bien vuestro camino, podéis encontrar que en los jardines de la eternidad toda la sabiduría y la savia de sus frutos regeneran las limitaciones humanas y los programas celulares. El programa Cristox sobre la Tierra es devolver el derecho de la eternidad sobre la plataforma existente humana y biológica...

Reflexioné entonces sobre por qué me estaba negando a vivir si existía la quántica esencial, que aunque en esa época apenas estaba comenzando a conocer, era un programa de esperanza para el planeta.

Ahora encontraba un sentido mayor a por qué yo había sido llevada hasta el punto máximo de una extrema condición de salud. ¿Acaso no estaba yo siendo asistida por el Espíritu Santo en cumplimiento de esa promesa crística?

Continué leyendo los mensajes del Espíritu Santo, y en la mayoría de ellos encontré mis tratamientos pasados, realizados por el cuerpo médico espiritual.

Para tu mayor comprensión y que puedas revivir conmigo ese momento, quiero aquí recapitular algunos párrafos:

> No es vuestro cuerpo de origen humano, ni animal ni vegetal. Es un origen divino que coloca fórmulas nuevas sobre los órdenes biológicos; se organiza y se autoinmuniza de su propio cuerpo astral; se restablece de energía por medio de los quantos de alegría de eternidad que son clasificadores de la integralidad que hoy se asocia como la perfección de vuestra propia presencia...

***

> Recogemos la historia. Recojamos la historia en el Espíritu Santo; forjemos nuevos amaneceres; derrotemos todas las distancias; despertemos nuevas voluntades; ajustemos los ritmos singulares del universo; despejemos la mente de la Tierra; abramos sus horizontes, no de mañana ni tardíos, sino perennes y presentes con círculos y aros boreales de magnitudes infinitas de esplendor...

> 6 de enero de 2006. Madre Luz con inspiración del Espíritu Santo.

(De la Nueva Biblioteca Universal).

Leyendo este párrafo, desperté mayor consciencia sobre por qué yo estaba allí y por qué había tenido la experiencia extracorporal un momento antes. Lo único que me había causado dolor al partir, aparte del dolor físico, había sido el dolor del dolor, incrementado por la impotencia que yo sentía para hacer algo que ayudara a despertar consciencia de la humanidad.

> ... Que las células recuerden que su origen energético es divino, y el cerebro recuerde que ya contiene la memoria

inmortal. El Espíritu Santo es vuestra intensidad, vuestra inmensidad divina de Amor, de Justicia y de Equidad.

Allí sentada al lado de la ventana, leyendo un mensaje tras otro, fui encontrándole significado a todos los episodios de mi vida. Aunque anteriormente había leído esos mismos tratados, nunca les había encontrado significado de forma tan sincrónica como en ese momento.

Definitivamente la sabiduría siempre está y estará allí a la mano para ser interpretada en la sincronía de las circunstancias.

Mi corazón vibraba de alegría, la humanidad tendría una gran oportunidad de recoger la historia pasada de dolor, y comenzar una historia más real y equitativa. Ahora comprendo que no se trataba solo de mí.

En ese instante todo cobraba sentido para mi vida. Un mundo totalmente interrelacionado y coherente con mi propia misión cobraba vida en un momento que podría ser de muerte.

En mi decisión final descubrí el instante eterno
Me quedé allí mirando el océano, y pasaba el tiempo.

Cerré la ventana solo un poco para poder escuchar el océano y me acosté nuevamente. Necesitaba mucha quietud. Un comando interno me impulsaba a estar quieta, muy quieta y en silencio.

Allí, mientras las primeras sombras de la noche entraban a mi habitación, me quedé meditando en mi decisión mientras escuchaba el sonido de las olas.

Meditaba… ¿Cómo pensar sólo en mí, como si estuviera sola? ¿Cómo pensar en no sufrir más, cuando todo un universo ha estado y estaba presente por medio de mi propia experiencia?

En todo el día había realizado un recuento de mi vida. Un camino de treinta años hasta ese momento, de profunda vida espiritual, atesorando un gran equipaje de conocimiento que se había hecho consciencia en mi ser. Consciencia tal que hoy me permitía dar un salto quántico al punto de definir mi sanidad, mi vida o mi muerte.

Sentí una gran responsabilidad, ya que ese legado espiritual no me pertenecía. Si ese legado de conocimiento había construido mi vida desde lo invisible hasta lo visible, yo debía hacer algo con él. No podía ser egoísta con quienes me lo habían entregado, sería como negar la sabiduría que me ha construido.

En estos momentos de decisión, recordé apartes de un mensaje de Pedro apóstol, en que nos exhortaba a continuar nuestra misión a la vez que nos refería su experiencia en aquel momento difícil anterior a la crucifixión, cuando el negó a su Maestro y aprendió lo que realmente era negarse a sí mismo.

Escribiré aquí una parte de ese mensaje tomado de la Nueva Biblioteca Universal:

> En el nombre del Señor, con ustedes Pedro, hermano, amigo, apóstol.
>
> Cuando el Padre Dios entregó el poder a su Hijo, célula de su célula, energía de su energía, para tomar una materia humana en la cual habitara su espíritu, esa materia humana era la parte del mundo que venía a enseñar y a resistir. El espíritu era la fuerza, el poder y la vida verdadera, para sostener la materia.
>
> El maestro (Cristox) sabía que el cáliz amargo que debía tomar podría dejar de tomarlo, y volver el espíritu al Padre, sin sufrir el dolor de la materia, cuando dijo a mi espíritu: "Pedro, lo que he de pasar y tiene que pasar no lo vais a entender ahora, sino después de que haya pasado, cuando vuelva a vosotros, ya no en la materia, ya no en la mente, sino en la transfiguración de mi Espíritu".

Y mi mente, pobre mente, que lo oyó en las facultades de los sentidos hablar, que lo vio en la facultad de la vista levitar; que comió en su misma mesa, escuchó su palabra, que era la Palabra de Dios, no podía entender cómo el Hijo del Hombre, de Dios, se dejaba llevar prisionero, se dejaba coronar de espinas, se dejaba latigar su carne, y no bajaban los ángeles del cielo a socorrer y a ayudar al mismo Hijo de Dios.

Cuando negué a mi Maestro, descubrí que no me había negado a mí mismo, y por eso lo negaba a Él; entendí que ese Reino que no era de este mundo tenía el poder del amor en el sacrificio, tenía el poder de la salvación entre los mismos hombres. Pero yo ya no podía correr hasta mi Maestro para decirle: "Este torpe siervo tuyo apenas entiende, cuando ya te has ido; pero cuando regrese como lo has prometido, yo quiero decirte que he obrado más mal que Judas, pues Judas fue sincero al entregarte, su sinceridad del mundo le escondió el espíritu; pero yo fui nada al negarte; pero siempre pensé que viviría bajo la sombra de tu luz y tu protección y que realmente jamás morirías.

Cuando entendí que su muerte era la vía y que realmente viviría sobre todos los hombres y todas las razas, él ya no estaba para decirlo, ya no estaba para arrodillarme ante Él. Y cuando volvió, transfigurado en la luz del Padre y bendecido en el amor de su presencia, no pude decirle nada, porque mi espíritu lo decía todo; ya mi mente no operaba como mente; había dejado de ser mente, había abandonado realmente el mundo, cuando Él me decía: "Deja, Pedro, el mundo, olvídate del mundo y entrégate a Dios". Y yo dejé las redes, pensando que allí dejaba el mundo; yo dejé los placeres, pensando que allí dejaba el mundo. Cuando me encontré en mí mismo, en el Dios transfigurado y bendecido, incliné mi cabeza y lloré como el apóstol que por fin entiende qué es dejar el mundo y entregarse a Dios.

El día de la transfiguración, el Maestro llegó hasta sus apóstoles y se sentó en nuestra mesa abatida por la soledad y la tristeza de su no presencia material. Ahora aquella mesa era refulgente, ya no había pan, ya no había vino, pues su cuerpo y su sangre estaban presentes; se había hecho realidad la entrega, y ese día Nuestro Padre nos entregaba su parte más amada: su Hijo.

Cuando entró, traspasando aquella puerta que muchísimas veces abrió con una sonrisa amorosa y una charla bendita, fue traspasada por su presencia, su materia era energía del Padre; su corazón resplandecía; su costado parecía abierto ayer, pero realmente era una cruz; sus llagas extendidas en sus manos no eran llagas, eran cruces; y todos inclinamos nuestra cabeza y comprendimos la realidad: el Hijo del Hombre venía a enseñarnos no su poder, sino que habitaría perfectamente en nuestro ser en la medida en que, como Él, nos entregáramos a su misión y su palabra. Así mi Maestro entregó a nuestro discipulado la lección del amor y la entrega de sí.

(Madre Luz con inspiración de Pedro apóstol. Tomado de la Biblioteca Universal).

Luego Pedro se refirió directamente a nosotros, quienes lo escuchábamos por medio de Madre Luz:

Para vosotros: vosotros os estáis negando a ustedes mismos, estáis dejando de ser para creer firmemente que amar a mi Maestro es amar a la humanidad, y en su nombre yo os digo que realmente el único camino para hacer verdad su palabra y su vida en el mundo sin razón es llevar la razón de los orígenes nuestros a la humanidad.

Cada uno de vosotros es un punto importante en esta misión, cada uno cumplirá su parte, la que el Señor Dios os destine en su Palabra, en su fuerza y en su Verbo. Cada uno de vosotros le negará o se negara a sí mismo para comprender. Cada uno de vosotros lo llevará en la medida y en la forma como se entregue a Él.

Yo os exhorto para que seáis los miembros activos de la gracia, del Evangelio del amor en la luz de Dios, para recorrer los caminos que hay que recorrer, para transformar cuando haya que transformar, para redimir cuando haya que reivindicar, para exaltar los valores humanos y espirituales.

Solo hay una forma para que la espiritualidad sea conocida, respetada y dignificada en todo el género humano: la verdad del testimonio de aquel que se niega a sí mismo para seguir a su Maestro. La verdad del testimonio de quien hace templo en su interior para que Cristo habite en él. Solo dignificándose en sí mismo en la vida personal, se puede decir a otros que se dignifiquen porque son el espejo del templo.

El mundo espera el Sol renaciente, la estrella nueva que lo va a salvar. Ese es el Reino que se construye en vuestro interior para ayudar a la construcción universal del amor y de la luz; y esta es vuestra entrega, la entrega incondicional, la entrega sublime del apóstol que se olvida de sí mismo para dejar de ser, para darse.

Madre Luz con inspiración de Pedro Apóstol. Extraído de la Biblioteca Universal.

Aquella tarde de definición de mi vida o muerte, recordando partes de esta exhortación de Pedro apóstol que aquí transcribo literalmente, yo reafirmaba que me debía a una misión, a una cultura espiritual sobre la Tierra que he ayudado a construir para beneficio de la humanidad. Prácticamente tenía definida mi partida antes de leer los mensajes, pero luego fui comprendiendo que no podía permitir que esa herencia espiritual que yo guardaba se perdiera por la enfermedad o desorden energético que estaba cruzando en mi cuerpo físico, lo cual generaba confusión en mi mente.

Entonces me respondí: "No me puedo acobardar. ¿Cómo es que con tan maravilloso tesoro espiritual no puedo yo luchar contra el desorden de mi cuerpo y organizarme nuevamente con la fuerza creadora de la voluntad, la confianza y el amor por medio de la energía quántica esencial regeneradora del Espíritu Santo? Esta no es una historia ajena que estoy mirando por una película o un sueño. Tampoco es una historia pasajera que hoy vivo y mañana olvidaré. No. Por más que parezca una historia surrealista, es real. ¡Estoy viviendo un momento de definición de vida o muerte! Al final Dios decidirá sobre mi vida, pero yo debo entregar una respuesta que se me ha pedido (una decisión de vida o muerte). Lo que estoy viviendo en este momento es mi propia vida eterna, que debo resolver ahora mismo. ¿Pero cómo hacerlo?".

Llegó el momento de pedir asistencia. Entonces pedí iluminación al Espíritu Santo. Meditando en ello, me acosté de lado en posición fetal, no tenía muchas fuerzas para estar sentada o en posición de loto. En esa posición fetal, abrazando todo mi cuerpo hasta mis piernas, quedé en silencio profundo. Pedí iluminación al Espíritu Santo. Solo escuchaba el sonido del mar. El sonido de las olas iba y venía una y otra vez… una y otra vez. Luego… una vibración de paz se apoderó de todo mi cuerpo y de mi mente. No sé cuánto tiempo pasó, hasta que ya no había pensamiento, no sentía el tiempo, y un estado de total placidez inundaba mi ser. **¡De pronto!…** ya no había dudas, no había interés en vivir, ni interés en morir. No había tendencia ni enfoque especial en la salud o en la enfermedad. Habían desaparecido la ansiedad, el recuerdo, la preocupación.

El sonido de las olas del mar se hacía uno con el ritmo de mi corazón. Yo continuaba allí en la misma posición, como volviendo a nacer. Desapareció el día, desapareció la noche, y se fundieron sin tiempo ni espacio. La oscuridad de la noche que ya había entrado a mi habitación se convertía en una luz eterna y brillaba en mi mente. Solo recuerdo que todo se resumía en un instante que se eternizaba y me brindaba el estado más celestial que nunca antes había sentido. Me hubiera podido quedar allí eternamente.

Este estado maravilloso sintetizaba mi pasado de enfermedad y dolor en un rayo de esplendor. Este estado conjuntaba todas mis existencias vividas en un instante. Puedo decir que ese instante extraía lo más sagrado de mi proceso y de mi vida hasta ese momento, como el perfume de un elixir que embriagaba mi existencia.

Era mi instante eterno. Así lo nombré y lo escribí en mi diario: un instante eterno.

Decidí vivir

Con este estado, tomé una decisión para continuar mi misión. Sí, sí. Mi espíritu decidió continuar en esa Tierra para continuar mi experiencia dentro de este proceso de construcción que había sido invaluable. Una construcción interna tan profunda, que me había permitido aceptarme y comprenderme a mí misma, entendiendo de manera más consciente el proceso cultural de la humanidad. Pensé en la humanidad que se define entre la guerra y la paz, el sufrimiento y la ignorancia. Pude ver las luces y las sombras en que se debate el alma humana buscando clarificar su divinidad con religión o sin ella y encontrar los rumbos posibles de liberación de la ignorancia espiritual.

Este pensamiento me impulsaba altamente hacia la divulgación clarificadora de nuestra Cultura Quántica Esencial® a través de mi misión. Participar activamente para ayudar a realizar grandes cambios en nuestras vidas, nuestro entorno, la humanidad y el universo entero.

¿Se trata de cambiar nuestro destino? No. Es más profundo. Se trata de comprender cómo se da el plan universal perfecto para cada ser humano y poder actuar en beneficio de este.

Allí, en ese momento, yo estaba teniendo la gracia de participar conscientemente en mi propio beneficio.

Es el momento de decir: "Si yo no tengo que vivir este cáliz, que no sea; si tengo que vivirlo, que tenga las fuerzas para soportarlo".

Y decidí vivir y pedí las fuerzas para soportarlo. Hoy doy fe de que bajo las circunstancias más adversas, las fuerzas nunca me faltaron. Hoy le puedo decir a cada ser humano que se sienta frágil, que Dios es la fuerza que vibra allí en su propio corazón. Y decirle a quien se sienta perdido, ensombrecido, o confundido, que no necesita ser perfecto para que Dios vibre profundamente en cada célula de su cuerpo y en cada instante de su vida.

Decidí recibir el cáliz haciendo un pacto sagrado. Este significa un compromiso con el Creador.

Mi pacto sagrado:

Ya el Sol estaría iluminando el otro lado del mundo. Yo había quedado allí con su luz en mi corazón. Los rayos solares aquel día habían disuelto el espectro de mi sufrimiento, y un amanecer de luz universal ya se eternizaba en mi corazón.

Así, hice el pacto con mi Padre Creador: "Oh Dios, para cumplir mi misión sobre esta Tierra decido continuar mi vida si esa es tu voluntad. Si debo recibir el cáliz, lo recibo. Voy a la cirugía y si me corresponde luchar con la consciencia de eternidad sobre mis fuerzas físicas, lucharé hasta lo último. Si en algún momento me faltan fuerzas y no puedo luchar más por mi vida, quedo en tus manos. Acepto además cualquier decisión que mi espíritu tome al respecto en cualquier momento de mi vida. Estoy abierta si mi espíritu decide partir (morir). Estoy agradecida y reconciliada con cada ser y cada elemento del universo entero hasta donde conozco".

Con silencio en mi mente y elocuencia en mi corazón, realicé la anterior oración a mi Padre Creador. Ese fue mi pacto. Y tú, quién estás leyendo estas líneas, también te puedes comunicar con tu Creador. No importa la creencia que tengas. Lo importante es que esta fuerza creadora es quien decide sobre nuestro camino universal. Aunque no la escuches, tú puedes establecer un diálogo directamente desde el centro de tu corazón. No desde la mente confusa, no desde el alma sufriente y los sentimientos dolientes. Es desde tu corazón vibrando la paz, la armonía y la claridad. Desde tu corazón universal puedes hablar con tu Creador en un instante.

Ritual frente al mar

Después de hacer el pacto sagrado, bajé a la playa y realicé mi último ritual frente al mar. Ya era casi medianoche, no había nadie; la luna y las estrellas iluminaban el océano. Mantricé (cánticos sagrados), sentí vibrar su energía sobre mi cuerpo como nunca antes. Allí, frente al mar, agradecí al océano por brindarme siempre su energía para clarificar los momentos más grises. Agradecí a cada ser sobre la Tierra que coparticipó en las etapas de mi vida.

Los rayos del Sol estaban allí iluminando el océano mediante la Luna. El Sol por medio de la **noche me entregaba la claridad de mi decisión y la paz de mi alma envuelta en un manto de estrellas.** Regresé a mi cuarto muy alegre y en paz.

Nació la consciencia de eternidad mediante el instante eterno

Concluyendo, te puedo decir que realicé este retiro experimentando letra por letra el mensaje entregado por el Espíritu Santo, a quien estaba comenzando a reconocer realmente dentro de mi ser. Creí, creí y llevé su orientación desde mi propia piel hasta mi corazón, y desde mi cuerpo físico hasta mi cuerpo quántico más sutil.

Realmente la sabiduría del Espíritu Santo me habló de un día, y yo llegué al hotel pensando que iba a necesitar una semana para este laboratorio, pues no tenía idea de cómo comenzar. Pero sólo bastó un día, un solo día.

Encontré que el recorrido de la vida es el mismo recorrido del Sol.

En un día sinteticé mi vida; no tenía mucho que reconciliar hacia afuera, pero sí mucho conmigo misma. Sentí que avancé un paso del camino eterno.

Viví por primera vez tres días conmigo misma hasta lograr en un día descubrir el paso de eternidad: el **instante, más allá del aquí y ahora,** sin tiempo ni espacio, en el momento más difícil de mi vida. Más allá del dolor físico y más allá de la limitación.

Cuando superé el miedo a la muerte y a la vida, confirmé que la muerte y la vida son lo mismo, que lo único que cambia es la consciencia con que se viva la una o la otra.

Nació entonces mi consciencia de eternidad en esta misma Tierra, puesto que para vivir la promesa de la vida eterna no hay necesidad de morir. De acuerdo con la propuesta del mensaje del Espíritu Santo, decidí vivir, y vivir sana para cumplir mi misión y dar testimonio de la realidad esencial que está más allá de la vida y la muerte.

En el año 2006, solo necesitaba un día para descubrir mi eternidad. Vi salir el Sol a la madrugada, vi cómo se ponía el Sol al atardecer. Hice el recorrido de mi vida con el Sol.

El recorrido del Sol es el recorrido de la vida. En un instante de un día se nace, en un instante de un día se muere, no se muere en dos, no se muere en tres instantes. Todo pasa en un instante.

El haber vivido esta secuencia de acontecimientos singulares me permite hoy compartir, que en esta estación de mi vida he encontrado el instante eterno en una gota del mar de lo que llamamos consciencia de eternidad. Es esta solo una gota del mar que he logrado beber, pero en una gota está la esencia del mar.

En aquel encuentro con mi espíritu, pude encontrar un código que está escrito en un minúsculo espacio entre la vida y la muerte, el cual me llevó a compartir este escrito: ***Sólo un día es suficiente y más perfecto aún, si lo haces en un instante.***

Hoy te puedo decir que si tienes algo para sanar en tu alma, o para conciliar, se haga en un día, y más perfecto aún, **en un instante**.

Era primordial expresar los detalles de cada una de las etapas de mi vida para brindar mayor comprensión a la experiencia, pero lo más trascendente es el estado esencial del instante eterno que me ha reportado este proceso.

Era momento entonces de regresar a casa con la definición tomada de acuerdo con la guía recibida del Espíritu Santo. Regresé y entregué a mis padres espirituales mi declaración encontrada en el retiro. Madre Luz me preguntó:

—Hansayana, ¿qué encontraste en tu retiro espiritual?

—Encontré que la eternidad no es vivir físicamente sobre esta Tierra, tampoco partir para vivir en espíritu eternamente. El instante de eternidad es este maravilloso estado que me permite quedarme mil años más sobre esta Tierra, alegre y plácidamente, o partir hoy mismo con igual alegría y paz. En esta orilla o en aquella, no importa dónde, porque el estado de eternidad ya se vibra. La eternidad es este estado en que no hay tantas preguntas hacia el externo, porque he recibido la mayoría de las respuestas en mi interno. La eternidad es total claridad, comprensión a pesar del dolor, porque Dios vibra en mi corazón. Así que mi decisión es que deseo vivir, y vivir sana para cumplir mi misión.

Esa misma respuesta la entregué a quienes después de mi retiro lo preguntaban. La extraordinaria experiencia que vivencié en este laboratorio espiritual de un día no la podría nunca plasmar sobre el papel; pero aquí he tratado de dejar escrita una pequeña impresión que pueda llegar a quien así lo necesite conocer, para enriquecer la expresión de su vida espiritual.

Mi mensaje para ti:
Tu instante de definición
*Pon tu mente en estado de claridad sin confusión, límpiala de
la lamentación y ubícala bajo el manto de la consciencia para
decidir con sapiencia en los momentos difíciles.
Invoca la sabiduría suprema del Espíritu Santo y conecta un
diálogo con tu Creador.
Sitúa tu alma bajo la luz de la consciencia universal para que
el universo se te revele en la toma de decisión.
Define con certeza y acepta en tu corazón tu decisión.*
Vibra el instante de definición.

Después de mi laboratorio de consciencia

Instante dieciséis. Instante de creer para crear

Conociendo mi voluntad creadora

"Vive todo en un día para que en ese día se olvide el tiempo, se olviden el espacio y el lugar, y se le permita al cuerpo y a sus células respirar, reabastecerse y nutrirse, estar en la sintonía perfecta aquí y ahora".

(Fragmento del mensaje de Madre Luz con inspiración del Espíritu Santo, entregado a la Maestra Hansayana como una encomienda universal).

La reinversión del cáncer de hígado después del retiro

Al regresar a la cotidianidad de mi vida después de mi retiro, me sorprendí de los cambios que en mi mente se habían generado respecto a la enfermedad, la vida, la muerte, el dolor, el sufrimiento y demás conceptos que circulaban en función de mi estado de salud.

Yo me preguntaba internamente cómo pudo ser que los sucesos internos vividos por medio de mi calendario de solo un día habían generado cambios que comenzaban a transformar mi vida entera.

Mi respuesta siempre era la misma: creer. Yo creí en la guía y dispuse mi voluntad para hacer cuanto se me orientaba. Creí y de verdad, tal como lo dice el párrafo de arriba del mensaje del Espíritu Santo en mi laboratorio de consciencia, olvidé el espacio, el tiempo y el lugar, y viví tan intensamente un día de consciencia como si hubiera vivido muchos años de experiencia espiritual en esta Tierra.

Algunos vivimos una experiencia de trasformación en un día o en muchos días, meses o años, para llegar a la misma conclusión.

A mi regreso, continué con el programa para mi cirugía. El oncólogo me envió al laboratorio nuevamente para hacerme otro escáner antes de la cirugía. Esta era una más entre una serie de pruebas preoperatorias (un RX de tórax, electrocardiograma y un análisis de sangre).

Dos días después, cuando regresé al médico para conocer los resultados, él me comentó que no podía entender qué había sucedido con el resultado del scanner, porque no señalaba ninguna lesión en mi hígado. Aunque él no estaba sorprendido, sino incrédulo, pensando que era un error de la máquina, me dijo que no importaba, que si las pruebas anteriores señalaban la extensión hacia el hígado, ahora debía ser un error de máquina. El médico me dijo que de todas formas al momento del procedimiento quirúrgico auscultarían mi hígado. Yo lo escuchaba sin sorprenderme, pues sentía que el proceso de mi laboratorio de consciencia marcaría un nuevo ritmo para mi vida, y ya lo estaba comenzando a percibir.

¿Cómo se había creado esta reinversión de la masa que las anteriores pruebas habían mostrado?

El principio de la sanación quántica

En la época de mi proceso de enfermedad, estábamos comenzando a recibir revelaciones del Espíritu Santo sobre la Quántica Esencial®. Por consiguiente, mi conocimiento era poco sobre su aplicación a nivel de sanación. Pero años atrás habíamos conocido "la Voluntad Creadora". Cuando conocí sobre ella, no podía dimensionar que esta era la voluntad que generaba el principio fundamental de la sanación quántica. A medida que experimentaba los efectos de esta voluntad sobre mi salud y mi vida cotidiana, fui comprendiendo lo que actualmente puedo afirmar.

La ***Voluntad Creadora*** del ser humano es el Sí de Voluntad que nos conecta con nuestra consciencia por medio de la energía macrónica (clase de energía que define la composición material del ser humano). No conocía aún sobre la energía esencial que permite acelerar nuestros procesos espirituales. Siempre he mirado a la voluntad no como un pensamiento de querer, sino como una acción interna tan fuerte que moviliza todo mi ser físico y energético.

Entonces te referiré sobre el conocimiento que tenía hasta entonces, y que me permitió participar activamente en mi sanación.

Comencemos por los macrones. Estos son una fuerza de energía que define la composición de la materia del ser humano. Esta composición define la materia y hace la medición corpórea, la cual es el cuerpo etérico nuestro. El cuerpo etérico es nuestro cuerpo sutil (energético) que tiene una cantidad determinada y fija de macrones y están efectuando un trabajo de transición o transmigración del ser humano físico a energético.

El campo corpóreo energético se conjuga con las sustancias químicas que contenemos en nuestro cuerpo humano, y cuando hacemos determinadas prácticas como oración, meditación, reconciliación, yoga, estudio espiritual o vida consciente, despertamos la energía de los campos corpóreos o etéricos.

Cuando estos campos despiertan, hacen fusión con la cantidad de macrones que tienen, y efectúan la acción de enfocar la energía para todos y cada uno de los centros energéticos o chakras que a la vez sostienen-energizan nuestro cuerpo biológico.

Los macrones, en su composición etérica, están continuamente entregando al ser humano la fuerza, la vitalidad y la energía. Pero ellos no se multiplican ni regeneran, la cifra es siempre igual. Consecuentemente, podemos comprender que el Dios Creador, como fuerza cósmica, crea y sustenta la vida del ser humano, **pero es el ser humano quien ayuda a sostener esa vida**. Por tal razón, anotaba anteriormente que cuando nuestra vida eleva su nivel de consciencia por alguna práctica de vida espiritual, se despierta este poder creador o voluntad creadora.

Cuando se ha oído hablar sobre el aura, los cuerpos energéticos, como el cuerpo etérico, el cuerpo periespiritual y otros cuerpos que acompañan al cuerpo físico, todos ellos son energía macrónica, energía corpuscular, energía astrónica y otras todavía más sutiles. La energía macrónica proyecta luces de colores en derredor del campo físico.

¿Te has preguntado de dónde sale la luz de tu aura? Es la luz que tomamos de los astros que coordinan la salida del espíritu de su dimensión antes de llegar a la Tierra, y que lo protegen e irradian en todo momento y lugar dentro del plano donde se encuentre viviendo. Ellos proyectan luces de colores en derredor del campo físico, y es esa cantidad precisa de macrones del cuerpo etérico, que posee el ser humano, la que hace la descomposición de esta luz hacia todos los campos de la energía, dando lugar a los colores y las formas. Aquí podemos evaluar el estado real del espíritu ya asociado a los otros cuerpos: cuerpo mental, emocional, astral, y biológico del ser humano. Podemos mirar estos macrones como una semilla cósmica; y nosotros, de acuerdo a como la administremos, seríamos los sembradores de nueva vida.

Dios es luz, pero la luz es energía, y la energía es parte de la esencia. La energía esencial es energía fotónica y energía lumínica. Esa semilla es la intercomunicación entre el hombre físico y su campo espiritual, o su consciencia de más alta frecuencia energética; y es la verdad de su poder creador.

Hasta este punto es donde quería llegar cuando al inicio expresaba que yo conocía sobre el poder creador o voluntad creadora del ser humano.

Aquí, en los macrones, está el poder al cual el espíritu puede unificarse en su dimensión de luz y hablar a la consciencia. Sin los macrones, el espíritu no tiene comunicación consciente. Este era mi conocimiento anterior. Ahora, en el momento de escribir este libro, conozco la energía esencial fotónica y lumínica, que es más poderosa que la energía macrónica. Pero clarifico que para vibrar la energía esencial, primero hay que despertarla conscientemente. De ello te hablaré al final del libro.

Quienes no tienen este conocimiento, pero saben que como seres humanos estamos constituidos de energía, también están despertando su consciencia espiritual y están apoyando la evolución de ellos mismos y por consiguiente la evolución de la humanidad del planeta.

Volviendo a mi caso, de acuerdo con el metabolismo del organismo, yo conocía que un órgano tan importante para el cuerpo humano como es el hígado cumple una función primordial tan indispensable para la vida, que si se desconecta, se podría desconectar la vida biológica. Era perfectamente consciente de que si mi hígado estaba afectado, ello significaba que el cáncer se estaba extendiendo hacia los otros órganos, y era más difícil sobrevivir. La lógica de la medicina señala la ruta de la metástasis del cáncer de colon así: cáncer de colon, cáncer de hígado, luego cáncer pulmones y... el fin, la muerte material.

Me remonto al momento del primer diagnóstico, aquel día en el consultorio del médico, cuando me decían que yo tenía cáncer de hígado también y que debían operar los dos órganos. Allí yo pensaba que mi débil cuerpo físico no podría sobrevivir una batalla tan fuerte. Por esa razón, nunca en mi retiro permití que mi mente me trajera la información de la metástasis que podría estar gestándose en mi cuerpo. Solo hice la conexión automática con mi voluntad creadora, el poder creador que yo sabía que poseía, por todo lo anteriormente explicado en los párrafos anteriores.

En un instante cualquiera de aquel día que ya narré, en el mismo consultorio médico antes de irme al retiro, cuando el médico iba expresándole a mi esposo cómo sería la cirugía de mi hígado, yo me retiré hacia la ventana del consultorio. No quise escuchar más. Allí yo descreé esa acción, antiespectré esa onda larga de la información que estaba escuchando y que conocía cuánto me podía afectar si permitía entrar la información a mi mente y a mis células. Lo único que recuerdo es que hice una introspección y me acogí a esa voluntad de creación que vibra en mi interior desde que conocí que nosotros somos seres creadores, que somos constructores cósmicos. Fue tan poderosa la acción, que nunca regresé atrás a ese pensamiento. Di por hecha la reinversión en ese mismo momento. Podría decir que realicé una fórmula preventiva para no dejar filtrar la información que me haría daño. Aclaro que no lo hice muy conscientemente, solo me alejé de la información y no me enfoqué en ella todo el tiempo, como sí lo hice con cáncer de colon.

Respecto a este punto, me podrías preguntar por qué no hice lo mismo con mi colon. Después del resultado del scanner, yo también me lo pregunté muchas veces. Tenía una dudosa respuesta, pero a medida que estudiaba la Quántica esencial®, un día encontré esta respuesta: desde el mismo instante del diagnóstico de cáncer de colon, yo creí y acepté la enfermedad.

Una muy sencilla respuesta para no haberla encontrado rápidamente. Pero es que existen muchos factores que determinan una sanación o una complicación de la enfermedad.

Voy a tratar de explicar aquí algunos. Uno de los factores es la ley universal que no permite la sanación hasta que el ser haya comprendido y trasformado lo que necesita transformar, ya que la sanación actúa simultáneamente con la consciencia que necesita despertar, para la cual obtuvo la enfermedad.

Otra razón que determina la sanación es que el espíritu ya haya alcanzado a vibrar la dimensión a la que necesitaba acceder por medio de descifrar el código de determinado sufrimiento. En mi caso tú no estarías leyendo este escrito si yo no hubiera pasado por esa experiencia que me condujo a descifrar códigos para despertar mi consciencia de eternidad.

Otro factor es alcanzar un alto grado de poder de creación. La acción de la voluntad creadora alcanza una altísima frecuencia energética que rompe todas las ondas largas de la información del pensamiento lineal que cada ser maneja, determinando su enfermedad, su vida o su muerte.

El pensamiento lineal es el que se evalúa, determina y concluye de acuerdo con las condiciones o las leyes del mundo físico o las leyes de la física. El pensamiento lineal en mi caso particular era:

Cáncer de colon = igual a posible vida.

Cáncer de hígado = igual a segura muerte.

Cuando recibí el diagnóstico del colon, creí que tenía cáncer y me registré a él.

Cuando recibí el diagnóstico del hígado como defensa de la mente ante la posibilidad de no resistir esta doble cirugía, no creí. La no creencia y no haber enfocado el pensamiento ni el miedo originó un proceso por medio de mi voluntad creadora. Contrasustanció la información, y la masa diagnosticada fue desapareciendo en todo el proceso siguiente de mi retiro de consciencia. (La sustancia, en este caso, es la información celular que degenera la célula).

Pero este no es solo mi caso, es un caso cotidiano de sanación en muchos pacientes, quienes no saben cómo explicar ese suceso. Y muchos médicos atribuyen la sanación a un error de las máquinas, o familiares de los pacientes lo atribuyen a un mal diagnóstico.

¿Qué es lo que ha sucedido realmente? Es la creación por la voluntad creadora de nuestro espíritu, y no por la inteligencia, ni la razón. El conocimiento creador interior ha hecho el milagro a los ojos humanos. Una realidad de instante eterno en que no cabe la enfermedad y la palabra "imposible" desaparece y es reemplazada por la palabra "<u>creer</u>".

Tu instante de creación por medio del verbo creador de Cristo

Comparto con el lector un logos (tratado) del sabio Salomón sobre un apartado de la vida de Cristo que clarifica sobre el Verbo creador.

> En el principio el verbo creador en Cristo enunciaba palabras de vida, de amor, de luz, de sanación, de fuerza, de fe.
>
> Cuando Cristo hablaba a la multitud, lo hacía en parábolas que el verbo hacía vida en Él. Infinidad de parábolas escritas y no escritas. Lo importante de la vida de Cristo no se ha tomado como enseñanza. Se ha colocado a un hombre especial para que ocupe el cargo de Enviado, Mensajero del Reino de los Cielos. Pero Cristo realmente estaba haciendo el verbo creador de acuerdo a como la necesidad se presentase. De acuerdo a como los hechos se desenvolvían y de acuerdo a cómo en su consciencia veía el punto de despertar sobre otras consciencias.
>
> Cuando Cristo preguntó:

—¿Quién me ha tocado?

Pero, Maestro, tantos son los que están en derredor, todos te tocan.

Cuando volteó hacia la mujer, ella le dijo:

—Perdóname, yo te he tocado.

Y Cristo le respondió:

—Porque has creído, has sanado.

Ella se arrodilló a sus pies, lloró con su mente y se alegró con su espíritu.

El verbo creador le había dicho a Cristo que tomara la esencia de una energía de creación que llegaba hasta Él y la devolviera en creación contra-sustanciadora, eliminando un mal y acercando la salud. Por esa razón se disolvían los tumores, aliviaban las personas, andaban los paralíticos.

Madre Luz con inspiración de Salomón (extraído de la Biblioteca Universal).

Para concluir, por medio de este fragmento del logos del Maestro Salomón, en el caso de la mujer que tocó a Cristo, podemos clarificar que el poder creador de Cristo identificó la energía de creación que llegaba desde la mujer hasta él. Por esa razón la pudo identificar entre tantos que lo tocaban. Ella creyó, ella anticipó su sanación con su poder creador, y Cristo hizo la parte que le correspondía como Dios.

Por medio de esta revelación de Salomón respecto a este pasaje de la Biblia tan conocido, podemos comprender mejor lo arriba expuesto sobre la energía macrónica. Que no se necesita en la Voluntad creadora del Padre Eterno regenerar la constitución humana si no hay una fuerza superior dentro del mismo ser humano que despierte su regeneración.

Respecto a la Voluntad creadora, en mi caso, el Espíritu Santo me decía en su párrafo "que en ese día se olvide el tiempo, se olvide el espacio y el lugar y se le permita al cuerpo y sus células respirar. Reabastecerse y nutrirse, estar en la sintonía perfecta aquí y ahora".

Por sobre el tiempo y el espacio, creí y se creó la sanación. Fue la creación desde mi ser humano con el poder de mi consciencia de Voluntad creadora, que ni siquiera la tenía que pensar porque este creer ya estaba inscrito en mis células.

No es fácil expresarlo. Parece una singularidad, pero es la nueva fase de regeneración que por medio de la **Quántica Esencial**® se abre para la humanidad. En algunos años más adelante, el poder creador y regenerador del ser humano dejará de ser un fenómeno para ser parte natural de la vida, tan igual como se regenera la naturaleza sin la intervención del mismo hombre. (Más adelante hablaremos de la regeneración).

Mi mensaje para ti:
Tu instante de creer para crear
Empodérate de la fuerza del Espíritu Santo que vibra en cada partícula de tu ser.
Exprésale a tu mente que crees en el poder de la consciencia universal que dirige el entramado de la vida en todo el universo. Cree desde tu alma, cree desde tu corazón, cree en la fuerza regeneradora de tus células, cree en la renovación de la vida del espíritu en tu eternidad, cree que la eternidad de tu Creador vibra en cada célula, átomo, corpúsculo de tu ser material y energético.
Cree y crea tu nueva vida.
Vibra el instante de creer para crear.

Instante diecisiete. Instante de rendición

Rindiéndome ante las seguridades externas

"... si querías vivir, cómo querías vivir realmente, desplazándolo todo, rindiéndote, ante todo, pudiendo sentir la realidad esencial que es la que te acompaña en este día".
(Fragmento del mensaje de Madre Luz con inspiración del Espíritu Santo, entregado a la Maestra Hansayana como una encomienda universal).

La Maestra Yanima en la antesala de mi cirugía
Estuve en el hospital a las cinco de la mañana para la preparación de la cirugía que estaba programada para tres horas después, a las ocho. Mientras las enfermeras me preparaban, toda mi familia estaba en la sala de espera. Luego llegó el momento de firmar los documentos de rigor sobre los riesgos que se corren ante esta clase de intervención. Para firmar me asesoré de mi amada sobrina, la maestra Yanima, la hija mayor de la Madre Luz. Pero me encontré con un documento sobre la utilización de la sangre donada (yo había donado sangre, y el Padre César también lo había hecho, yo estaba tranquila en cuanto a ello porque tenía dos preciadas bolsas de sangre).

Pero el documento decía que si para salvar mi vida ellos necesitaran utilizar más sangre, utilizaría la sangre que se precisaba, así fuera de otro tipo.

Mi sobrina Yanima le dijo a la enfermera que nosotros habíamos donado sangre, y la enfermera dijo que esa sangre no se tendría en cuenta, que se utilizaría la que hubiera disponible de mi tipo de sangre, claro estaba, pero que se advertía que en un momento de emergencia donde no hubiera de mi tipo de sangre, ellos utilizarían la que hubiera disponible. Yanima le dijo que yo no estaba dispuesta a firmar. La enfermera dijo que no podía hacer nada al respecto.

Continuamos leyendo y encontramos que también decía que a pesar de mi alergia, si era necesario utilizar penicilinas o antibióticos, lo harían. Le expresamos a la enfermera que no podíamos firmar porque yo había presentado fuertes alergias, que habían comprometido mi corazón en varias oportunidades.

Mi instante de rendición a las seguridades externas

La enfermera respondió que yo no estaba en condiciones de no firmar, porque después de que entrara al quirófano, la ciencia médica estaba para salvar vidas a costa de lo que fuera. Si yo no firmaba, no podría entrar al quirófano. Recuerdo que la enfermera era de origen indio y casi se arrodillaba, unía sus manos ante nosotras y me suplicaba que firmara puesto que por mi estado crítico no estaba en condiciones de dudar. Crucé mi mirada con la de Yanima. ¿Qué hacer? Era la pregunta de mi mente. ¿Devolverme a casa?

No. Si había quedado algo para rendir, era este el momento. Era el momento de quitar todas las seguridades externas que había preparado, mi propia sangre donada y la sangre que había donado mi padre espiritual, preciado líquido que llevaba su altísima consciencia. Eran estos los preciados tesoros con los que iba asegurada, como los únicos elementos que yo podía aportar en ese procedimiento. Todo parecía que aunque era mi cuota más alta de participación, ahora debía renunciar a ella. Yo conocía que la sabiduría de la rendición es que hay solo un **instante** para aceptar el gobierno total del espíritu. En ese instante se equilibran los órdenes mentales inherentes a la materia o la mente o estados psíquicos que se presentan confundidos en determinada circunstancia de la vida donde percibimos que hay que decidir, o dar un gran paso, pero no podemos discernir qué hacer. Solo el espíritu lo sabe. Entonces si lo permitimos, ese es el momento de rendirse, y el espíritu entra con su regencia al escenario de nuestra vida con la información clara de la sabiduría universal.

En aquel instante, Yanima me brindaba apoyo con sus palabras; y en sus grandes ojos azules reencontré la respuesta. Entré en su sabia mirada y comprendí que había que rendirse, firmé el documento y le expresé: "Yanima, ahora sí quedo en las manos de Dios". Nunca olvidaré cómo los azules ojos de la maestra Yanima, la sucesión de mi madre Luz, despedían luz angelical de apoyo y la claridad que yo tanto necesitaba en ese momento. Yanima me abrazó, y en ese sublime abrazo de corazón a corazón, sentí la paz de la rendición.

- Ella salió, luego entraron mis padres espirituales, me bendijeron, y me despedí de ellos. Yo les di las gracias por todo lo que habían representado hasta ese trascendental momento de mi vida. Los miré como si fuera la última vez, pues no sabía qué sucedería allí adentro. Tenía un pacto sagrado de luchar por mi vida, pero solo Dios dispondría de mi vida, y si me salvaba, Él me diría qué hacer con mi existencia.
- A cada ser sobre la Tierra le llega el momento de rendirse, y cuanto **más pronto se llegue, más cerca se vibrará el verdadero estado del espíritu tomando el dominio del alma humana para realizar su misión real.** Desafortunadamente es común dejar que este momento

llegue cuando el peso del tiempo está cayendo sobre nuestros hombros y el fin de la vida terrena está pisando nuestros talones.

- Para concluir sobre la rendición, comparto con el lector algunos fragmentos extraídos de la Nueva Biblioteca Universal, sobre el momento de rendición de Buda en el momento de su iluminación y de mis padres espirituales en la India.

Instantes universales de rendición

Rendición de Buda

El siguiente párrafo es tomado del mensaje recibido del Maestro Buda por medio de Madre Luz en el viaje de ella y el Padre César a la India.

> Aquella noche Buda se rindió. Para lo más profundo hay que saltar hacia adentro. Luego vino la búsqueda profunda que le impulsaba su espíritu, hasta que se entregó allí debajo de un árbol. Muy quieto en su mente, se rindió de la lucha externa por encontrar el camino de la eternidad.
>
> Allí recibió la infusión del Espíritu Santo. Quedó en el éxtasis divino. Había renunciado, se había entregado. Pero en ese momento no sabía qué hacer, quedarse con su luz, no moverse más, vibrar solo el infinito del amor eterno, compartir con otros; entonces expresó:
>
> —¿Qué debo hacer?
>
> Y la eternidad le respondió en el Espíritu Santo lo que debía hacer:
>
> —Predicar, dar, entregar.
>
> Le expresó hacia dónde, cómo y por qué.

(Madre Luz con inspiración de Buda. Tomado de la Nueva Biblioteca Universal).

La rendición de mis padres espirituales en la India

Cuando los padres espirituales viajaron a la India, la Madre Luz recibió la inspiración del Maestro Buda, y él guio la rendición de ellos ante Dios así:

"Me entrego como estoy en este momento, como soy en este momento, como me siento en este momento, si se me recibe o debo esperar a tener otra condición mejor, entonces la respuesta dirá: "Esta es la condición" (no se expresa aquí), "Esto es lo que debes hacer" (no se expresa aquí), "Y el camino de la eternidad para ti es este" (no se expresa aquí).

Luego el maestro Buda les expresó: "Este es vuestro trabajo de este día, para que al amanecer, al salir el sol, podáis entregar lo que vosotros sois.

Habéis hecho vuestra entrega ya desde hace tiempo atrás, pero la de hoy es trascendental. Es una entrega mucho más importante porque habéis caminado, habéis llegado hasta aquí al camino de la renuncia al descubrimiento de la verdad, al proceso en el inicio. Entonces rendirse y entregarse para escuchar la voz de la eternidad y hacer luz ese camino es para vosotros hoy la iluminación. Que así sea.

BUDA (Madre Luz con inspiración del Maestro Buda. Extractado de la Biblioteca Universal).

Nuestros padres espirituales en un amanecer en Bodhgaya india se rindieron en lo que conocieron que debían renunciar. Y la respuesta del Padre Dios fue:

A vuestros espíritus hoy los recojo con el amor de lo que se rinde en vosotros, lo que se entrega en vosotros, lo que se expresa de vuestro ser material y os lego para el nuevo ego, el ego real, el verdadero: la luz de mi sabiduría, mi amor, mi armonía y mi paz.

Que vuestra obra, mi obra, se extienda con su raíz, y que podáis verla con vuestros ojos físicos y podáis regresar nuevamente a vuestra morada, en mi morada eterna en la fusión de la Eternidad.

(Madre Luz con inspiración del Padre Dios. De la Biblioteca Universal).

Para que estos padres espirituales llegaran a este momento de rendición y fueran guiados por el espíritu de un maestro como Buda y lograran recibir de Dios la respuesta a sus renuncias, tuvieron que franquear un insondable camino que los llevó a despertar su consciencia de eternidad allí en la India.

Encuentro con mi padre espiritual

Lista para ir a cirugía después de haber firmado aquel documento de rendición, llegó al lado de mi camilla el Padre César. Hasta este momento ya tú has tenido la oportunidad de conocer un poco sobre el profundo camino de Madre Luz. Pero te debes preguntar por qué era tan importante para mí la bendición de un padre espiritual. Debo entonces dejar aquí plasmada una semblanza sobre el camino del Padre César y mi encuentro universal con él, quien también me amparaba en ese momento.

La ruta que en el año 1989 me llevaría a conocer a César Eslava, quien hoy es el Padre César, estaba diseñada para un encuentro universal. Los designios de Dios son tan insondables como impredecibles. Cuánto había trasegado ese hombre que estaba allí parado al lado de mi camilla bendiciéndome antes de que me fuera al quirófano.

Al Padre César lo conocí dando el mayor salto quántico hacia la vida espiritual que yo haya podido presenciar en mi vida. El salto quántico de hombre ateo, propietario y gerente de su afamada empresa de tecnología, para convertirse en un maestro espiritual. Este salto asombró a sus mismos amigos y empresarios contemporáneos en la ciudad de Cali, Colombia, acostumbrados a verlo como el hombre de empresa, maravillosamente eficaz y exitoso.

La sociedad empresarial de la ciudad conocía su prestigio, pero desconocía que él cargaba en su alma con un gran enigma sobre la existencia de Dios. Hasta que el toque de Cristo en su corazón lo llevó a experimentar una serie de sucesos que lo condujeron a un profundo encuentro con su ser interno.

Con la nueva consciencia, fundamentó su empresa bajo principios filosóficos de la teoría Z empresarial japonesa. La teoría Z es participativa y se basa en las relaciones humanas, pretende entender al trabajador como un ser integral que no puede separar su vida laboral de su vida personal, aplicada en orden de obtener un mayor rendimiento del recurso humano y así conseguir mayor productividad empresarial. Se trata de crear una nueva filosofía empresarial humanista en la cual la compañía se encuentre comprometida con su gente.

Sobre la base de esta filosofía, él se relacionaba con sus 54 empleados con el amor de un padre hacia sus hijos, conformando un equipo de trabajo de enfoque singular para el empresarismo de ese momento y en una sociedad no acostumbrada al nuevo concepto emprendedor que él lideraba. Fue entonces conocido empresarialmente en la ciudad de Cali como César Eslava, el Empresario del Amor.

Invitada por un amigo mío, quien era su jefe administrativo, llegué a conocerlo y luego fui parte de sus empleados. Trabajando para él, pude ser testigo del singular laboratorio empresarial que se estaba gestando en su empresa. Fue este hecho el que tocó mi espíritu para que yo aceptara trabajar en una empresa que aparentemente no tenía relación alguna con mi profesión, que era la de analista química industrial. Enseguida fui participante activa de su innovador proyecto, porque su percepción lo llevó a identificar que yo podría ayudarlo con la iniciativa de su empresa integral. Además de su departamento de Ventas de equipos de oficina y de brindarle servicio técnico al cliente, ofrecía un servicio especial a sus empleados. Su empresa brindaba programas educativos y de desarrollo interpersonal, que entregaban asesoría espiritual a los empleados para la resolución de conflictos, no solo a nivel laboral, sino también a nivel personal y de familia. De esta manera me convertí en la trabajadora espiritual de su empresa. Un nuevo concepto de trabajo social enfocado al crecimiento espiritual de los empleados.

Su alma altruista y su impetuoso espíritu lo llevaron al vértice del despertar de su misión dentro de su empresa de tecnología y servicio al cliente. Además de encontrar el papel de la tecnología dentro de la vida integral (quiero decir, física, mental y espiritual del ser humano). Convirtió entonces su empresa en un laboratorio piloto de tan trascendente misión.

Pude ver que él era un ser absolutamente amado por sus empleados, quienes lo admiraban y respetaban como a un padre. Pero sus empleados no correspondían realmente con el verdadero objetivo de su liderazgo. Como parte de esta filosofía, el Padre César concientizaba a sus empleados sobre el impacto de la tecnología y la ciencia. Hacía énfasis en la manera en que nosotros percibimos el mundo y sobre todo en cómo con los adelantos de la ciencia y el uso de la tecnología podríamos transformarlo positiva o negativamente. Era la tecnología un elemento de construcción que de acuerdo con el uso se podría convertir en una poderosa arma de destrucción del ser humano. Nunca estaba en desacuerdo con la tecnología, solo en contra de su mal uso.

Yo podía percibir cuán adelantado en el tiempo estaba el pensamiento de mi jefe en esa época. Podía comprender que él hablaba de la gran brecha entre la ciencia y la espiritualidad. Lo nuevo que yo admiraba en él era que aunque como hombre cientificista veía la brecha, también veía la complementariedad entre estos dos mundos tan aparentemente antagónicos. Este era un nuevo modelo para el mundo. Pero ni el mundo empresarial ni laboral lo comprendía. En aquella época, este concepto era intrascendente. Solo hoy, tres décadas después, podemos ver cómo la tecnología no está al servicio del hombre, y el hombre está siendo desplazado y amenazado por la tecnología.

Te invito a dar un vistazo para reflexionar sobre este mundo virtual que ha venido desplazando nuestro mundo real. El mundo que está al alcance nuestro, que podemos ver, tocar, oler y apreciar en su belleza; donde nos desarrollamos, vivimos, trabajamos, amamos, nos divertimos y compartimos como seres humanos reales. Un mundo vibrante con una naturaleza maravillosa que impacta la mente, alegra el corazón, y refresca y sana el alma.

Pero este mismo ser humano, el soberano del reino humano, se cansó de su mundo real y ahora creó otro mundo que está al alcance de un teclado. Con solo hacer clic en su computadora, o en su tablet, entra en una dimensión virtual tan absorbente, que como por arte de magia hace desaparece su mundo real. Este nuevo mundo es más cómodo, más accesible para conocer y compartir. Este mundo virtual lo rodea de amigos sin rostro, de juegos cada vez más atractivos y peligrosos. El mundo de la máquina, un mundo sin alma y sin corazón, cuya estrategia es vencer. Una máquina que cada vez se hace más poderosa, hasta retar no solo las habilidades, la destreza y la inteligencia humana, sino la propia cordura mental que va perdiendo la frontera entre el mundo real y el virtual. El mundo virtual aleja al cuerpo físico de sentir el placer y la energía real que le brinda la naturaleza, y al contrario, le roba la electromagnética al cuerpo humano; ofrece una naturaleza atractiva, pero muerta, donde a través de la pantalla, se puede viajar sin descanso, sin día, sin noche.

Un mundo alejado de iluminación real de las estrellas y del afecto del corazón del ser humano, de sus amigos y de su familia, quienes quizás a su lado esperan que ese ser amado se desconecte de ese mundo de mentira para que vuelva a sentir el amor del corazón humano que sabe escuchar, amar y comprender.

Y el peligro más latente es que con la tecnología actual, en tiempo de amenaza de guerra, un solo ser desconectado de su realidad espiritual podría digitar una tecla de un ordenador, y medio mundo podría quedar destruido.

Hoy estamos experimentando el mundo virtual anunciado décadas atrás por César Eslava. Es este el mundo donde nuestros jóvenes y la mayoría de la personas pasan la mayor parte del tiempo de su vida. Ello está destruyendo poco a poco la sana comunicación interpersonal que nutre las relaciones familiares y sociales. Esto lo podemos entender hoy, pero décadas atrás, el Empresario del Amor era solo una voz inaudible en el lineal y desértico pensamiento empresarial.

Allí, en su empresa, veíamos que el progreso tecnológico avanzado no estaba entregando respuestas, ni ayudando a la humanidad a enfrentar los desafíos que demandaba la época. Con la tecnología, la gente no era más feliz, amorosa y sabia. De igual manera se evidenciaba en aquella empresa de César Eslava.

Por medio de este proceso de laboratorio empresarial, años después quien hoy es el Padre César comprobó que existía un gran abismo cultural, un desequilibrio entre el lento desarrollo de la consciencia del espíritu y el vertiginoso avance tecnológico de los seres humanos.

En este punto ya habían pasado tres años de habernos conocido. Habíamos entablado una amistad fraterna, y yo había tenido la oportunidad de platicar abiertamente con él sobre la existencia de nuestra fraternidad espiritual. Compartía con él algunos tratados de conocimiento de nuestros maestros espirituales, ante los cuales la posición de él era de absoluto respeto y reconocimiento a esta sabiduría.

Pasado un tiempo, el Padre César fue llamado directamente por Cristo a pertenecer a nuestra fraternidad hermética. Así se llevó a cabo también su encuentro universal con la Madre Luz, y por medio de ella, Cristox (Cristox cósmico), directamente, le entregó la revelación del significado de la Tegnología®, con "G". Este concepto había sido percibido por César desde un tiempo anterior. Pero allí Cristox le reveló que él se lo había inspirado años atrás. Esta inspiración le llegó en medio del laboratorio que estaba realizando con su empresa.

Cristox también le reveló cuál era su real misión hacia la humanidad. Esta inesperada revelación le devolvió al Padre César el sentido a su existencia. Tomó la bandera de la Tegnología (con "G") como una verdad y una esperanza para abrir una ruta espiritual en el complicado terreno de la ciencia y la tecnología. Lo tomó ya no como un sueño empresarial, sino como una misión hacia toda la humanidad.

Tal como Cristox se lo encomendó, cerró entonces las puertas de su empresa tecnológica comercial y de servicios al mundo externo, pero abrió su mundo interno a la mayor empresa para la cual había nacido en esta existencia: Tegnología®. Emprendió entonces su misión espiritual al lado de Madre Luz.

Tegnología con "G". La "G" que significa gente y un corazón arriba de la letra "G". El corazón humano que le hace falta al mundo tecnológico de hoy. El amor del corazón humano que no se deja desplazar por la tecnología, que sabe navegar por el alma humana, más allá y más profundo que navegar mediante la máquina.

Desde entonces el Padre César se inició en un camino conjunto con madre Luz. Hoy, él recibe el reconocimiento como padre y pionero de la Tegnología®. Tegnología con "G" de gente, con "G" de God, Dios en la tecnología. Significa devolverle el corazón de la gente a la tecnología. Sin estar en contra de la tecnología, sino de su mal uso, cuando debe estar al servicio del hombre. Este concepto muestra la necesidad de frenar el dominio mental (cerebro sin corazón). El dominio del cerebro en ausencia de sensibilidad humana antecede todos los descubrimientos y las nuevas herramientas de la ciencia y la tecnología que llevan a la destrucción. Un puente cultural que desde una nueva perspectiva surge como respuesta al errado planteamiento de la tecnología que robotiza, esclaviza y aleja al hombre de su contexto esencial.

Mediante un profundo camino quántico, el Padre César y la Madre Luz se convirtieron en padres regentes de la Cultura Quántica Esencial®. Cultura que tú puedes ver por medio de la consciencia con que he podido vivir cada instante con armonía, paz y sabiduría.

Dos décadas después, leí libros de grandes maestros iluminados, como su santidad el Dalai Lama, en *El universo en un solo átomo*, en el que expresa cómo **la ciencia y la religión pueden salvar al mundo**. La clave para conseguir la paz.

Desde otra perspectiva, allí pude comprobar cuán adelantado estaba en aquella época el pensamiento de mi padre espiritual en cuanto a la complementariedad entre ciencia y religión.

Mi identificación con la unión entre ciencia y religión como complemento para el encuentro de la verdad es total. Dicho en otras palabras, es esa la premisa de Tegnología® con "G".

Esperemos que como suele ocurrir en esta Tierra, cuando una misión es universal y viene registrada en el ser humano, la constancia del espíritu siempre vence y aunque las mentes de los demás seres humanos no puedan entender el nuevo paradigma en su momento, siempre llegará el instante sincrónico, perfecto para esta comprensión.

Espero ahora sí hacer entender por qué mi misión en esta existencia es comunicar sobre esta nueva cultura espiritual que unifica la ciencia con la espiritualidad, para despertar la vida del espíritu en la materia, aplicable a cualquier esfera de vida, social, familiar, personal.

La incógnita de mi corazón en ese momento de vida y muerte, viendo a la Madre Luz y luego al Padre César allí parados a mis pies bendiciéndome antes de entrar al quirófano, era: ¿saldré con vida para cumplir con esta misión?

Y ahora, años después, escribiendo este texto, encuentro el instante perfecto para comenzar a escribirle al mundo y colocarme como un espejo donde cualquier ser humano pueda ver por medio de mi propia experiencia el proceso espiritual de una nueva cultura espiritual que se ha venido gestando y de la que soy testigo.

Después de haberme rendido totalmente y recibido la bendición de mis padres espirituales allí en mi camilla, una profunda paz retomó todo mi ser. Luego dos enfermeros me llevaron hacia el quirófano y me inyectaron un sedante, todo mi entorno daba vueltas sobre mi cabeza y no supe más de mí.

Mi mensaje para ti:
Tu instante de rendición
Pregúntale a tu mente cuáles son los aspectos de la vida material que más le brindan seguridad.
Pregúntate cuáles son las seguridades de tu alma que te brindan bienestar.
Pregúntate qué parte del cuerpo te brinda seguridad personal o estabilidad social.
Siente en tu corazón cuál es la mayor seguridad del sentimiento, emoción que lo hace feliz.
Toma la verdad de la consciencia espiritual y medita qué pasaría si se derrumbaran cada una de tus seguridades externas.
¿Con qué seguridad quedarías?
Toma el resultado y trabaja un laboratorio de consciencia rindiéndote a cada una de ellas.
Vibra el instante de rendición.

Instante dieciocho. Instante de muerte y resurrección

Aprendiendo a morir para vivir

"Si se aprendiera a vivir y con la misma intensidad se aprendiera a morir, los seres vivirían con el día y abandonarían el día y renunciarían en la noche; así, cuando llegara la muerte vestida de luz o vestida de sueños o ilusiones, podría llevárselos en su carruaje mágico como una experiencia más entre el día y la noche".

(Fragmento del mensaje de Madre Luz con inspiración del Espíritu Santo, entregado a la Maestra Hansayana como una encomienda universal).

Renaciendo en la dimensión del dolor después de la cirugía

Al mediodía el médico salió del quirófano a darle la buena nueva a mi familia. El procedimiento había sido todo un éxito, no necesité transfusión de sangre, no encontraron el tumor del hígado. Pero el tumor del colon era muy grande, y lo más probables era que yo debería recibir quimioterapia. Mi familia estaba alegre porque yo estaba con vida aunque no fue una buena noticia el conocer que necesitaría quimioterapia. Esto no me lo informaron en aquel momento.

Pasé varias horas en la sala de recuperación hasta que fui tomando consciencia nuevamente. Mi cabeza flotaba en un mar de nubes, oía unas voces tan lejanas, que parecía que venían de las estrellas. Casi no podía escuchar, era como un susurro. Me sentía tan mal, que volvía a desconectarme de esta realidad entrando en profundo sueño. Luego otra vez las voces, esta vez oí mi nombre, pero no sabía quién me llamaba, no estaba muy consciente y volvía a desconectarme flotando entre nubes. Cuando regresaba de la anestesia, las voces cada vez se iban haciendo más claras, ahora distinguí la voz de mi esposo y de Leslie, otro ángel guardián, la madre de mi nieto que trabajaba en el hospital y le había pedido al médico que le permitiera estar en el quirófano durante el procedimiento.

Todo se escuchaba como un eco, nada era cercano ni claro, no podía abrir mis ojos, no sentía la dimensión física, flotaba todo el tiempo, no sabía si estaba viva, no sabía si tenía cuerpo o no. A medida que pasaba el tiempo, iba sintiendo el cuerpo. Supe que estaba viva porque comencé a sentir el dolor y la incomodidad. Sentía que me ahogaba; una voz que debía proceder de una enfermera me decía que si la escuchaba, le apretara la mano. Yo no sentía mis manos, tardé en hacer la conexión con mi mano para tratar de señalar que estaba escuchando. Parecía algo sencillo, pero no fue fácil. Nunca olvidé este momento, podía conectarme con mi cuerpo, podía responder, aunque con un leve movimiento. La enfermera procedió a sacar el tubo que conectaba mi respiración hasta el pulmón. Yo no entendía qué estaba pasando, solo sentía que me estaba ahogando. Esos segundos, mientras sacan el tubo que lleva la respiración al pulmón, son segundos de muerte. Sentí morirme en ese momento, morir para vivir, pues ahora quedaba respirando por mí misma.

Debieron pasar muchas horas porque ya era de noche cuando me llevaron al cuarto. Recuerdo más voces conocidas, eran mis padres espirituales, mi esposo, miembros de nuestra comunidad y familia, que me daban ánimo y decían que todo saldría muy bien. Yo no veía a nadie aún, continuaba flotando. Luego, en medio de ecos, escuchaba que se despedían. Me quedé con mi esposo, quien me hablaba constantemente al oído.

Finalmente entré en escena tridimensional, sentí que estaba en la Tierra y estaba viva. Lo que me trajo a este escenario de la vida nuevamente fue el fuerte dolor que comencé a sentir. ¡Qué paradoja!, estaba viva, pero parece que cada vez que nacemos debe ser con dolor. Sentía tanto dolor que no lo puedo describir.

La noche de mi muerte programada

Tengo que escribir aquí que aquella noche sucedió tal como lo había programado en mi laboratorio del hotel antes de decidir vivir. Antes de mi pacto sagrado, mi decisión había sido morir. Nunca desprogramé la muerte programada en mi proceso postoperatorio aquella tarde en el hotel cuando salí por la ventana acompañada de un ángel. Quizás nunca lo desprogramé porque pensé que no había necesidad de reprogramar con el cambio de decisión.

Comenzaré a describir mi escenario postoperatorio. Al hacerlo, no lo hago para mostrar mi escenario, no. Lo muestro en nombre del dolor de todos los enfermos que han pasado o están pasando por este estado. Te invito a entrar a esta fase para que también tú vayas descifrando tus códigos de dolor propio o ajeno que te hayan causado dolor del alma.

Allí, en el hospital, con el dolor físico comencé a sentir todas las incomodidades de mi cuerpo. No podía mover mis brazos porque estaban estirados hacia los lados conectados a sondas con sueros y medicinas.

Tenía una sonda que iba desde mi nariz a algún lado que luego supe que era mi estómago, para sacar los fluidos. Otra con oxígeno. Sobre mi pecho reposaba una caja que monitoreaba mi corazón. Tenía una sonda para evacuar líquidos. Nada de esto podía ver aún, pero sentía la incomodidad.

El más leve movimiento que quería hacer implicaba el dolor más grande que mi cuerpo pudiera resistir. Las voces decían "No muevas las piernas, tienes allí una sonda", "No muevas la cabeza: una sonda baja por tu nariz y otra por tu laringe", "No muevas los brazos, tienes sueros y medicinas". Y por supuesto mi tronco no lo podía mover porque me sentía partida por la mitad, el dolor en mi estómago era muy fuerte. Me sentí crucificada en esta cama de hospital.

Me dejaron un dispositivo en los dedos para que yo lo accionara cada vez que tuviera dolor. Me inyectaban morfina. Yo accionaba el dispositivo para el dolor, y no siempre respondía porque tenía una dosis programada.

No podía quejarme, no tenía fuerzas, me sentía muy débil, tenía mucha sed, hacía dos días que no tomaba líquido por la preparación para la cirugía. Me hidrataban con suero, pero mis labios estaban resecos de sed, mi esposo me mojaba los labios con un algodón, pues no me podía entrar líquido a la boca.

Cuando a causa de esta ayuda entraban algunas gotas de líquido, yo tenía que tragar saliva y la sonda que iba desde mi nariz al estómago se quebraba en mi garganta causándome un agudo dolor. Las enfermeras me volvían a enderezar la sonda, pero yo tenía sed, mucha sed, llevaba mi lengua reseca a los labios y también los sentía resecos. Mi esposo me los humedecía, pero volvía la emergencia de la sonda que se enterraba en mi garganta y me causaba fuertes dolores. Las enfermeras iban y venían tratando de ayudar.

Poco a poco me fui sintiendo muy débil, casi no podía hablar. Mi cabeza y mi cuerpo estaban fijos. Lo único que no me dolía eran mis piernas, pero las sondas no me permitían movimiento.

Escuché que eran las doce de la noche, la presión sanguínea comenzó a descender, no podía respirar, y me conectaron nuevamente al oxígeno.

A medida que transcurría el tiempo, me iba sintiendo peor. Mi voz salía como un silbido, ya no sentía fuerzas, pasaban las horas, y la presión sanguínea descendía cada vez más.

Hacía esfuerzo por hablar, pero ya no podía. No lograba comunicarme con mi esposo, entonces él me puso sobre el pecho una libretica. Alcanzaba a mover los dedos y allí trataba de escribirle. Mi necesidad mayor era de agua, pero no debía beber. Él trataba de ayudarme con el algodón, pero volvía la emergencia. Yo continuaba luchando con todas mis fuerzas por revivirme, pero ya no podía comunicarme más. En un momento sentí que era inútil pedir más agua. Mis fuerzas estaban fallándome.

El termómetro ascendía y ascendía, tenía fiebre, las enfermeras llamaron al médico y luego procedieron a inyectar medicinas. Pero mi organismo reaccionaba negativamente a cada sustancia.

En vista de ello, me propuse a obrar con mi consciencia, pues caí en la cuenta de que no había mucho que hacer, pues las ayudas de emergencia me traían mucho más dolor, que lo que había provocado la emergencia misma. La dosis de morfina no obraba mucho. Luchaba por superar, por no hundirme en ese mar agitado con oleaje de dolor, sed, incomodidad, fiebre, presión baja y reacción alérgica a las medicinas.

Las emergencias continuaban, en consecuencia también las llamadas al médico y los cambios de medicina.

Luego quedé en silencio. Ya no había voz, tampoco más luz, pues la luz de la bombilla que medio alcanzaba a ver se iba difuminando en una oscura nube en mis ojos. Mi presión descendió tanto, que la sangre no llegaba a mi cerebro, mis ojos se nublaron, ahora solo me quedaba escuchar. Me di cuenta de que las emergencias continuaban por la reacción de cada uno de los medicamentos por mis alergias a las medicinas y las voces de las enfermeras que iban y venían llamando al médico para pedir instrucciones.

Recuerdo que ya no me preocupaba, este era el momento que yo había programado porque había sido el más temido por mí, y ahora lo estaba viviendo. Hice señas a mi esposo para que cerrara la puerta del cuarto y decidí no pedir más ayuda.

En mi vida yo me había desmayado muchas veces, por eso sabía que eso que estaba sintiendo no era un desmayo por el cual uno pierde el sentido. Esta sensación era diferente, estaba perdiendo conscientemente sentido por sentido, me estaba enfriando, me estaba muriendo. Lo último que le escribí a mi esposo fue "No te preocupes por mí. Gracias, amor". Él me preguntó si llamaba a mis padres espirituales, y yo le dije que sí. Hizo la llamada, puso el celular a mi oído, y Madre Luz me preguntó si quería que ellos fueran a mí. Con la visión nublada y casi sin poder respirar, saqué un silbido de voz para pedir una oración, solo una oración de fuerza. Me sentía tan mal, que realmente yo sentía que ellos no alcanzarían a encontrarme viva. Comepine dejó el celular en mi oído para que yo oyera la oración de mis padres espirituales, las hijas sucesiones, Yanima, Horus, el maestro Kenyo y mi hermana Hensisar. Yo escuchaba la oración cada vez más lejos, pero me aferré a ella con consciencia de eternidad. Sentí que ya en ese momento hablar de salvación no aplicaba, pues vivir o morir no eran motivo de preocupación.

Se tornó crítico un estado postoperatorio que para cualquier persona podía ser normal, pero para mí constituía un peligro de muerte debido a la serie de anomalías y de alergias que presentaba a los medicamentos que me aplicaban para estabilizarme.

Sabía que debía colocar mi consciencia por encima de mi cuerpo físico, pero las fuerzas me fallaban, ¿qué podía hacer entonces con esos últimos rasgos de vida? Recordé entonces mi pacto sagrado. Mi última fuerza para estar consciente la estaba utilizando para comunicarme conmigo misma, hacer esa introspección y conectarme con mi Padre Creador. Este era mi instante eterno. Había hecho un pacto sagrado. Había invertido hasta mi última fuerza. Ya había pasado la medianoche, y mi esposo y yo nos quedamos en silencio en ese cuarto. ¡Qué paradoja!, mejor acompañada que nadie, pero sola, inmensamente sola. Nadie podía ayudarme. Sentí la impotencia de mi esposo, pero también su gran comprensión y su aceptación de mi decisión. Nos quedamos allí en la habitación, sin pedir más ayuda externa. Puedo decir que esta crucifixión me estaba matando de dolor, no sentía la más mínima fuerza ni para hablar, no podía ver. Todo estaba nublado para mis ojos, ardía en fiebre, y la última fuerza para estar consciente se despidió. **No hay palabras para describir este sagrado momento entre la vida y la muerte. Un sagrado momento entre mi Creador y yo, entre mi ser y mi espíritu. Un instante eterno de indecible paz.**

Me entregué y le expresé a Dios sobre mi pacto: "Padre..., he cumplido, el pacto era luchar hasta la última fuerza, así lo he hecho, ahora quedo en tus manos. Tú decides mi vida o mi muerte, para mí ya es lo mismo, he comprendido la consciencia de eternidad". Le di gracias por haberme permitido vibrar a Cristox y al Espíritu Santo, que me habían conducido a ese instante de eternidad.

Yo seguía enfriándome, mi esposo me cubría con sábanas calientes, pero yo sentía mucho frío, un frío de muerte, no pude ver la silueta de mi esposo quien era la última figura que mis ojos distinguían. Lo último que recuerdo es que el dolor era muy intenso, mi cuerpo temblaba fuertemente, y de pronto, no sentí más mi cuerpo físico. Me sentí flotando entre nubes, y después no hubo más dolor. No supe más de mí.

No vi el carruaje mágico de la muerte, pero sé que vino, que cumplió la cita, porque me llevó a la otra orilla, a confines desconocidos para mi alma, y tangibles en mi nuevo cuerpo.

"Así, cuando llegara la muerte vestida de luz o vestida de sueños o ilusiones, podría llevárselos en su carruaje mágico como una experiencia más entre el día y la noche".

Gracias a la experiencia que aquí te he compartido, hoy puedo enunciar que este maravilloso proceso me enseñó a descubrir fortalezas profundas y un estado sublime de eternidad donde desaparece la muerte, no porque se rechace; mas sí porque ya conociendo qué hay más allá, y rindiéndose a ella, deja de existir como muerte porque viaja al mismo compás de nuestra vida.

El día de mi resurrección sin el dolor del dolor

En el capítulo de "Recordando la encomienda universal", he narrado aquella madrugada después de esta noche, la cual he llamado la "noche de mi muerte".

Al día siguiente muy temprano, sentí que un rayo de Sol tocaba mi cara y desperté. Los primeros rayos se filtraban por la ventana de mi cuarto de hospital, y me sentí viva. Pude abrir un poco los ojos y nubladamente ver a mi esposo y a las enfermeras a mi lado. Pude oír que habían acudido porque yo estaba haciendo algunos sonidos preocupantes.

Esos sonidos se generaban por mi respiración, ya que a medida que yo iba despertando, estaba percibiendo una voz interior que me orientaba para organizar por medio de mi propia respiración el cruce de sondas en mi garganta. Sentí por primera vez en mi vida la dirección divina, que me guiaba para acomodar con mi respiración las sondas que entraban y salían de mi cuerpo, pues la noche anterior había sufrido mucho cuando las sondas se doblaban en mi faringe.

Es ésta una comunicación intransmisible. No hay forma de describir cómo se daba esta guía. Yo solo sentía que sabía cómo no sufrir tanto a pesar de que externamente las conexiones eran las mismas, solo algunas medicinas habían sido suprimidas. Nada había cambiado externamente, pero internamente yo era otro ser.

Vibraba una inconmensurable alegría, porque la voz interior me reconfortaba sin palabras. Era una nueva energía que me llenaba de serenidad. Había dolor físico, pero había desaparecido el dolor del dolor.

Así como lo escribí en el capítulo donde describo este pasaje, sentí que había valido la pena vivir todas las experiencias pasadas, que se pudieran mirar como dolorosas o traumáticas, pero que en ese instante pude percibir con absoluta certeza que todas habían tenido que suceder tal como lo fueron, porque me habían llevado a **sentir por mí misma la más sublime presencia que alguien pueda percibir.**

¡Estaba viva!, y ahora no era tan importante estarlo. Ese punto había perdido prioridad. La alegría era la paz que sentía a pesar del dolor físico. Nunca supe cómo, pero había pasado la primera noche. Nunca supe cómo casi sin medicina pude desaparecer de la escena de tanto dolor e incomodidad hasta el día siguiente. Solo recordaba que en un instante eterno me había sumergido en mi meditación de entrega y rendición total. Sentí que esa noche había muerto. Es una forma de morir no conocida por la mente humana. Pero es una muerte.

Ahora estaba viva, y aunque mi proceso postoperatorio apenas estaba comenzando, ya no sentía el dolor del dolor. Quiero decir, el dolor del alma. Ahora la preocupación, la zozobra, la incertidumbre interna, que acompañan al dolor físico, habían sido cambiadas por una nueva consciencia ante el dolor.

Uno de los síntomas que comenzó a presentar mi cuerpo ante los antibióticos fue la reacción alérgica. Esta había sido una de mis preocupaciones, porque para una cirugía de estas es obvio que se necesitan antibióticos. Pero ya había renunciado, porque no podía prohibir que me aplicaran antibióticos. Quise que el médico se sintiera libre de ensayar en mí el antibiótico que mi organismo aceptara.

Voy a narrar este momento postoperatorio, al cual yo le tenía tanto temor, para dar una idea de lo que sufren los enfermos, después de una cirugía que le ha cruzado con una herida de 15 centímetros cerrada con grapas metálicas el área de su estómago.

Dos días después de la noche que he llamado "de mi muerte", me quitaron varias sondas. El mismo día el médico recomendó a las enfermeras que me pusieran de pie. Este fue otro doloroso momento (quienes han tenido esta clase de cirugía saben de este dolor, por el que parece que el cuerpo se partiera en dos).

No tuve que vivir la soledad que experimentan muchos enfermos en un hospital, porque durante mi recuperación tuve la gracia de amorosas compañías. En las noches estaba mi esposo, y durante el día se turnaban mi hijo Juan, mi sobrina Yanima, y fieles amigas miembros de nuestra comunidad, a quienes les agradeceré eternamente. Son ellas Leylla, Laembiya y Jalavela.

Además, fueron muy importantes para mi recuperación el servicio y el apoyo constante de mi hermana, la maestra Hensisar. Las palabras reconfortantes del maestro Kenyo y la maestra Johanna. Tuve un cielo de estrellas iluminando mi convalecencia.

Al tercer día mi organismo comenzó a presentar síntomas de alergia a los antibióticos, uno de ellos fue piquiña en todo el cuerpo y la quemazón que me dejaba ronchas rojas. Se hizo cambio inmediato de antibiótico. Los nuevos causaban sequedad en mi boca, a tal punto que la lengua quedó tiesa como un palo y los labios sin humedad se pegaban a mis dientes y a mi lengua como si tuviera algún pegante. Nuevamente se cambió la medicina. El nuevo antibiótico me entumecía la boca hasta la garganta y me impedía tragar. Cada cambio implicaba una nueva laceración. Se cambió por otro que me causó taquicardia. Pero finalmente hubo uno que aunque me causaba diarrea, fue mejor recibido por mi selecto organismo.

A pesar de todos esos inconvenientes y dolores, fui pasando mi recuperación llena de paz y de nueva consciencia, que puedo describir como sin dolor del dolor o sea con la despreocupación total acerca de vivir o morir. Descubrí que lo que realmente ensombrece un proceso de enfermedad es la incertidumbre entre la vida y la muerte y el temor al sufrimiento, tal como el Espíritu Santo lo enunciaba en su mensaje. Cuando nos liberamos de él, podemos vivir los procesos con paz, sin el dolor del alma.

En cuanto al dolor físico, me estaban inyectando morfina, pero mi cuerpo comenzó a reaccionar mal, la tuvieron que suspender al segundo día, y quedé sin esa ayuda. Ahora, cuando sintiera dolor, debía pedir medicamento, y como siempre he querido no depender de medicamentos, comencé a aguantar un poco de dolor para no tomar tanta medicina, tratando de cuidar mi hígado.

El ultimo antibiótico comenzó también a restarme la respiración, mi corazón comenzó a ponerse lento. Así, en medio de dolores físicos y de síntomas, se suspendió el último antibiótico. Ahora quedaba en manos de mis defensas. Mi propio sistema inmunológico debería responder bien. Pero este ciclo era diferente, yo continuaba luchando con amor. Había aprendido a morir para vivir sin angustia, con mucha paz, porque tenía la certeza de que iba a cumplir mi compromiso universal. Por ello, a pesar de todo, estaba allí viviendo todavía y con alegría luchaba por la vida, por la verdadera vida.

"Si se aprendiera a vivir y con la misma intensidad se aprendiera a morir, los seres vivirían con el día y abandonarían el día y renunciarían en la noche". Esta fue la premisa con la que continué mi vida de allí en adelante, entregándome y rindiéndome cada noche y resucitando cada día.

Una semana después fui dada de alta y regresé a casa.

Mi mensaje para ti:
Tu instante de muerte y resurrección
Sitúa tu espíritu ante la luz de eternidad del Espíritu Santo.
Transforma tu pensamiento lineal de espacio-tiempo que cree que la muerte es el fin de todo,
y enfoca la muerte como una renovación y una resurrección de la vida.
Coloca tu consciencia por encima del dolor físico o dolor del alma y resucita la alegría en tu corazón.
Formula una nueva vida, resucita en tu cuerpo, en tu mente, en tus células, en tu sangre.
Muere a la vieja vida y resucita a la nueva vida dentro de esta vida terrena.
Vibra tu instante de muerte y resurrección.

Instante diecinueve. Instante de transfiguración

Transfigurando mi existencia

"Toma una nueva vida en el espíritu con tu propio cuerpo. Adelanta todos los pasos por dar, por seguir, como si solo existierais un día. Multiplica las células fuertes de la sangre, del corazón del cuerpo, multiplica la fuerza celular en el cerebro.

La consciencia es como múltiples opciones, en que tienes una película de vida que no te gusta y la cambias por la que te agrade realmente, con la cual te sientes bien y la proyectas con tal fuerza, que la primera película necesariamente tiene que desaparecer, deja de existir".

(Fragmento del mensaje de Madre Luz con inspiración del Espíritu Santo, entregado a la Maestra Hansayana como una encomienda universal).

Aquí, en diferente orden, retomo estos dos párrafos del Espíritu Santo que analicé también en el capítulo de "Instante de salto quántico", porque ahora puedo confirmar lo que allá era solo un planteamiento posible. En este momento puedo confirmar que de verdad tomé una nueva vida con mi propio cuerpo y adelanté los pasos en mi consciencia dando un salto quántico que tocó mi cuerpo físico. En el presente puedo hablar de mi transfiguración.

Rompiendo la frontera del dolor

Dos semanas después de la cirugía, fui al médico a la revisión de mi sutura y a recibir los resultados de la biopsia de los tejidos y de los ganglios extraídos.

Allí me encontré con la noticia de que la biopsia de los demás tejidos enviados al laboratorio había salido negativa. Me enviaron a lo de un médico especialista que haría el seguimiento a mi proceso de salud. Allí se iba a determinar si yo recibiría algún tipo de tratamiento.

Asistí al consultorio del nuevo médico, y me explicó en qué había consistido la cirugía. Me habían extraído mi colon ascendente, lo habían unido con el transversal, me habían extraído el apéndice, y realizado una extracción de 23 nodos linfáticos.

El tumor era de tamaño de un puño cerrado, su dimensión era de 6.5 cm por 4.5 por 2.6 cm. De acuerdo con su apreciación, era un tumor demasiado grande para no haber hecho metástasis.

Agregó que yo debí haber estado varios años con este tumor creciendo dentro de mí y que por lo general estos tumores comprometen otros órganos como el hígado y el pulmón.

Recuerdo que me dijo que entre cien casos podía haber uno como el mío, que era el primer caso que él conocía. "No necesitas quimioterapia, ni tratamiento alguno, estás limpia", fueron sus palabras textuales.

Mi renacimiento a la vida quántica

Yo escuchaba exactamente lo que esperaba escuchar, recuerdo que ese día estaba acompañada de mi hermana Hensisar, y ella, quien siempre me dio ánimo y estuvo muy confiada en mi sanación, no cesaba de manifestar su gran alegría. En contraste, yo no sentía sorpresa, pues mi decisión o mi pacto divino había sido el de continuar viviendo. Si estaba viva, ello quería decir que se estaría cumpliendo la premisa de la encomienda: "*Toma una nueva vida en el espíritu con tu propio cuerpo*".

Ha sido muy importante para mí transmitir mis debilidades y mis fortalezas en el proceso anterior. Realmente se hizo verdad en mí aquella canción del grano de trigo: "Entre tus manos está mi vida, Señor, entre tus manos confío mi existir. Si el grano de trigo no muere, si no muere, solo quedará. Pero si muere, en abundancia dará un fruto eterno, que no morirá".

Siempre creí que esta canción no se refería a la muerte física, pero era una creencia solamente. Ahora, con mi experiencia de muerte sin morir, finalmente comprendí el verdadero significado de la muerte del grano de trigo. Se trata de la vida eterna aquí mismo, en la Tierra.

En la mayoría de las religiones se habla de una vida eterna, pero esta esperanza de vida se ha relegado a la vida en espíritu en el paraíso o reino prometido, sea cual fuere la concepción de este reino, pero fuera de esta Tierra. Por consiguiente, ese concepto no contempla la vida física después de la muerte. Este proceso de sanación después de la cirugía me llevó a una experiencia de nueva vida física, metafísica, mental y espiritual, como si hubiera muerto y vuelto a nacer. Por tal razón no quiero referirme al fenómeno conocido como muerte física, quiero aquí transmitir otra muerte que concluye y conduce a una nueva vida intrínseca en esta misma vida terrena.

Mi proceso de transfiguración cambió mi fisicoquímica

Realmente siento que después de haber pasado con consciencia aquella profunda experiencia por medio de un puente de dolor, todo mi organismo se revolucionó de tal forma, que mi eje se tuvo que haber movido, porque rediseñó todo mi ser.

Cuando regresé a mi vida normal después de la cirugía, yo era otra persona. Fue como haber renacido sin haber muerto. Este proceso de muerte sin morir fue tan profundo, que cuando regresé aprecié la vida de forma diferente a la conocida. Es como si hubiera pasado por un puente que se dirigió hacia el interior de mí misma como un viaje interno. Y llegué a un lugar recóndito e inexplorado para encontrarme con un ser totalmente desconocido. Desde allí, desde esa dimensión, se observa una vida totalmente vibrante dentro de esta misma vida, como si todo el entorno se notara por primera vez.

Después de este proceso, tenía al frente de mí un panorama desconocido. Yo misma era una forastera, no encontré a la Hansayana conocida. Me miraba en el espejo y no encontraba la misma mirada, no podría describir qué mirada encontré, pero ya no era la conocida. Mi forma física había cambiado. Pero el verdadero cambio no era mi forma física sino mi apreciación ante este cambio. Que mi físico hubiera cambiado era intrascendente, pero que mi fisicoquímica hubiera sufrido un drástico cambio fue totalmente sorprendente para mí. Me di cuenta de ello porque mis sentidos censaban de manera diferente el mismo mundo que antes consideraba de otra forma. Censaba un nuevo sabor de los alimentos, cambiaron los gustos por las cosas. Alimentos que acostumbraba a tomar toda mi vida ya no llamaban mi atención. Solo bastó un cambio de consciencia para que todo mi cuerpo, incluyendo su química, respondiera generando nuevos patrones de comportamiento.

Después de haber vivido varios años en la misma casa, comencé a ver un panorama nuevo desde la ventana de mi cuarto. El lago, la hierba, el platanal, los patos, las garzas, los pajaritos. Todo lo veía como por primera vez. No es que la memoria se hubiera perdido, es que ahora censaba este mismo mundo en su verdadera vibración energética. Todo lo que miraba cobraba un nuevo sentido de existencia. Lo nuevo no era lo que veía, sino cómo lo estaba viendo.

En esos días, al ver el estreno de un video que sobre mi testimonio de sanación quántica realizó mi amiga Silvia Mejía (Laembiya es su nombre espiritual), me enteré que mi esposo y las personas cercanas a mí atestiguaban que después de la cirugía yo era otro ser muy diferente, que en mis ojos se percibía mi renacimiento. Allí mayormente pude darme cuenta de que mi cambio era también perceptible para los demás.

En conclusión, pude comprobar que la vida real está dentro de nosotros mismos. Esa realidad de afuera no es válida más que para uno mismo, pues no existe el afuera independiente de quien observa. Cada uno porta unos lentes de consciencia, de química y de alquimia que nos figura un mundo aparentemente real.

La decodificación del dolor. Aunque tener una alta valoración para todos los seres humanos ha sido para mí regla general de vida, ahora renacía otra valoración insondable. Comencé a apreciar y valorar desde otra óptica cada objeto, a cada persona. Igualmente sucedía con cada aspecto de la vida. Cada paso que yo iba dando en mi recuperación era como un rompimiento a la limitación física y al dolor que iba experimentando. Por ejemplo, durante mi recuperación muchas veces sentí la impotencia de no poder subirme a la cama sin ayuda de alguien. Este pequeño detalle nunca volvió a pasar desapercibido en mi vida, porque me enseñó el gran valor del vigor y la fuerza, la energía, la salud. Esto podía haber pasado inadvertido, podía haberme olvidado de apreciar detalles tan sencillos como ese, pero quise vivir cada instante de dolor e incapacidad muy conscientemente, como caminando sobre un puente colgante, cuidando cada paso, como si fuera de cristal, porque no quería que se rompiera y menos que tuviera que devolverme de ese punto hacia el espacio-tiempo nuevamente por no haber abierto consciencia suficiente, para luego tener que regresar mis pasos.

Sentía que estaba descifrando el código del dolor del cáncer para no sentirlo nunca más. Vivencié cada dolor en su dimensión, para conocerlo y liberarme rápida y definitivamente de él.

La experiencia me llevó a entender el dolor desde una dimensión más amplia, a la cual comencé a entrar cuando estuve en el hospital. Allí tenía, frente a mí, un reloj cuyas manecillas marcaban fuerte el compás del tiempo. En el cuarto de al lado escuchaba a una mujer que me marcaba el dolor de la Tierra al mismo compás del reloj de mi cuarto. Esta señora también sufría de cáncer y tenía un dolor continuo que la hacía gritar todo el tiempo. Ella solo tenía descanso cuando le aplicaban medicinas para dormirla. Allí, en mis noches y en mis días, me acompañó ese quejido que se unía a mi silencioso dolor como recuerdo del dolor humano, que nunca podré olvidar. En ese instante, tomé mayor consciencia de que la humanidad debe salir de ese trance de dolor físico. Tomaba impulsos para lograr mi sanación, algún día escribirlo y ayudar a trascender el dolor.

En conclusión, mi transfiguración se dio tal como el Espíritu Santo me lo enunciaba: tomé una nueva vida con el espíritu en mi cuerpo, adelanté los pasos de la vida rompiendo la barrera de ese dolor, renovando las células de mi sangre, fortificando mi corazón y mi cerebro, y esto cambió la visión ante la vida y la muerte.

Por medio de este proceso comprendí que mi mente podía morir, porque ella no gobierna mi cuerpo; podía morir mi cuerpo, porque su esencia no muere, es eterna, y cuando muriera mi cuerpo, entraría al verdadero nacimiento. Mi nueva vida.

No es posible plasmar sobre papel o medio digital alguno, en su total magnitud, la vibrante vida que se renueva desde cada una de mis células expresando una existencia profunda que va más allá del cuerpo físico; y una nueva visión tan extensa e insondable, que conecta mi vida en cada instante, como un punto de luz universal y eterno. Es la renovación de mi cuerpo y de mi consciencia, que adquirió una nueva energía mediante la verdadera sanación, la sanación quántica, que va más allá de la sanación del cuerpo físico.

Podría hablarte del milagro de mi rápida recuperación, y de la sorprendente y total sanación de un cáncer severo de colon, el cual, por las deplorables condiciones físicas en que me encontraba, presagiaba un altísimo riesgo de vida y un largo tratamiento de quimioterapia. Pero mi testimonio va también más allá de lo que ha significado mi sanación física. Mi testimonio va hacia mi estado de **transfiguración** logrado en este proceso mediante la guía del **Espíritu Santo**.

Mi testimonio anuncia que el Espíritu Santo que vibra dentro de ti nos puede ayudar a despertar, pero nosotros mismos debemos colocar la dinámica quántica para que esa vida que deseamos se haga en nosotros mismos una realidad completa y consciente.

¿Quién no quiere terminar con la historia de dolor propio o ajeno?

La historia de dolor que has recorrido a lo largo de este escrito no es una historia singular, es la historia de millones de seres que día a día combaten el dolor en todo el mundo. Puede ser tu propia historia, si lo has vivido o has visto a tu lado a alguien sufriendo dolor físico. Quizás has visto partir para siempre a tus seres más queridos y te has sentido impotente ante su dolor.

¿Quién no quiere terminar con la historia de dolor propio o ajeno?

Yo misma no me decidí a escribir más experiencias del dolor que sufrí, y aun muchas veces quise sacar de este escrito los apartados de dolor que comparto para que no tuvieras que leerlos y hacer este viacrucis. Pero si los hubiera borrado, no podría haberte traído hasta este punto de transfiguración. Aunque mi intención no era dar cuenta del dolor físico o emocional, debía llevarte por él para que salieras a flote con la misma consciencia de eternidad que yo. **Si logras hacerlo,**

quizás no tengas que entrar a una historia de <u>dolor del dolor</u> nunca jamás.

Esta vez pude trascender gran parte del dolor físico y sobre todo del dolor del dolor, que aquejaba mi vida. No quiero decir que nunca tendré más dolor o que nunca me enfermaré. No. Lograrlo sería lo ideal. Soy un ser humano con debilidades, y mi cuerpo se resiente. La diferencia con mi vida anterior es la administración energética que le doy a la enfermedad. Ahora, mediante la quántica esencial®, aplicada a la sanación, vamos en el camino del logro. (Lo comprenderás mejor en la última parte de este libro). Mientras permanezcamos en esta Tierra, siempre estaremos en la búsqueda de la trascendencia, en este caso del dolor y de la enfermedad.

Cuando escribo sobre trascender el dolor, me fundamento en la promesa y el ejemplo de Cristox Solar en el Espíritu Santo, que comprenderás mejor en el siguiente instante.

Mi mensaje para ti:
Tu instante de transfiguración
Conduce tu pensamiento solo mental hacia la iluminación del pensamiento consciente.
Postra tu alma ante la presencia de tu espíritu y reconoce tu propia divinidad.
Recorre tu sangre, los órganos y los sistemas de tu organismo, reconoce que eres polvo de estrellas y enciende en ellos nuevamente la luz y la inmensidad del cosmos infinito.
Percibe la dinámica quántica transformadora del universo que vibra dentro de ti. ¡Transfigura tu vida!
Vibra tu instante de TRANSFIGURACIÓN.

Instante veinte. Instante de conjuntación

Conjuntando la ciencia con mi espiritualidad

"Que así sea, así se hace conforme el ritmo del universo en la unidad Uno Dios de Cristox-Espíritu Santo en los Padres y Hansayana en el templo de la sabiduría y la luz".

(Fragmento del mensaje de Madre Luz con inspiración del Espíritu Santo, entregado a la Maestra Hansayana como una encomienda universal).

Hasta aquí has venido recorriendo conmigo estas páginas y ahora puedes ver que el párrafo anterior es el final del mensaje de encomienda y que quien aquí firma se autodenomina Cristox-Espíritu Santo. Seguidamente pasaré a explicar por qué Cristox-Espíritu Santo. Igualmente puedes apreciar que es esta la luz que ha guiado mi vida para llegar en este despertar hasta la consciencia de eternidad.

Comprendiendo la unificación Cristox solar con Espíritu Santo

Aquí llegamos al punto de comprender que el Creador, tu Dios, con el nombre que lo denomines, nos envió a un espíritu universal, quien era parte de su misma divinidad. Este espíritu es Cristo. Siempre ha existido, pero ahora fusionado con el Espíritu Santo se denomina **Cristox-Espíritu Santo.** Esta unidad se dio para la Tierra, ahora, más de dos mil años después de la venida de Cristo, y es este momento en esta Nueva Era del planeta a partir del 21 de diciembre del 2012, cuando podemos hablar de esta fusión de la fuerza del amor de Cristox y la sabiduría del Espíritu Santo.

Las enseñanzas y la promesa de Cristox Solar

Para comprender mejor el objetivo de esta fusión, vamos a hacer un pequeño recorrido por las enseñanzas de Cristo en la Tierra. Nuestra memoria guarda en su recuerdo las lecciones de Cristo: la primera, su vida y obras; la segunda, su muerte; la tercera, su crucifixión; la cuarta, su resurrección; la quinta, su transfiguración; y la sexta, su ascensión. Estas últimas han sido las lecciones más difíciles de entender. No hemos podido en el mismo orden practicar más allá de la tercera lección, y eso sin comprender muy bien la primera, la de su vida. Estas lecciones son comprensibles hasta la del Cristo crucificado. La crucifixión ha sido un legado que está implícita en la vida de casi todos los seres humanos. Lo podemos constatar claramente en todo aquello que causa dolor en la Tierra: la enfermedad, el dolor de la pérdida de seres amados; el dolor que sufren los seres en las prisiones, y cada dolor del alma que recuerda la crucifixión. La pregunta es: ¿y la transfiguración, la resurrección y la ascensión? ¿Cuándo vamos a practicar estas lecciones que se han quedado en la historia sagrada como un cuento de hadas?

Siempre me he preguntado por qué hemos aceptado el dolor de la crucifixión como una realidad eterna que no podemos cambiar, y hemos mirado como un cuento mágico, por lo tanto inalcanzable, la resurrección, la transfiguración y la ascensión de Cristo. He percibido que quizás esta amnesia total nos la ha provocado el miedo a dejar de ser en el alma o dejar de ser en la materia.

¿Qué es dejar de ser?

Dejar de ser quiere decir transformar el ser que tú crees que eres para encontrar al ser sabio y real que vive dentro de ti, sin personalidades éguicas (la personalidad irreal fundamentada en el ego), para vivenciar una nueva vida con mayor sabiduría y paz. En otras palabras, es para encontrar la perfección.

Hablo de miedo a "dejar de ser", porque aquí radica la limitación por miedo a la transformación y a la muerte; ya que siempre se ha pensado que para transfigurarse hay que transformarse, y ello requiere dejar de ser en el alma de egos, y para resucitar primero hay que morir, y ello significa dejar de ser en la materia. No se quiere dejar de ser, pero se quiere vivir la eternidad. En algún lugar de cada corazón humano, late un profundo anhelo de eternidad, ¿pero cuál eternidad?, ¿vivir eternamente en la materia? No se quiere renunciar a lo que se cree que es. Me atrevo a afirmar que el significado de la eternidad está confundido en la humanidad.

La tecnología cada día descubre nuevos senderos para entregarle al hombre artefactos a fin de eternizarlo físicamente. Pero la verdad es que lo alejan de la realidad de su eternidad. La ciencia derrocha inmensos capitales en la ingeniería genética tratando de descubrir la juventud eterna. No se conoce sobre la verdadera eternidad. Tal como lo dice la canción, el ser humano es un grano de trigo, no quiere morir. Entonces... "solo quedará".

Tenemos que reconocer que durante tres años de vida pública, Cristo habló de la eternidad y nos entregó extraordinarias lecciones para llevar a la vida práctica, Aunque su presentación pública fue solo de tres años, fue tan potente su mensaje, que dividió nuestra historia en dos: antes y después de Cristo.

Pero de igual manera que el universo es dinámico, y nunca encuentras una estrella en el mismo punto cada noche, o nunca te puedes bañar dos veces en el mismo río porque el agua con que te bañaste un momento después ya ha corrido río abajo, el Cristo de hace 2000 años también ha fluido universalmente, y su espíritu trasciende en iluminación cada instante, igual que las galaxias y las estrellas.

Aquí te dejo plasmado un fragmento del mensaje de Cristox Solar de esta época, 2000 años después de su venida, por medio del cual alude a la dificultad de la mente de los hombres de aquella época para aceptar su divinidad. Enseña que hay que creer en la propia divinidad como legado del padre Dios (Cristox con "x" es la consciencia cósmica de Cristo):

"Rendirse, entregarse totalmente a la ley de mi amor. La ley que no soportó la iglesia de Moisés, los jerarcas de la primera iglesia mosaica. Y mis palabras solamente fueron estas: 'Si nos vemos como humanos, ¿de qué sirve? Seguiremos siendo humanos, hombres mujeres niños; pero si reconocemos al hijo del Hombre en la divinidad que trae como legado del Padre, que primero entregó en los profetas, en Moisés y ahora en mí, veremos entonces renacer una vida nueva'. Pero era demasiado renunciar a la ley de Moisés para aceptar la ley del amor. Ni los milagros, ni las parábolas, ni los gestos, ni los endemoniados vueltos a la luz del espíritu. Igual que hoy, nadie quiere renunciar a su credo, a su religión, muere por ella. Pero quien renuncia una y mil veces a sí mismo y a lo que es, alcanza el yo soy de la perfección".

(Madre Luz con inspiración de Cristox Solar (de la Biblioteca Universal).

Despertar quántico por medio del espíritu santo

"Si nos vemos como humanos, ¿de qué sirve?, seguiremos siendo humanos"

Como en todas sus enseñanzas de 2000 años atrás, en esta época Cristox nos revela nuevamente que existe una nueva vida, que se puede renacer a ella, y que no es mandatorio continuar siendo humanos. Su verbo no se quedó como palabras, Él mismo como ejemplo vivo trascendió su parte humana. Si en ese tiempo no lo pudimos comprender, ahora, con la luz del Espíritu Santo, es tiempo de entrar a la dimensión de esa comprensión.

¿Quién es el Espíritu Santo?

El amor de Cristo nos dejó al Espíritu Santo como el decodificador para descifrar toda la sabiduría que se emanaba sobre las mentes humanas en esa época desposeídas de capacidad para asimilar semejante voltaje de luz y de sabiduría.

Aunque el dogma de la Trinidad (Padre, Hijo, Espíritu Santo) fue determinado en el cristianismo solamente desde el siglo IV d.C., esta fuerza trinitaria ha existido desde todos los tiempos. Voy a referirme aquí a la tercera persona de esta fuerza. Es la representación más conocida en Occidente como el Espíritu Santo. Por las reglas de la gramática, debo ponerle el artículo (el) Espíritu Santo, pero no quiero con ello significar género masculino. Debe comprenderse como una fuerza divina universal, sin género ni filiación religiosa.

De esta Trinidad, el Espíritu Santo ha sido el gran misterio; sin embargo, ha estado con nosotros desde siempre. En tiempos tempranos de mi vida, me era fácil comprender la entidad del Padre y del Hijo, pero no la representación del Espíritu Santo, porque se enunciaba como la tercera persona de la Trinidad, pero para mi entendimiento había desconocimiento total sobre la verdadera actuación del Espíritu Santo en la vida del ser humano

De acuerdo con el enunciado del Concilio Vaticano II de la Iglesia católica, el misterio de la Santísima Trinidad es uno de los "**misterios escondidos en Dios**" y dice "si no son revelados, no pueden ser conocidos". Y aun después de la revelación, es el misterio más profundo de la fe que el entendimiento por sí solo no puede comprender ni penetrar.

Un segmento del Credo de la Iglesia católica dice así: "Creo en el Espíritu Santo, Señor y dador de vida, que procede del Padre y del Hijo, que con el Padre y el Hijo, recibe una misma adoración y gloria y que habló por los profetas".

¿Qué hace realmente este iluminador que habló por medio de los profetas?

Además mi pregunta era si Él solo se revelaba a los profetas. Era esa mi pregunta. Sólo varias décadas después de haber iniciado mi vida espiritual, pude descifrar su actuación en la vida humana y pude comprender que hay que sacar al Espíritu Santo del misterio. Convertido en misterio no puede ser entregado.

Para no quedarnos solo en la afirmación de la palabra o en el dogma respondiendo con teoría, entremos al contexto práctico. Voy a descifrar esta respuesta con la experiencia de mi vida. Mi vida, la cual al avanzar en el campo espiritual, se encuentra con la ciencia conjugada con la consciencia: la quántica esencial. Allí descubrí realmente la acción del Espíritu Santo en la vida humana.

Conjuntando la ciencia con mi espiritualidad

Cómo fue mi despertar quántico por medio del Espíritu Santo

En mi cultura espiritual, aprendí que el Espíritu Santo es quien nos conduce a transformar nuestra experiencia humana básica hacia el encuentro de nuestra divinidad, y nuestra divinidad está directamente relacionada con la energía.

Aunque suene fuera del contexto de la física, el Espíritu Santo me entregó a mí, que soy un ser humano como tú, la iluminación para comprender que soy un ser de luz, **energía, y más que energía... esencia-Dios.** La misma ciencia puede afirmar que todo es energía. Nosotros somos energía, pero la pregunta siguiente es qué hacemos en nuestra vida cotidiana con ese descubrimiento de la ciencia.

Para reflexionar sobre ello, comencemos por conocer que el Espíritu Santo nos convierte en seres conscientes de nuestra transformación que se realiza desde nuestra parte energética más densa hacia la más sutil. Esto quiere decir que nuestro autodescubrimiento es un viaje interior que nos va llevando hacia el encuentro de la energía más sutil que es nuestra <u>energía esencial</u> (la máxima constitución divina en el mismo ser humano). Al hablar de energía esencial estoy hablando de la energía que conforma la luz de nuestra energía original, la energía pura con que fuimos creados, nuestra esencia que es el espíritu.

Esta <u>energía esencial</u> (energía de nuestro origen) se encuentra en el mundo de las partículas quánticas. Uno de los intentos de la ciencia para llegar a estos terrenos del origen de la energía del universo ha sido el Bosón de Higgs, llamado también "La partícula de Dios".

La partícula de dios

Las investigaciones de la ciencia en su búsqueda por desentrañar nuestro origen dejan de manifiesto aquella necesidad que el ser humano siente, la cual es poder llegar a descubrirse en su universo interno. Pero esta búsqueda el científico la conduce desde su mente hacia el descubrimiento de su mundo externo.

El modelo clásico de la física explica los fundamentos de cómo las partículas elementales se interrelacionan en el universo. Pero la teoría no explica cómo las partículas obtienen su masa para explicar el origen del universo. Los académicos de la ciencia creen que el llamado Bosón de Higgs es la partícula que genera su masa a toda la materia (gravedad). Los científicos conocen que las partículas elementales como los quarkz y los electrones son la base sobre la cual se construye toda la materia del universo y piensan que el bosón de Higgs les entrega la masa. Su teoría expone que en todo el universo hay un campo de energía que denominan Higgs, y a medida que las partículas interactúan pasando a toda velocidad, atraen bosones de Higgs que agrupan a su alrededor y les aporta su masa. Cuantos más bosones de Higgs atraigan, mayor será su masa.

El acelerador de hadrones, Large Hadron Collider (LHC), que se encuentra 100 metros bajo tierra en un túnel de 27 kilómetros, cerca de Ginebra, en la frontera franco-suiza, es el acelerador de partículas más poderoso jamás construido. Es conocido como "la Máquina de Dios". Es un acelerador y **colisionador de partículas** creado para simular un Big Bang a escala subatómica. Su trabajo consiste en acelerar dos haces de protones en sentidos opuestos hasta casi alcanzar la velocidad de la luz y hacerlos chocar entre sí produciendo altísima energía que permite simular algunos eventos ocurridos inmediatamente después del Big Bang.

Las colisiones de protones a alta velocidad generan una serie de partículas aún más pequeñas, las cuales los científicos escudriñan en busca de una señal en los datos, que sugiera la existencia del bosón de Higgs. Casi todos los científicos creen que el Gran Colisionador de Hadrones probará o bien refutará la existencia del bosón de Higgs de una vez por todas y dará una luz para que la ciencia pueda comprender y explicar **por qué existe el universo y por qué estamos aquí.**

¿Pero realmente la partícula de Dios explicaría nuestra génesis?

Lo cierto es que se espera que el llamado bosón de Higgs o "partícula de Dios" pudiera ser el descubrimiento más cercano a la energía de la "esencia creadora" que le dio origen al universo.

Pero lo anterior es la versión del origen del universo a nivel de la ciencia. Esta seguirá su curso para entregar respuestas a la humanidad.

La investigación de la ciencia sobre el mundo de las partículas subatómicas debe llevarse también hacia la vida o universo interno del ser humano, porque es allí donde están todas las respuestas que la ciencia busca con afán fuera del mismo contexto humano. No poseo bases científicas para explicar la gran explosión del Big Bang, pero sí conozco que la energía de nuestro origen es la fotónica y la lumínica, que juntas se denominan como energía foto-lumínica. Esta energía esencial es la que en el año 2006 yo no conocía lo suficiente como para desenvolver mi proceso de dolor más al instante (si recuerdas, yo solo conocía hasta la energía macrónica).

Continuando con la revelación que se ha transbordado del mundo inmaterial a mi mundo perceptible, puedo repetir que por medio del Espíritu Santo, el iluminador y transformador, podemos hacer el transbordo energético del cuerpo físico al metafísico (más allá del físico) y al alquímico (el que cambia los valores más allá de la química de nuestro organismo) para llegar a percibir la energía foto-lumínica, nuestra energía más excelsa, la manifestación de la divinidad del ser.

Recuerda que una trasformación conlleva reacciones químicas de nuestro cuerpo. Cuando nuestro pensamiento cambia, no se da mágicamente; es una transformación que ha tenido que ver con la física y la química de nuestro cerebro. Hay que recordar (por memoria universal y no mental) que el pensamiento se dio en reemplazo de la esencia que lo comunicaba —unía— todo cuando nuestra esencia se perdió en la caída universal. Y si nuestro cuerpo físico cambia por medio de una sanación, quiere decir que ha habido todo un movimiento celular de transformación. Y si hablamos de trasformación, podemos hablar de transfiguración.

En física, un fotón es la partícula mínima de la energía, o la mínima fracción posible de luz. De igual manera, para la física, la energía lumínica es la fracción de la energía percibida por la luz. Esto en cuanto a la física clásica. Un poco más adelante ampliaré el concepto científico del fotón.

Por ahora describamos aquí qué representa la <u>lumínica</u> para tu vida espiritual más allá del concepto clásico de la energía.

Comencemos por reconocer que en este mundo tridimensional, todos ocupamos un espacio, pero también es verdad que ocupamos un espacio energético, aunque no veamos la luz existente que se contiene en ese espacio. Este espacio tridimensional ocupado por la luz lo pueden ver los videntes. Como también es verdad que en ese espacio la energía más real que existe por vibración y conforma todo cuanto existe está más presente que el mismo cuerpo material. Esta energía es la que impulsa el verbo para hablar, es la potencia de la energía para movilizarse.

Pero el ser humano no puede percibir fácilmente su energía y menos su energía esencial fotónica y lumínica, porque todavía está conectado, ligado por la gravedad de la Tierra y la gravedad mental, que lo ancla a ver y a creer lo que tiene lógica y razón.

Por ello es importante tener en cuenta que la luz de la energía <u>esencial</u> no es lineal, no tiene lógica ni razón, no está relacionada con el concepto del tiempo y del espacio configurado por medio del sistema primario de la gravedad. Por esta razón puedo decir que cuando el ser humano entra a la dimensión energética del conocimiento de sí mismo, despierta y eleva su nivel de consciencia, porque el pensamiento es reemplazado por los quantums de energía, como pensamiento quántico, es decir, pensamiento en consciencia.

Esto quiere decir que se está desconectando del principio de la gravedad (onda larga - gravedad -vibración baja - generada por los campos desfrecuenciados del mismo humano) y se está conectando a su esencia <u>quántica lumínica,</u> que es una onda muy corta (alta vibración-sutilidad). Esto hace que cambie la forma primaria del pensamiento tridimensional, lineal.

Concluimos, entonces, que la gravedad de la Tierra (igual al estado grave humano) interfiere en el despertar foto-lumínico como energía esencial.

Es el Espíritu Santo quien nos ayuda a hacer el transbordo del cuerpo denso y grave al sutil. En otras palabras, ayuda a realizar el tránsito desde nuestra humanidad hacia nuestra divinidad, decodificando la consciencia del macrouniverso y conduciéndonos a percibirlos en el microuniverso humano.

El acelerado rumbo de la ciencia tecnológica busca desentrañar los orígenes del universo, y los acontecimientos ocurridos con la antimateria después del Big Bang, los microagujeros negros, y la búsqueda de una teoría de gran unificación: la teoría unificada. Estas son investigaciones muy válidas como investigación si las orientamos y utilizamos para encontrar la realidad interior del ser humano-cósmico.

Cuando los descubrimientos de la ciencia nos aporten sabiduría para comprender la conexión existente entre nosotros con la física, la matemática, la geometría, la geografía, la astronomía y demás, se descubrirá el origen cósmico del ser humano.

Unos ejemplos sobre ello: La ley de acción y reacción que estudiamos en la física existe dentro del ser humano como ley universal de causa y efecto o ley del Karma. El eje y los meridianos de la Tierra que estudiamos en las clases de geografía existen dentro del cuerpo humano. El cuerpo humano está diseñado de acuerdo con la geometría cósmica. Los órganos de nuestro cuerpo están codificados de acuerdo con una matemática cósmica. La matemática de la Tierra es sólo una pequeña muestra de la geometría cósmica.

Mediante mi recorrido espiritual y mi propia experiencia de sanación, confirmé que realmente somos seres humanos con conexión cósmica. En conclusión, seres cósmicos. Este era uno de los interrogantes ante los cuales anteriormente yo no encontraba respuesta. Esta conexión recupera los registros de huellas cósmicas que hemos perdido. Pero ha llegado el momento de descifrarlo desde nuestro propio corazón.

Ahora solo quiero dejar claro que yo fui una espiga del trigo, que al morir sin muerte física, sufrió una transfiguración, y esta le permitió reconocer al Espíritu Santo como el gestor de esta nueva realidad.

En referencia a la transformación, en mi nuevo estado pude comprender más ampliamente un mensaje que Cristox nos emitió en el año 2006 acerca de la desaparecida misión transformadora del Espíritu Santo hace 2000 años. Aquí comparto una parte del mensaje de Cristox.

El segundo Evangelio de Cristox Solar incluye al Espíritu Santo

> Escuchad bien: mi segundo Evangelio es de transformación, de nueva vida, pero ya pertenecéis por estructura y cultura al primer Evangelio cristiano católico, judío o no, oriental y occidental. Y por estar inscritos en el primer Evangelio, he vuelto a rescataros de él, porque en él faltó la presencia directa del Espíritu Santo, quien fue convocado para la Tierra como la luz, la salvación. El Espíritu Santo se hizo presente, pero no pudo reordenar ni reorganizar los corazones ni las mentes a lo largo de los siglos porque las iglesias crecieron en dinastías y perecieron en el verdadero amor.
>
> Mi venida es para rescatar la esencia del primer Evangelio del amor, para el cambio, la transformación. Y vuestra presencia es para creer y rescatar el principio que genera la nueva vida. La vida de hoy, la que está azotada por todas las fuerzas adversas, la que amenaza con la muerte, pero también con formas extrañas, tecnológicas, que alejan el espíritu y aumentan las dimensiones de la inteligencia hacia el plano virtual.
>
> ... solo así se puede dar la liberación de todas las ataduras que son mortales, que encausan no solo la muerte física, sino

la separación de todos los derechos universales que se han perdido con el cautiverio del primer Evangelio, el cautiverio del Espíritu Santo.

Madre Luz con inspiración de Cristox Solar (extractado de la Nueva Biblioteca Universal)

En los párrafos anteriores Cristox habla de su palabra de hace 2000 años, la cual quedó plasmada como su primer Evangelio, y explica que faltó la presencia del Espíritu Santo porque las iglesias crecieron como dinastías, y el mensaje se distorsionó. Su mensaje actual de transformación y nueva vida por medio del Espíritu Santo es su segundo Evangelio.

Quiere este mensaje decir que llegó la hora de transformar el pensamiento. Un nuevo paradigma debe instaurarse en la Tierra. Las lecciones de Cristox no se han terminado de practicar, pues Él nos dejó al Espíritu Santo como el iluminador para que cuando llegara el momento, estuviéramos listos para comprender el nuevo ciclo de la humanidad.

El nuevo ciclo es la Nueva Era en que se fusiona el Cristo cósmico con el Espíritu Santo. La Nueva Era de Cristox en el Espíritu Santo para que la humanidad pueda trascender de la preesencia hacia la esencia.

Es la era para recatar el espíritu y vibrarlo en la materia física aquí mismo, en la Tierra, descubriendo la esencia de la materia. La ciencia lo hace por medio de la física quántica investigando el comportamiento de las partículas subatómicas o esenciales. Esa es la investigación de la ciencia, pero regresamos a la pregunta de cómo hacer el transbordo desde el laboratorio de investigación de la ciencia hacia la cotidianidad de la vida. ¿Cómo puedes tú comprender y aplicar la quántica en tu vida?

A continuación, te compartiré sobre cómo puedes llegar a tu esencia por medio del Espíritu Santo.

Soy consciente de que, si lees estas palabras por primera vez, no son fáciles de comprender. No trates de retenerlas, tampoco te resistas, deja que fluyan en tu vida como fluye el agua que lava y deja limpio y claro el sendero por donde pasa. Mi vida ha navegado en medio de ellas, y te puedo asegurar que no hay mayor estado de completitividad y de plenitud que el que se siente practicándolas. Por mi experiencia, puedo afirmar y confirmar que si se comprenden y asimilan, estas palabras podrán vibrar y encarnarse en ti y en cada ser humano.

La vida quántica

¿Cómo funciona la quántica en la vida cotidiana?

Previamente, te voy a recordar algunos descubrimientos de la ciencia hasta llegar a la física quántica para que luego encuentres su aplicación en tu propia vida. La idea es que puedas encontrar una conexión entre la ciencia, en este caso la quántica, y tu vida espiritual.

Desde el siglo XVII hasta principio del siglo XX, desde Newton hasta Einstein, la física regular o física clásica ha logrado descifrar el comportamiento de la naturaleza y de la vida hasta determinada escala. Ella nos permitió conocer la teoría atómica.

El primer modelo atómico nos enseñó que su comportamiento no difería mucho del sistema solar, cuya organización es similar a los electrones (planetas) que giran alrededor de un sol o núcleo (protones y neutrones). La física newtoniana que describió este universo compuesto por átomos expresaba que a su vez estos átomos estaban compuestos por bloques sólidos con un núcleo de electrones y protones y los electrones que giran en torno. La mecánica newtoniana tuvo mucho éxito porque describió con exactitud y con certeza el movimiento de los planetas, las máquinas mecánicas y demás. Esto hizo que los científicos del siglo XIX creyeran que en realidad el universo era un enorme sistema mecánico que funcionaba de acuerdo con las leyes newtonianas del movimiento. En consecuencia, se declaró la mecánica newtoniana como la teoría definitiva de los fenómenos naturales. Desde allí todos los sucesos de la vida de los seres humanos se describían objetivamente. Se consideraba que toda reacción física tiene una causa física. Por ejemplo, se podía considerar que dos cuerpos solo hacían contacto con el roce físico. Allí no cabía que alguien pudiera influenciar a alguien a distancia, o con la cercanía sin contacto de físico a físico. Todavía no se conocían las interacciones de materia-energía más básicas a nivel tecnológico, tal como sucede cuando la radio interpreta música en respuesta a ondas invisibles, o a nivel humano como cuando tú presientes que alguien te necesita, aunque ese alguien no está presente. Lejos, muy lejos se estaba de los avances de la tecnología de hoy.

Afortunadamente, a principios del siglo XX se descubrieron nuevos fenómenos que no se podían describir mediante la física newtoniana. Este fue el descubrimiento de los fenómenos electromagnéticos que condujo al concepto de campo. El campo se definió como la condición en el espacio que tiene potencial para producir una fuerza y por ende conecta todo. Este descubrimiento explicaría que existe un campo de fuerza o energía invisible en medio de los cuerpos "sólidos". En este descubrimiento, la vieja mecánica newtoniana interpretó la interacción de las partículas con carga positiva y negativa como los protones y los electrones, diciendo simplemente que dos partículas se atraen mutuamente como dos masas.

Sin embargo, más acertados que Newton fueron Faraday y Maxwell, quienes (descubridores de la teoría de campo) consideraron que era más apropiado utilizar el concepto de campo, afirmando que cada carga crea una alteración en el espacio circundante de manera que la otra carga siente una fuerza. Así nació la concepción de este universo lleno de campos que crean fuerzas mutuamente interactivas. Se consideraba por fin con un marco científico con el que se podía empezar a explicar nuestra capacidad para afectarnos mutuamente por medios que no fueran físicos.

Después de este descubrimiento comenzamos a utilizar tales conceptos para describir nuestras interacciones personales. Desde allí podemos admitir que nosotros mismos estamos compuestos de —y somos— campos de energía. Notamos la presencia de alguien más en una habitación sin necesidad de verla, podemos hablar con más propiedad de bajas-malas, o altas-buenas vibraciones; de enviar energía a otro ser; de saber o percibir cosas antes de que sucedan; de percibir quien llega antes de que su presencia se vea físicamente; o que las madres puedan percibir en su corazón cómo están sus hijos. Por otra parte, esas ocasiones en que nos sentimos rodeados de cariño, afecto de luz, son experiencias que pudimos comprender conociendo sobre los campos energéticos.

Basados en los descubrimientos de la física en el pasado, encontramos explicación al funcionamiento de nuestro mundo y de nuestra forma de pensar. El modo en que hemos aprendido a pensar y reaccionar se basa en los mismos modelos científicos utilizados por la física para describir el universo material. Los cambios en los descubrimientos científicos hacen que incorporemos las nuevas ideas, y esto cambia nuestra manera de concebir la vida y el universo. Por esta razón, basado en la física newtoniana, hasta algún momento nuestro pensamiento estaba ligado al mundo de las cosas separadas y sólidas. Todavía no se sabía mucho del mundo de las partículas subatómicas.

Pero cuando se desarrolló la tecnología para investigar el mundo subatómico y explicar los misterios del átomo (microuniverso) y su comportamiento y relacionarlo con el macrouniverso (universo a gran escala), la física clásica no encontraba conexión coherente en el comportamiento de estos dos universos, macro y micro.

El macro y el microuniverso trazaban un comportamiento tan inesperado, que daba una vuelta a la concepción anterior de nuestro mundo físico. Se creó entonces otra física, la física quántica, para investigar y explicar los comportamientos del universo a otra escala. Esta escala contempla lo no medible, las tendencias como la no localidad y el indeterminismo de las cosas.

Su nombre deriva de la palabra "quantos", del latín *quantum*, que quiere decir 'paquete de energía'. Debido a su raíz semántica, escribo aquí "quántica" con "q". En resumidas cuentas, *quantum* significa 'unidad mínima de radiación de la energía'; la mínima expresión de la materia cuando se reduce hacia su esencia. Aquí llamo microuniverso a ese mundo de las subpartículas que componen tu ser más allá de tus células, desde tus átomos, tus electrones, tus protones y tus corpúsculos hasta tus paquetes de energía quántica o energía lumínica y fotónica que es tu luz. Ese es tu universo micro.

Pero la ciencia ha encontrado que la dinámica de estas partículas no corresponde a la forma en que percibimos la vida en este mundo tridimensional. Se reveló, entonces, el postulado más aceptado por la comunidad científica de la actualidad, que responde al de la ciencia quántica, el cual describe a los electrones ya no como partículas sino como una función de onda (descripción del estado físico de un sistema de partículas) y no en tanto órbitas prefijadas en torno al núcleo como el primer modelo atómico newtoniano. Este nuevo modelo sostiene que en el átomo existen nubes de electrones, los cuales a velocidades inconmensurables rodean el núcleo y se encuentran difusos como nubes en el espacio.

Todo lo que arriba te he enunciado ha sido para llegar a este punto. Y veamos por qué:

Al descubrir que realmente el átomo carecía de materia, y que la materia no era sólida sino campos de energía de partículas infinitesimales que viajaban a gran velocidad, y que dentro de los átomos y las moléculas, estas partículas ocupaban un lugar insignificante y el resto era… "vacío", y este aparente vacío era dinámico y presentaba posibilidades, nació el <u>concepto de las tendencias</u>.

Al conocer que las partículas del átomo podían comportarse como ondas o como partículas tendiendo a presentar posibilidades, sin ser una cosa material o fija, cambió el pensamiento sobre la realidad de nuestro mundo y la consciencia, al punto de afirmar que el comportamiento de las partículas subatómicas que el científico observaba era afectado por el mismo observador (nosotros mismos). Esta observancia hacía que la partícula se comportara tan igual como el mismo observador esperaba. Esto determinó que el mundo visible solo era un comportamiento igual creado por el observador, y que este (el mundo visible) no existe por sí mismo.

Los seres humanos somos parte de esa quántica, de esos mismos átomos con sus posibilidades. También somos parte del macro y estamos hechos de polvo de estrellas. Como estamos compuestos de estas partículas, comenzamos entonces a ver las posibilidades de la consciencia humana. Además, la mente humana se abrió a comprender que también nosotros y todo lo que hacemos está sujeto al orden de las leyes universales.

La ciencia moderna expresa que el organismo humano no es solo una estructura física formada de moléculas estáticas. Nuestro antiguo mundo estático le dio paso a un universo fluido de campos en dinámica continua. También nosotros estábamos constituidos de campos energéticos, o en otras palabras, de cuerpos de energía.

Recordemos que nosotros como seres humanos estamos compuestos de varios cuerpos energéticos (físico o biológico, mental, emocional, sentimental, astral, etérico, espiritual), y cada uno vibra en una dimensión diferente (multidimensional, como universos individuales dentro de un mismo universo), como entidades conscientes de nosotros mismos y de nuestro entorno. Somos entonces un conjunto de realidades multidimensionales que interactúan con uno mismo y con el entorno.

Además, tenemos la capacidad de interiorizar los diversos planos de existencia propios y externos. Este figurado nivel de consciencia que obtenemos nos permite conectar estos planos para entender la realidad que percibimos como personal.

Tan igual que sucede en las partículas de ese microuniverso, existe infinitas formas o posibilidades de ser y de estar, pero sólo el nivel de consciencia propia nos permite darnos cuenta de otro tipo de realidades. Quiero decir, si cambiamos el nivel de consciencia.

Lo anterior, para comprender que nosotros creamos nuestro propio nivel de realidad <u>dependiendo del nivel de consciencia que vibremos</u>.

La primera percepción de nuestra realidad se forma a partir de nuestra comprensión de quienes somos y qué somos. Esta información ya viene inscrita en nuestro registro celular y en la plantilla energética, la cual como un registro cósmico, guarda la información del viaje universal del ser humano en el ir y venir en el transcurso de eones en el tiempo, aunque no seamos conscientes de ella todavía. Además, la percepción de nuestra realidad también se deriva de información que se adquiere como herencia genética en el ADN. Anexo a ello, la herencia proveniente de las costumbres familiares grupales, nacionales, mundiales, también de las experiencias propias que nos definen el ego y la personalidad.

Con estos registros de información, interactuamos en los diferentes planos y experimentamos cada existencia. Dentro de estas experiencias están la educación familiar, la ambiental, la escolar y la intelectual. De esta manera, el ser humano en este plano de la Tierra, puede operar en consciencia con el macro y con el microuniverso.

Cuándo una onda se convierte en partícula

Tal como lo mencionaba anteriormente, las partículas quánticas existen a partir de un campo de posibilidades. Estas son ondas y se convierten en partículas cuando interactúan entre sí simplemente por fijar la atención en ese campo, u <u>hacer observación consciente</u>.

Es muy importante ser consciente de este punto: es dentro de nuestro ser que se está llevando a cabo este suceso. Es decir, este comportamiento a nivel quántico depende de quien observa, del observador; y es este el que define y participa de la creación de su realidad. Aquí hago énfasis en que esta realidad que se crea depende del <u>estado interior</u> del observador.

Vamos introduciéndonos en este concepto de la física quántica poco a poco. Por ahora recordemos que en 1905 Albert Einstein publicó su teoría de la relatividad, con la que invalidó los principales conceptos que la visión newtoniana presentaba.

Allí cambio nuestra visión sobre el mundo de las cosas. Según la teoría de la relatividad, el espacio no es tridimensional, y el tiempo tampoco es una entidad aparte, sino que ambos están íntimamente conectados. Por lo tanto, no podemos hablar de espacio sin tiempo y a la inversa. Además, el tiempo no es lineal ni absoluto. Esto significa que dos observadores que son testigos de un mismo suceso ordenarán los acontecimientos en el tiempo de forma distinta si se mueven con velocidades diferentes en relación con el suceso observado. Lo anterior sucede en función de la ubicación física del observador de acuerdo con la velocidad con que se desplace, tal como lo enuncia Einstein.

Quántica uno®

A <u>partir de este instante</u>, te invito a mirar el concepto de la relatividad no solamente como la relación de sucesos físicos, que tienen movimiento y posición fuera de ti, <u>porque también se trata de movimientos en tu mundo interno</u>.

Hago énfasis: esta teoría no es solo para los acontecimientos por fuera de nosotros mismos. Esta teoría de la relatividad es válida para nuestro mundo interno. Para que no te pierdas en esta explicación, ten presente esta premisa como punto de partida.

Ya sabes que un acontecimiento se describe en función de la ubicación física del observador de acuerdo con la velocidad con que se desplace. Ahora la pregunta sería cómo encontrar la ubicación física del observador si estás observando hacia adentro de ti mismo.

La ubicación sería el estado interior del observador. Tu estado interno es la ubicación o el punto donde se encuentra el observador. Para observar un suceso físico, tienes en cuenta el tiempo y la velocidad, pero si te observas internamente, la ubicación es el estado interno que vibras.

Llamo estado interior a la paz o al odio, a la armonía o a la desarmonía, a la tristeza, la alegría o la emoción con que vibres en el momento de un suceso. Recuerda, si me refiero a la ubicación del observador, me estoy dirigiendo a su estado interior, como deseos, ansiedad, confusión, paz, etcétera.

Según la relatividad de Einstein, en determinadas condiciones dos observadores de un mismo suceso pueden apreciar este acontecimiento en dos versiones diferentes, incluso ver dos acontecimientos en tiempos inversos de acuerdo con la velocidad o la posición en que estén ubicados. Es decir, para un observador, el acontecimiento A pasó antes que el acontecimiento B, y para el otro observador el acontecimiento B pasó antes que el A. (Recuerda: es válido para tus sucesos mentales, afectivos, sentimentales de tu mundo interno y de acuerdo con el estado interno en que te encuentres, que es lo que te da la ubicación como observador).

A pesar de esta realidad de la relatividad del observador y su mundo, la relatividad solo existe en un campo de tres dimensiones. Por fuera de las tres dimensiones, la relatividad deja de ser para comportarse ahora dentro de un campo unidimensional, no existe tiempo ni espacio; el presente o instante es la única realidad, que permite que todo exista en su plano unificado al todo (la tan buscada y mencionada singularidad de la ciencia).

Para ilustrar sobre la observación de los acontecimientos A y B, permíteme con un sencillo ejemplo cotidiano expresar <u>la ubicación</u> de alguien de acuerdo con su estado interno: He visto parejas a punto del divorcio porque no pueden conciliar un suceso que uno vio de una manera y el otro de manera contraria. Se trata de que él viera a su pareja besando a otro hombre. Ella asegura que nunca pasó, así como él lo observó. Mientras el uno afirma que ella miente, la otra no perdona que no se la entienda y menos que no se le crea.

Mi pregunta de acuerdo a la relatividad es en qué ubicación <u>interna</u> estaba cada uno. En este caso, si <u>el estado interior de él era de sentimiento de desconfianza o de celos,</u> este sentimiento le distorsionó la realidad. Quiero decir que lo ubicó en una "velocidad mental" diferente de la realidad y lo situó ante un marco donde vio lo que creía en su mente, la cual le hizo interpretar que el beso de ella con otro hombre había sido en la boca. Que además, de acuerdo con su <u>"ubicación"</u> (de sentimiento de celos), vio que fue ella la de la iniciativa del beso y no al contrario, como ella le trata de explicar. (Acontecimiento A pasó antes que el acontecimiento B). Para ella, la realidad es muy diferente. Su estado era de paz, de no prevención. El mencionado beso no fue en la boca, ni fue su iniciativa. Sencillamente recibió un saludo de beso. (Acontecimiento A pasó después que el acontecimiento B).

De acuerdo al anterior ejemplo, podemos afirmar que cada instante en el mundo se viven millones de sucesos, aunque en contextos diferentes, pero con la polémica idéntica que no coincide con la realidad de cada uno de los observadores relacionados al suceso. Puedes buscar tus propios ejemplos en la vida cotidiana, donde la ordenación cronológica que dos personas le dan a un mismo suceso, no coincide y se enfrascan en discusiones sin llegar a acuerdo alguno.

Con la teoría de la relatividad, todas las mediciones absolutas que implicaban espacio y tiempo perdían su validez. Continúo apoyándome en la ciencia para conducirte hacia la unión de esta con la vida espiritual. Ahora introduzcámonos en un experimento que cambia la percepción del mundo.

Experimento de la doble rendija". Miremos un experimento que asombró a los científicos y continúa tomando actualidad. Ya lo debes de conocer, se llama el experimento de la "doble rendija": una prueba diseñada en 1801 por Thomas Young, para probar la naturaleza ondulatoria de la luz. Por medio de este experimento, en la primera parte se buscaba medir el paso de las partículas quánticas (electrones) a través de una placa con un solo agujero. Se proyectaron las partículas y se detectó su paso por el agujero. Los electrones se comportaron de forma esperada. Pasaron por el agujero como partícula y llegaron al otro lado como partícula.

El asombro se dio porque al hacer el mismo experimento de la barrera, pero con dos agujeros, el electrón se comportó de manera singular. El electrón atravesó la barrera por los dos agujeros al mismo tiempo, y llegó al otro lado como una partícula.

De acuerdo con nuestra percepción del mundo, este comportamiento del electrón fue un suceso inesperado, ya que este paso por los dos orificios al mismo tiempo es un comportamiento de las ondas, no de las partículas. Para que el electrón pasara al mismo tiempo por los dos agujeros, solo podía hacerlo como onda. Como partícula "no es posible" pasar por dos agujeros al mismo tiempo. Además lo más impactante del experimento es que el electrón pasó como lo hace una onda y llegó a su destino como partícula nuevamente.

¿Qué pudo haber sucedido en ese recorrido desde la partida hacia la meta para que esta partícula se transformara y luego recobrara su estado inicial?

A este comportamiento la ciencia lo denomina "rareza quántica". La ciencia esperaba que se comportara de la manera en que funciona nuestro mundo pasando como partícula y por un solo orificio, como la primera prueba. Pero no fue así. Según la ciencia, en nuestra "realidad" no se podría pasar por ambos orificios al mismo tiempo. Pero está pasando en el mundo quántico. El hecho de que suceda en el microuniverso significa que está pasando también en nuestro microuniverso, pues estamos compuestos de esas mismas partículas.

En esa relación mi pregunta es por qué esperamos el comportamiento de ese mundo de las micropartículas de acuerdo con el modo en que funciona nuestro mundo. O ¿por qué calificamos como rareza lo que no se espera, porque esa no es la perspectiva que tenemos del diario vivir de nuestro mundo?

¿Cómo puede el electrón distinguir los orificios y elegir comportarse? Aquí nos preguntamos: quién define la posibilidad de pasar por ambas rendijas. Muchos estudiosos del experimento afirman que el observador es el que induce a la partícula en su comportamiento. Hasta ahora la ciencia calcula que es la mente del observador la única que sabe que tiene dos posibilidades. Consecuentemente es este el que al enfocar su atención, cambia la tendencia de la partícula, sin ser consciente de ello.

Ante este universo de posibilidades externas e internas, cabe otra pregunta: ¿Entonces quién crea la realidad externa e interna de nuestra vida? ¿Quién elige dónde ubicar la atención? ¿Quién elige la posibilidad que crea nuestra realidad, si sabemos que la manera en que enfocamos nuestra consciencia podría cambiar la realidad de nuestro mundo?

Creo que aquí, en este punto, es donde mi consciencia alcanza a la ciencia

Basados en esta deducción, podemos afirmar que quien observa es quien tiene la consciencia para elegir. Y esa consciencia observadora eres tú como observador de tu realidad, soy yo, y somos todos los que estamos implicados, y más que observadores, somos participantes en la creación de nuestra realidad. Creándola, no atrayendo la realidad, pues esta no existe en el externo, tal como se viene explicando.

La anterior teoría de observador continúa siendo causa de polémica en el mundo científico, porque cuando el electrón se comporta como lo proveen, están de acuerdo porque está actuando de acuerdo a como funciona nuestro mundo cotidiano, pero cuando se conduce inesperadamente, la ciencia entra en controversia.

Me pregunto entonces qué tan lejos están los físicos quánticos de mostrarnos una visión más real de nuestro universo. ¿Será que la demostración no está solamente en el laboratorio físico, sino en el laboratorio experimental de la vida interior del ser humano?

Ahora, debo expresarte que este experimento, que es "rareza quántica" controversial para la ciencia, es motivo de certeza y de alegría para quienes hemos vivido en medio de esta "rareza". Esta es la confirmación de muchas circunstancias llamadas fenómenos espirituales que hemos experimentado en nuestra vida, sin haber podido antes entregar explicación científica. Ahora, por medio de la quántica, un nuevo amanecer se levanta para comprender los milagros de la vida espiritual.

En relación con ello, estudiando en la física el principio de incertidumbre de **Werner Heisenberg** (físico), pude comprender mínimamente cómo actúan en este microuniverso las partículas quánticas aparentemente intangibles para la mente.

Conozco muy poco, casi nada, de las leyes de la física clásica, y menos de la física quántica. Es más, confieso que cuando estudiaba la asignatura Física en la facultad, no le encontraba sentido y veía esta asignatura como la más alejada de mi contexto personal. En ese momento yo estaba a años luz del conocimiento de mí misma, de mi vida interna o de mi cultura espiritual. Pero realmente hoy puedo afirmar que finalmente fue mi vida espiritual la que me acercó a la física quántica, aunque sólo me lo puede certificar mi propia experiencia de vida, puesto que a medida que avanzaba en el conocimiento de mí misma, iba estudiando cómo funcionaba este mundo de acuerdo a las leyes de la física.

Hasta que llegó el momento en que la física me inspiró tanto, que la leía con fascinación para comprender un poco sobre la realidad de mi universo interno. Esta atracción fue tal, que hubiera querido volver a las clases de la academia para con la consciencia actual, aprovechar al máximo el conocimiento de mis antiguos profesores.

Solo ahora, mucho tiempo después, tratando de percibir la vida quántica, he podido comprender lo que representa para mi vida el Teorema de Bell, el cual formula que la información a nivel quántico se da instantáneamente. Igual comprendí por fin el principio de incertidumbre de Werner Heisenberg: él descubrió que el hecho de fijar la observación cambia la posición de lo observado. Siendo neófita en el tema, hasta donde he podido comprender, estas nociones me han ayudado a descifrar lo que aquí en parte he podido exponerte.

De la misma manera que expreso mi desconocimiento de las leyes de la física, te puedo expresar que a lo largo de mi vida experimental, conozco un poco más de las leyes del universo invisible que vibran en mi vida física y metafísica en forma de partículas quánticas. Este conocimiento me ha llevado a comprender que no podemos esperar que el mundo de las partículas se comporte de acuerdo a la supuesta realidad de nuestro mundo tridimensional, puesto que la verdadera "realidad" no está en este mundo de tres dimensiones.

Este mundo es tan irreal como un sueño. Pensar que lo que vemos y sentimos con los sentidos físicos es real, es como querer traer el suceso que experimentamos en nuestro mundo onírico al mundo tridimensional, donde nos movilizamos con cuerpo físico.

En el mensaje de encomienda, el Espíritu Santo expresa unas palabras muy dicientes que me confirmaban esta verdad de la irrealidad de nuestra vida: "... no temas por nada, porque nada es real".

Alguna parte de la humanidad le da crédito a lo irreal, y a lo más real, lo cual es el mundo del espíritu, no se le brinda ni siquiera el beneficio de la duda. La perspectiva newtoniana es muy cómoda para quienes prefieren considerar el mundo como algo sólido e inmutable y con una serie de reglas bien definidas fuera del dominio propio y dentro del espacio y el tiempo.

Sin dejar de reconocer y sin invalidar importantísimos aportes a la ciencia que dejó Newton, pienso que es paradójico que a pesar de la modernidad y de los grandes avances científicos y tecnológicos, gran parte de la humanidad en esta época continúe midiendo la vida con conceptos newtonianos, ignorando la experiencia humana más profunda que vibra en la vida interna: la "quántica esencial".

En el presente debo expresarte y reafirmar que la realidad, tu realidad, la mía y la de todos, vibra en la dimensión del mundo de las subpartículas. Esta existe en nuestro mundo quántico invisible para nuestros sentidos físicos, pero perceptibles en nuestra vida cuando cambiamos la forma de pensar. Me refiero al pensamiento de que "vivimos en un mundo real, con leyes físicas". Si logramos apreciar este mundo como una pequeña parte de un gran entramado universal y percibir su parte intrínseca, conseguiremos comprender y aceptar como hechos naturales algunos de los comportamientos de este mundo que clasificamos como excepcionales.

Cuando desconectemos la linealidad del pensamiento (como vimos anteriormente cuando hablaba de la gravedad), estaremos entrando en una nueva percepción de la realidad quántica y lumínica que vibra en nuestro universo interno. Entraremos en la esencia de nuestra energía; la quántica esencial® en que ya no rigen las leyes de la física, sino las leyes universales.

Estas son las leyes que administran todos los universos, entre ellos el nuestro. Si recuerdas, anteriormente me he referido a los multiuniversos, dimensiones a las que también pertenecemos y con las que interactuamos sin que seamos muy conscientes de ello. Pero solo seremos conscientes de otros universos cuando despertemos un nivel de consciencia superior al actual. Ese paso de consciencia es llamado un salto quántico. Un salto que nos saca de una realidad y nos ubica en otra de acuerdo con el nivel de consciencia que despertemos. Un nuevo nivel de consciencia se despierta porque tu energía grave se transforma en energía más sutil.

En tu nuevo estado cambia tu fuerza gravitacional. Despertamos energías que nos conducen a vibrar en otro nivel, energía esencial como la fotónica y lumínica. Allí, en esa dimensión, el mundo aparentemente es igual, pero la realidad que vibramos internamente es totalmente diferente.

La energía foto-lumínica es la energía de la esencia o energía de nuestro espíritu. Con esto quiero decir que esta se puede conjugar o conectar sin tiempo ni espacio con la esencia de todo lo que existe. Aquí estamos hablando de conectabilidad instantánea universal, de instante, en un universo quántico.

En relación con ello, ya escucho tu pregunta: instantánea es más allá de la velocidad de la luz. ¿Y cómo lo podría comprobar yo, si hasta ahora la ciencia no puede comprobar que existe una clase de energía que viaja más allá de la velocidad de la luz?

Sería muy fácil responder aquí mismo, en este renglón, pero lo haría únicamente basada en el laboratorio experimental de mi vida, sin apoyo científico. Debo tener en cuenta aquí que algunas personas necesitan entrar primero al campo de la física clásica para que, por sí mismos, lo puedan comprender.

Conectabilidad superluminal (más allá de la velocidad de la luz)

Si hablamos de energía foto-lumínica, estamos hablando del fotón. Ya hablamos de la lumínica, ahora comprendamos el fotón como un complemento energético de la luz de nuestro espíritu. El fotón es una micropartícula que contiene todos los elementos del universo, es la parte dinámica de la energía. Por lo tanto, no la podemos medir bajo los parámetros de la energía básica conocida en la física clásica.

Me imagino que si conoces que el fotón es parte fundamental de la luz de tu espíritu, querrás —igual que yo lo hiciera cuando lo supe— recordar qué es un fotón según la física clásica. Miremos rápidamente cómo se analiza un fotón de acuerdo con la física.

Si preguntamos al diccionario de la física sobre la naturaleza de la luz, la respuesta es: "Forma de energía que ilumina las cosas, las hace visibles y se propaga mediante partículas llamadas fotones".

Pero la respuesta no nos entrega claridad si no recordamos a ciencia cierta qué es un fotón. Te voy a introducir un momento en este conocimiento, para que podamos comprender con mayor exactitud qué tiene que ver el fotón con nuestra vida cotidiana y aún más con nuestra vida espiritual.

Aquí te dejo algunos conceptos sobre el fotón de acuerdo con el modelo estándar de la física quántica: "El fotón es una partícula elemental responsable de las manifestaciones quánticas del fenómeno electromagnético".

"El fotón porta todas las formas de radiación electromagnética, incluyendo los rayos gamma, los rayos X, la luz ultravioleta, la luz visible (espectro electromagnético), la luz infrarroja, las microondas y las ondas de radio".

"El fotón no tiene carga, ni masa y viaja en el vacío con una velocidad constante. Presenta cualidades de comportamiento como onda y partícula".

Sabemos que la luz está compuesta de fotones, inclusive las imágenes se forman en la retina gracias a que esta es un detector de fotones. Ahora miremos cómo se comporta un fotón.

En el año 1964, el físico John S. Bell dio a conocer una prueba matemática llamada teorema de Bell. Por medio de este, se comprueba matemáticamente que las partículas están conectadas de acuerdo con principios que trascienden el tiempo y el espacio, de modo que cualquier cosa que le suceda a una partícula afecta a las demás. Este efecto es inmediato y no necesita tiempo para transmitirse.

Encontré una explicación más gráfica. Imaginémoslo así: una fuente que emite dos corrientes de fotones (o rayos de luz, para entenderlo mejor), fotones que son interceptados por dos instrumentos: A y Z. Estos instrumentos pueden estar todo lo lejos que se quiera entre sí, incluso hallarse situados en puntos opuestos del universo. Por simple aplicación de leyes aceptadas de la mecánica cuántica, Bell demuestra que cualquier propiedad de las partículas que se mida en el instrumento A provocará simultáneamente una medición matemáticamente complementaria en el instrumento Z. Lo asombroso del caso viene cuando nos damos cuenta de que eso significa que cada fotón sabe la medición a la que está siendo sometido el otro fotón, y lo sabe instantáneamente.

Bell prueba que este tipo de relación no-local debe darse tanto en separaciones espaciales como en separaciones temporales (separación de tiempo y separación de espacio).

Algunos científicos expresaron que todo parece indicar que "cierta energía" (no se conoce aún cuál es esta energía) es la causante de esta correlación simultánea de conocimiento. Pero en física no se conoce una energía que pueda moverse tan rápidamente. Aun así, el teorema de Bell ha sido experimentalmente respaldado por otros científicos.

Einstein, ya en 1935, se encontró con este efecto misterioso derivado de la mecánica cuántica, y lo tildó de "fantasmal". Pero Bell y otros físicos como el Dr. Jack Sarfatti, sugirieron que "la información cuántica puede transferirse instantáneamente de una parte del universo a cualquier otra, y no se violaría la Teoría de la Relatividad, porque lo que se transfiere no es energía sino información" (según ellos).

Más adelante, el Dr. Jack Sarfatti registró y sacó la patente sobre un prototipo de sistema de comunicación más rápido que la velocidad de la luz. Citaba que mientras que la energía no podía alcanzar la velocidad de la luz, la información, sobre la base del Teorema de Bell, sí podía. Posteriormente, en 1982, el Dr. Herbert registró un segundo sistema de comunicación más rápido que la velocidad de la luz, sistema inspirado también en el teorema de Bell.

Personalmente pienso que cuando la ciencia dice que todo parece indicar que "cierta energía" es la causante de esta correlación simultánea, quizás esta "cierta energía" sea la propia naturaleza del fotón ya que él es la parte dinámica de la energía. Obviamente, yo no lo podría probar mediante algún instrumento físico. Por revelación divina conocemos que el fotón es la parte dinámica de la energía. Hasta allí por revelación. Lo demás son mis conclusiones.

Reflexionemos sobre ello: si el fotón es parte de la luz de tu espíritu, acompañado de otra energía llamada lumínica, entonces tu espíritu, el mío y de todos, puede conectarse y conjugarse con todo lo que existe sin tiempo ni espacio, bajo otras leyes que ya no son la leyes de la física, que son las leyes universales.

Con lo anterior puedo ahora responderte la pregunta de arriba sobre conectabilidad instantánea universal, en que expresaba que cuando desconectamos la linealidad del pensamiento, entramos en la esencia de nuestra energía, la quántica esencial®, donde ya no rigen las leyes de la física, sino las leyes universales.

Todavía la ciencia no tiene todas las respuestas, pero continúa en la búsqueda de ellas.

Personalmente, pienso que esas respuestas se encuentran en un plano más elevado de nosotros. Solo teniendo acceso a este plano, el universo quántico se encarnará en la vida real del ser humano, la mente dejará de ser mente mental y se convertirá en consciencia mental para comprender el gran entramado que significa este infinito universo.

Y es allí, en ese universo quántico, donde tú, como un observador consciente guiado e inspirado por tu espíritu, puedes salir por medio de saltos quánticos y crear tu realidad quántica esencial® o quántica uno®. Allí, en esa nueva dimensión, es que sientes que tu vida cambió, que algo que no entiendes sucedió y transformó tu vida o tu situación en algo muy positivo que siempre estuviste esperando. Descifraste códigos sellados que te tenían bajo el efecto de algún espacio, tiempo o lugar.

Allí también se llevan a cabo todos los sucesos que la mente humana mira como paradójicos o imposibles Por ejemplo: la levitación, que está fuera del contexto de la ley de la gravedad. La telepatía, que permite recibir comunicados telepáticos de dimensiones que existen a años luz de la Tierra, los cuales nos permiten recobrar la sabiduría universal y rescatar información universal perdida en nuestro planeta. Información revelada directamente por seres de otras dimensiones no físicas, como lo ha sido en nuestro caso desde el año 1976. El don de la ubicuidad, el cual significa la capacidad de estar presente en varios lugares al mismo tiempo. Es más fácil asimilar esta facultad de ubicuidad tan difícil de creer, si comprendemos el nivel quántico que nos demuestra el experimento de la doble rendija. Poder estar en dos lugares al mismo tiempo igual que el electrón entra por ambas rendijas al mismo instante.

Infortunadamente, cuando estos sucesos de ubicuidad se han presentado en seres humanos que se han convertido en santos, maestros espirituales y místicos, quienes han tenido experiencias que han sobrepasado la frontera de las leyes de la física, como la de la gravedad, la mente humana no lo puede creer y por lo tanto los invalida.

Ejemplo: Cristo, cuando caminó sobre las aguas. San Martín de Porres, a quien veían en varios sitios a la vez. San Francisco de Asís, a quien veían en la capilla en oración y a la vez en otro sitio haciendo servicio. Las experiencias de los místicos de Oriente y tantas experiencias iguales o parecidas que muchos seres humanos viven a diario, pero que no se revelan porque no hay forma científica de explicar.

Sin ir muy lejos en la distancia y en el tiempo, muy de cerca he podido presenciar en varias ocasiones el don de la ubicuidad en nuestra Madre espiritual, la Madre Luz. Aquí voy a adjuntar el testimonio de un miembro de nuestra obra espiritual, quien por medio de una carta que data del año 2013, expresa a Madre Luz una experiencia de este tipo:

Su nombre es María Nelly Jiménez (su nombre espiritual es Betdalia).

Date: Wed, 13 Mar 2013 19:21:00 -0500 *(copiado del correo electrónico)

Amadísima.Madre.Luz.

Mi saludo en amor, en alegría y en unidad de mi eterno corazón. Aquí te voy a relatar una maravillosa experiencia que tuve contigo:

Hacía más de un mes venía afectada de un fuerte dolor de cabeza, como también tenía un lacerante dolor en mi seno izquierdo debido a una gran masa que se podía palpar. Por esto había consultado al médico, el cual me mandó unos exámenes.

Estando dormida, sentí tu llegada, Madre, te acercaste a mí, me dijiste que me levantara y me aproximara. Así lo hice, entonces me abrazaste infundiéndome una grandiosa energía que me estremeció, luego colocaste tus benditas manos sobre mí, primero sobre mi cabeza, en la frente, en los laterales y en la parte de mi chacra Sahasrara, sentí en ese momento como si toda mi cabeza se descargara, la sentía muy liviana y con una poderosa energía.

Luego colocaste tu mano sobre mi seno izquierdo, haciendo presión en la parte donde tenía la masa. Es entonces cuando se da una gran revolución energética en esta parte, tanto tu mano como toda tú resplandecían en energía y en luz; te miré a los ojos y lo que vi no puedo describirlo aquí, porque no hay palabras para hacerlo, solo puedo decir que por medio de ellos me transporté a otra dimensión. No recuerdo más.

Cuando desperté, me sentía renovada y plena de alegría, con mi cabeza sin dolor alguno y en mi seno ya no estaba ese dolor lacerante que por muchos días me venía afectando, como tampoco estaba la gran masa que tenía, ésta había disminuido su tamaño. Es de anotar que debido al dolor y la presencia de la masa que el médico había detectado un mes antes, me mandaron a sacarme unos exámenes consistentes en una ecografía mamaria con ultrasonido, ya que la mamografía anterior no estaba muy clara en su diagnóstico.

Al examinarme, el especialista estaba asombrado porque no encontraba nada, no había nada de lo que en el examen anterior había aparecido, y a pesar de que repetía y repetía la prueba, seguía sin hallar absolutamente nada, entonces me dijo que algo muy raro pasaba y que esto era producto de un milagro, que yo no tenía nada, que sin embargo me iba a dar la orden para otra mamografía, y así lo hizo. Al recibir el nuevo examen y mirarlo, estaba normal.

La alegría que me embargó fue grandiosa, como grandiosa e inconmensurable es la gratitud que siento, una gratitud eterna e infinita hacía ti, mi bella Madre; gracias por tu divino cubrimiento, por tu maravillosa presencia, por todo cuanto he recibido y recibo de ti; gracias por todo el amor que viertes sobre nosotros y las divinas bendiciones que a diario nos prodigas. Gracias sobre todo por esta grandiosa y significativa sanación y todas cuantas he tenido la gracia de recibir; ellas son verdaderas y preciosas bendiciones universales. Bendita seas tú mi madre.

Tu hija, Betdalia

Los anteriores son solo algunos ejemplos de la omnipresencia que puede existir en un ser humano que ha desarrollado determinadas facultades o cambios quánticos, los cuales elevan el nivel de su consciencia al grado de poder entrar en su propia realidad unidimensional a participar del universo de las micropartículas, las cuales conectan todos los niveles de su vida tridimensional física, mental y espiritual.

Más allá del don de ubicuidad, quisiera referirme también a un tema muy antiguo, pero que ha cobrado actualidad: los viajes astrales.

Existen muchas referencias históricas sobre los llamados viajes astrales. Estos son la experiencia consciente de un desplazamiento de uno de nuestros cuerpos energéticos llamado cuerpo astral. El plano astral es la dimensión más cercana a nuestro mundo de la materia. Es la dimensión paralela a nuestra dimensión tridimensional. Allí se encuentra la misma naturaleza de la Tierra, pero en su parte energética. Este plano astral es dual. Quiero decir que igual que la Tierra, allí existe tanto la luz como la oscuridad. El astral superior y el bajo astral o astral inferior.

En el campo astral superior, se hallan los animales, los paisajes y los lugares de la Tierra en su energía sutil. Los colores y los brillos son más hermosos. De igual manera existe el bajo astral. Allí, aunque la vida es energética, la vibración de esa dimensión del bajo astral no es sutil. Su frecuencia es más baja, es un paralelo con la parte más grave de nuestro mundo. Es una proyección de la energía más baja de nuestro planeta, incluyendo todo lo que contiene en materia y en energía: pensamientos, bajos sentimientos y emociones de baja vibración proyectadas en formas y figuras grotescas.

El cuerpo astral es uno de nuestros cuerpos energéticos que puede visitar al plano astral. Este cuerpo es una parte nuestra constituida más de energía que de materia. El cuerpo astral es un cuerpo sutil conectado al cuerpo físico por una especie de hilo energético semejante al cordón umbilical llamado cordón de plata. Este cuerpo se puede desplazar por el plano astral y realizar la experiencia llamada viaje astral. Esta experiencia ha sido documentada desde hace milenios. En los templos egipcios, se pueden observar jeroglíficos, los cuales muestran claramente la separación del cuerpo astral saliendo del cuerpo físico, conectado a este hilo plateado de energía. La sensación de esta experiencia es muy fuerte, porque conscientemente se puede ver el cuerpo físico propio desde su cuerpo astral.

Se puede observar el cuerpo físico tendido en la cama, y la observancia se hace desde afuera de él. Esta separación del cuerpo astral es muy normal cuando la persona duerme y entra a la dimensión astral y tiene sueños que puede recordar o no, pero el desplazamiento allí se presenta igual, solo que no se es muy consciente de ello.

Más allá del sueño, el viaje astral consciente es una experiencia muy vívida. Lo que se está viviendo se siente muy real. Esta facultad de desdoblarse para hacer el viaje astral es una facultad inconsciente, casi involuntaria. Aunque algunos seres han desarrollado ciertas técnicas de preparación para lograrlo de manera consciente. Pero no es una facultad que se logra como resultado del ascenso del nivel de consciencia de una persona. Tampoco conecta todos los niveles de su vida material y espiritual. No es una experiencia por medio de la cual se entra a participar del universo de las micropartículas y tampoco lo conducen a entrar a su realidad unidimensional, tal como sí lo son los anteriores ejemplos sobre ubicuidad y levitación

Los viajes astrales abren una puerta que nos muestran la libertad de un cuerpo energético nuestro para desplazarse dentro del plano astral. Es más, la dimensión astral es la dimensión más cercana a la Tierra. No es una dimensión perfecta porque es dual, vibra luz y sombra. Los viajes astrales por medio de los cuales se puede experimentar la libertad para viajar conscientemente por este plano, son viajes de transportación magnética (ligados a la Tierra) y de libertad limitada.

Pero existen dimensiones no duales, solo de luz y de un nivel de consciencia mucho más alto, más vibrante. Tales son los planos de los ángeles, santos, maestros y grandes místicos. Seres de luz en dimensiones más cercanas a la alta divinidad.

Nos hemos preguntado alguna vez si como seres humanos podríamos desplazarnos conscientemente por estas dimensiones de luz, mucho más sutiles que el plano astral. ¿O será que esos vuelos esplendorosos se dejan solo para la mitología o las películas de ciencia ficción?

Una nueva forma de desplazamiento: descubierto por Madre Luz

Concluyo este capítulo de la **quántica en la vida cotidiana** dejándote saber que existe también otra forma de desplazarse hacia dimensiones más vibrantes. Se trata de una nueva forma de viajar por medio del despertar de tu energía fotónica y lumínica. Esta nueva forma de viaje que ya no es astral, es una navegación sideral. Es transportación, ya no magnética sino transportación fotónica y lumínica.

El espíritu, como energía lumínica, puede desplazarse por todas las dimensiones. Este nivel de realidad se encuentra más cerca del espíritu, y te conduce a ampliar tu concepción de la vida y conocer más allá de esta frontera conocida como vida humana.

Por medio de este modelo de transportación ya no se desplaza tu cuerpo astral, porque ya no existe. Este viaje lo logra el ser que ya ha trabajado sus cuerpos energéticos para fundirlos al espíritu. Quiere decir que tu cuerpo astral y los otros cuerpos densos como el mental y el emocional se transforman y se unen al espíritu. El espíritu como energía lumínica puede desplazarse por todas las dimensiones. Puede traspasar las barreras de las dimensiones de la masa corpuscular y la masa metafísica que tienen los espacios y que tienen los lugares, porque no tiene densidad física.

Soy consciente de que esta información es muy nueva para ti, pero también es nueva para toda la humanidad. Y lo fue para nosotros en el año 2000, cuando comenzamos nuestro proceso de despertar foto-lumínico. Aquí estoy presentando esta revelación de nueva cultura espiritual, pero solo es un anuncio del nuevo estado que le espera a la humanidad, el cual recapitaliza todos los parámetros conocidos en la vida espiritual.

Es un desplazamiento totalmente consciente mientras duermes. Es un desplazamiento correspondiente a los seres que hayan trabajado una vida espiritual quántica muy profunda y descubran la vida esencial por medio del despertar de su energía fotónica y lumínica.

Este desplazamiento es una buena nueva para quienes siempre lo han percibido o lo han deseado, pero creen que es cuestión de ciencia ficción o una utopía. Ahora, con el despertar de la energía foto-lumínica, se reveló esta realidad a los seres humanos.

Realmente es Madre Luz quien ha descendido y descifrado este código perdido para la humanidad. Ha sido ella quien lo descubrió, lo practicó y nos enseñó todas sus fases de preparación y despliegue y lo ha revelado a los miembros de su comunidad. Es un nuevo registro de evolución espiritual que continuará extendiéndose y queda en la memoria colectiva para la nueva humanidad.

Esta nueva forma de desplazarse ya la realizaban los atlantes. Con estos conocimientos de nueva cultura, podemos recobrar la memoria atlante perdida, conectando al ser humano con su origen cósmico de luz. Recordemos que la pérdida de la memoria cultural atlante dejó un vacío muy profundo en la humanidad, que hay que recuperar. "La Atlántida conectaba al mundo con una vida menos superficial, con su realidad cósmica, universal" (extraída de la Biblioteca Universal).

Aunque las sanaciones milagrosas, la levitación, el don de la ubicuidad y los viajes astrales no son aceptados ni demostrables por fórmulas matemáticas o físicas, es innegable que desde tiempo atrás se están experimentando silenciosamente. Otros sencillamente lo creen y consideran como una verdad mística. Por ahora el nuevo desplazamiento foto-lumínico es conocido y practicado por unos pocos que están despertando la energía esencial en su cuerpo físico. Pero será la nueva realidad para la humanidad del futuro, tal como lo fue en la Atlántida.

La humanidad entrará a otro nivel de consciencia superior. No hay que considerarlo solo como una verdad que hace parte de la historia sagrada de los santos, o místicos. Es momento de abrir la mente hacia otros horizontes que ya nos corresponden como seres humanos-divinos con magia de esencia y materia, seres de luz sobre el planeta Tierra.

Hoy, años después de mi experiencia de sanación, puedo escribir con mayor precisión que fue desde el nivel cuántico de mi cuerpo, mente y materia, que por medio del Espíritu Santo realicé la transformación en mi vida.

Encontrando el punto coincidente entre la ciencia y la espiritualidad, el cual en la nueva cultura espiritual llamamos "ciencia en consciencia" o "tegnología" (escrita con g), ayudé a mi sanación física y conseguí mi transfiguración, que cambió mi forma de pensar y de experimentar la vida. Mi vida, la cual trato de transmitir mediante estas letras.

Si recogemos la historia vieja de una ciencia separada de la vida del espíritu, muy pronto podríamos ver otra realidad sobre la Tierra, como lo han proclamado maestros iluminados.

Para concluir sobre la conjuntación de la ciencia y la espiritualidad, puedo expresarte que por medio de la ciencia puedes comprender cómo funciona el mundo quántico en las cosas, y por mi experiencia puedo explicar cómo funciona la fuerza transformadora quántica Uno en nosotros los seres humanos.

Después de haber articulado la fusión de Cristox y Espíritu Santo y su conexión con el despertar de la energía quántica esencial de los seres humanos, doy por finalizado el esclarecimiento del mensaje de la "encomienda universal" que me llevó a escribir este instante de "conjuntación entre ciencia y espiritualidad".

Si comprendemos el comportamiento de la energía quántica esencial® por medio de la fuerza quántica del Espíritu Santo, alcanzaremos la unión de la ciencia y la espiritualidad y le estaremos dando fin al gran abismo que por siglos ha mantenido apagada la antorcha de la verdad, separando la luz de la ciencia, de la luz de la espiritualidad.

Mi mensaje para ti:
Tu instante de conjuntación

Tu mente en consciencia ya no reconoce divisiones, ya conoce que eres parte activa del macro y el microuniverso.

Tu alma, tu mente, tu energía celular, tu corazón, ya identifican que participas de la creación de tu realidad de vida.

Tu cuerpo conoce que los átomos, macrones, corpúsculos, fotones, energía lumínica de las estrellas, vibran también dentro de él.

Ahora unifica el macro y micro en tu corazón universal y vibra como UNO con todo el universo.

Vibra tu instante de conjuntación.

Sinopsis de mi laboratorio de consciencia

Hasta aquí me has acompañado instante tras instante en el recorrido de mi calendario del instante eterno, por medio del cual interpreté con amor las ondas de la sabiduría del universo. En este proceso concilié mi corazón con cada planeta, constelación, sistema galáctico. Concilié y expandí mis ondas de amor, y hoy las comparto con todo aquel que desee percibir este estado de eternidad. Siento mi nueva respiración de luz; puedo respirar y vivir con el aire alquímico de mi energía esencial. Mi mente se clarifica cada día más comprendiendo el significado de todo este proceso. Mi corazón rejuvenece y siempre está sintiendo el ritmo universal del instante eterno.

Comprendí que la vida es un instante y transcurre en el instante mientras la energía de nuestro Sol construye en el instante. Si no soy consciente del instante, los rayos cósmicos de energía solar seguirán su ritmo y no podrán construir eternidad en mi vida.

La consigna de tu día debe ser que al ponerse el Sol cada día, debes estar emanando el aroma **del instante eterno**, porque de lo contrario, te habrás perdido del paso del Sol, pues descubrí que el Sol es la radiante flor dorada de la eternidad.

Dejo grabada en tu corazón esta profunda experiencia que ha convertido un dolor en una vida de esplendor y se ha compendiado en un instante eterno.

Sin fecha, sin hora, sin tiempo, sin reloj, solo un día, pero más perfecto si lo haces en <u>un instante</u>. Esta parte la escribí en el año 2006.

Hoy, tiempo en que escribo este testimonio, tengo la certeza y la consciencia quántica de estas palabras: **"más perfecto si lo haces en un instante eterno"**.

Segunda parte

Lo que continúa ahora en este compendio es dejarte conocer:
- Por qué la Nueva Era trae el nuevo mensaje del Espíritu Santo que recoge el tiempo más allá del presente.
- Qué es realmente el instante eterno.
- Por qué la inmortalidad se encuentra en el instante eterno sin tiempo, más allá del presente del <u>aquí y ahora</u> con sus partículas de espacio y tiempo.
- Cómo pude llegar a eternizar este instante.
- Cómo puedes construir tu instante.
- ¿Qué pasó realmente el 21 de diciembre del 2012?
- Qué tiene que ver el instante eterno con la Nueva Era, la cual inició después del 21 de diciembre del año 2012.
- También te dejo una guía para orientar tu misión en esta Tierra, por medio del sello de eternidad de tu ocupación o profesión.

Nueva era no temporal. Procesos al instante

Algunos investigadores aún se preguntan y quisieran verificar hasta qué punto se cumplió la profecía maya, y en síntesis, decidir si merecía algún nivel de credulidad.

Parece irónico hablar hoy, años después, sobre la credulidad o no de la profecía maya relacionada con el pasado año 2012. Pero esa ironía es precisamente mi enfoque: el del tiempo; ya que la profecía iba más allá del tiempo y del espacio conocido por la mente humana. En ella se estaba hablando de un salto quántico en la consciencia de esta humanidad de la Tierra, un salto no medible para la mente científica.

Nuestro planeta entró a un nuevo ciclo.
Una Nueva Era no temporal nos está rigiendo ahora mismo.

Nueva era después del 21 de diciembre del año 2012

Como puedes notar, esta parte ya no tiene arriba el título del instante en referencia al mensaje del Espíritu Santo. Hemos terminado con el mensaje, y ha quedado la vida después de la experiencia. Quedamos tú y yo. Tu vida, que de alguna manera ha acompañado la mía recorriendo este calendario de consciencia, y la mía, que te invita a entrar en una nueva dimensión de ti mismo, a una nueva etapa del instante eterno en la que yo ingresé, la cual poco a poco tú habrás venido descubriendo.

Sobre el calendario maya

Hemos venido ingresando a una nueva fase de este mi calendario de cambio de consciencia personal, el cual, por las circunstancias que explicaré, ineludiblemente nos ubica ahora ante un calendario muy conocido: el calendario maya, el cual tiene que ver con un cambio de consciencia colectivo.

Durante la última década, el calendario maya había tenido a la mente humana sumergida en una gran incógnita y en un estado de confusión y de incertidumbre con respecto a las profecías apocalípticas que generaban diversos pronósticos sobre el fin del mundo.

Frente al eventual suceso que presagiaba el final del mundo, se expresaron múltiples pensamientos, entre ellos los reduccionistas, que conducían a menospreciar y a hacer caso omiso de la información, y los que extrapolaron la información generando caos.

A pesar de que los pronósticos de acontecimientos y de fenómenos naturales y cósmicos de nuestro planeta interpretados de acuerdo con el calendario del pueblo maya se miraban como pseudocientíficos, unos estuvieron exactos, y otros muy cerca de los acontecimientos que profetizaban, exceptuando el "final del mundo". Final, según la interpretación del pensamiento general de la humanidad creyente. No obstante, hasta este momento, nuestro planeta continúa "girando", ante lo cual el mundo hoy se pregunta si se habrán interpretado mal las señales que la civilización maya nos dejó.

Al margen de todas las interpretaciones apocalípticas, mi realidad es que los mayas anunciaban para el fin del año 2012 un cierre de ciclo y la apertura de una Nueva Era cósmica, incluyendo obviamente nuestro planeta. En referencia a los acertados pronósticos mayas, puedes encontrar extensa información en todos los medios de investigación alusivos al tema, como el eclipse total de Sol del 11 de agosto de 1999, que se verificó puntualmente.

He sido fiel seguidora de algunas investigaciones de la NASA respecto de los últimos estudios sobre los planetas y comportamiento de nuestro Sol, y aunque no poseo mucha ilustración sobre astronomía, sí la suficiente sobre astrología, como para comprender la influencia de los astros sobre los planetas y el destino de los seres que vivimos en ellos.

Por consiguiente, voy a referirme exclusivamente al tema de los cambios en el comportamiento de nuestro Sol anunciado por los mayas. Y para conducir tu mirada hacia lo que en este escrito nos concierne, vamos a observar la relación de estos cambios con todos los procesos de la humanidad.

Para introducirte en mi contenido, permíteme primero exponerte un poco sobre los últimos escenarios científicos alusivos al tema.

Inusuales tormentas solares

Últimamente hemos evidenciado comportamientos de nuestro Sol, que están fuera de toda estadística científica. Son éstos sorpresivas e inusuales tormentas solares que han alcanzado el máximo de radiación en forma inhabitual y misteriosa y han tocado nuestro planeta, como la del 20 de enero del año 2005, la cual ha sido la más fuerte en los últimos 50 años y dejó turbados a los científicos.

Para mayor aclaración, las tormentas solares son llamaradas producidas por el Sol, que pueden llegar a la Tierra en forma de radiación electromagnética e inciden altamente en nuestro globo terrestre. Ocurren aproximadamente cada 11,5 años, y las más cercanas se pronosticaron para el período comprendido entre los años 2011 y 2013.

Confusión del mundo científico sobre el comportamiento de nuestro Sol

Se presentaron fuertes explosiones solares que no provenían de la corona solar como usualmente se creía. Esta se originaba directamente desde el interior de nuestro Sol. Además la acelerada actividad solar se ha estado produciendo en un momento inesperado, ya que cada 11 años el Sol presenta una actividad cuyo pico máximo había sido en el año 2000. Pero los modelos predictivos de los físicos solares quedaron fuera de la órbita científica cuando el estándar mínimo de la actividad solar se presentó cuatro (4) años antes de lo previsto. Ante los sorprendentes comportamientos de nuestro Sol, astrónomos e investigadores del satélite Reuven Ramaty High Energy Solar Spectroscopic Imager (RHESSI) concluyeron: **"Esto significa que realmente no sabemos cómo funciona el Sol"**.

El fin de una era y el renacer de otra

Según el calendario maya, se habrían cumplido ya cinco (5) ciclos de 5125 años, completando una serie de 25.625 años, lo que marca un ciclo completo formado por las 12 eras astrológicas (25.920 años). Según ellos, cada ciclo marca el tiempo final de una era y el renacer de otra regida por un nuevo Sol. Los antiguos mayas profetizaron que el año 2012 sería el final de la era correspondiente al "Quinto Sol" y el comienzo de otro ciclo cósmico, llamado "Sexto Sol".

La llamarada radiante de las predicciones mayas

El calendario maya finaliza en diciembre de 2012, 5125 años después de iniciarse la era del "Quinto Sol". **Según** las profecías de los mayas, el inicio del nuevo ciclo se daría porque nuestro Sol recibiría un rayo proveniente del centro de la galaxia y emitiría una inmensa llamarada radiante que transmitiría esa radiación a la Tierra y al resto del sistema solar antes del fin del ciclo en el 2012. Este suceso precedería al comienzo de un nuevo ciclo cósmico.

Secuencia de acontecimientos confirman el fin del ciclo

No es entonces causalidad que en 1997 se produjeran violentas tormentas magnéticas en el Sol. En 1998, la NASA detectó la emisión de un potente flujo de energía proveniente del centro de la galaxia, que sorprendió al mundo científico, y nadie supo explicar. No obstante, este suceso pasó desapercibido para gran parte de la humanidad, y fueron pocos quienes relacionaron estos hechos con el anuncio **de la llamarada radiante que los mayas anunciaban** como el inicio del fin de un ciclo cósmico.

¿Qué pensaba la NASA sobre estos acontecimientos? Tomado de los reportes de la NASA: "*La Tierra y el espacio van a entrar en contacto en una forma que es nueva para la historia de la humanidad.* El Sol está despertando de un largo sueño y en los próximos años esperamos ver niveles muy altos de actividad solar. Al mismo tiempo, nuestra sociedad tecnológica ha desarrollado una susceptibilidad a las tormentas solares sin precedentes", explicó Richard Fisher, a cargo de la División de Heliofísica de la NASA.

La NASA pronostica fuertes tormentas solares para el 2012 (tomado de reportes de la NASA, fecha 16 de enero de 2009, 17:11 h): "Navegación por GPS, viajes aéreos, servicios financieros y comunicaciones pueden dejar de funcionar por la actividad solar intensa", asegura la NASA, y advierte que mucho del daño puede ser atenuado si los encargados saben que una tormenta está por llegar. "Poniendo los satélites en 'modo seguro' y desconectando transformadores se pueden proteger estos recursos de daños eléctricos —dice Fisher, y concluye—. Creemos que estamos en una época en la que el clima del espacio puede empezar a influir en nuestras vidas cotidianas de la misma forma que lo hace el terrestre" (tomado de reportes de la NASA).

Tormentas solares influyen en la consciencia del ser humano

Quizás la influencia de las tormentas solares que la NASA refería era a nivel tecnológico. Mas lo que en alguna medida se desconoce es que el influjo de estas emisiones solares va más allá, llega directamente a la consciencia del ser humano, porque somos seres terrestres, sí, pero constituidos de elementos cósmicos e influidos por las estrellas desde nuestro astro solar en la galaxia más cercana y conectados en cadena hasta la más recóndita galaxia del universo.

La Séptima Profecía Maya

La antigua cultura maya conocía ampliamente el funcionamiento del universo. Los mayas fueron grandes medidores del tiempo. Contaban con observatorios y tenían amplios conocimientos científicos y religiosos, los cuales les permitían llegar a predecir importantes acontecimientos desde su tiempo remoto hasta nuestra época actual. Disponían de tres **calendarios**. El calendario Tzoolkin, de 260 días, el Haab, de 365 días, exactamente igual a nuestro calendario gregoriano, y el calendario maya, de la cuenta larga. Éste último terminaba el 21 de diciembre del año 2012, fecha que se designó como <u>el fin del tiempo, el tiempo del no tiempo</u>, traducido popularmente como el fin del mundo. Esta fecha aparece inscripta en su Monumento 6 de Tortuguero como la terminación de un ciclo y el comienzo de otro, ciclo en el que retornaría una de las deidades mayas: sobre esa fecha hubo mucha especulación porque se tradujo como el final del mundo.

Los mayas predijeron que **el comienzo de esta era comenzaría a partir de un eclipse de Sol que tendría lugar en el año 1999.** Este hecho efectivamente se dio en la fecha precisa del 11 de agosto del año 1999, y fue el último eclipse del milenio.

Para introducirnos en el enlace entre la regencia del Sol y nuestra vida, te invito a leer fragmentos de la Séptima Profecía Maya que nos habla del momento en el que el sistema solar en su giro cíclico sale de la noche para entrar en el amanecer de la galaxia, y dice así:

> ...los 13 años que van desde 1999 al 2012, la luz emitida desde la galaxia sincroniza a todos los seres vivos y les permite acceder voluntariamente a una transformación interna que produce nuevas realidades...

> La energía del rayo transmitido desde el centro de la galaxia activa el código genético de origen divino en los hombres que estén en una frecuencia de vibración alta. Este sentido ampliará la convivencia de todos los hombres, generando una nueva realidad individual, colectiva y universal.

> Una de las transformaciones más grandes ocurrirá a nivel planetario, pues todos los hombres conectados entre sí como

un solo todo darán nacimiento a un nuevo ser en el orden genético, la reintegración de las consciencias individuales de millones de seres humanos despertará una nueva consciencia en la que todos comprenderán que son parte de un mismo organismo gigantesco.

Con un poco de observación podemos afirmar que todos los acontecimientos y fenómenos que se han venido presentando en nuestro planeta y su estrella solar conectan la profecía maya que habla sobre el inicio de lo que ellos llaman el "Sexto Sol" como una Nueva Era para una humanidad rediseñada cósmicamente, que constituirá una civilización superior.

Recuerda que en el capítulo once, "Instante de Despertar", cuando desperté a otro nivel de consciencia y comprendí mejor la revelación de Cristo como Cristox Solar, revelé que Cristo se ganó la dimensión solar y desde allí regenta la vida espiritual de nuestro planeta después de su venida a la Tierra, lo cual lo convirtió en Cristox Solar.

Quiero con ello decir que desde el Sol no solo recibimos rayos para sostener nuestra vida material. Cada planeta, estrella, constelación o galaxia nos está entregando la energía que necesitamos para evolucionar en la Tierra y llevar a cabo nuestro plan cósmico personal y colectivo.

Aquí podemos comprender la razón por la cual el despertar espiritual de los seres humanos a cualquier nivel está directamente ligado con el cambio de las coordenadas cósmicas de nuestro planeta.

Desde nuestras células hasta nuestra consciencia, hemos estado unidos con Cristox por medio de nuestro astro solar. Ahora, más de dos mil años después, llegó la era en que nuestro Sol comenzará a recibir la emisión de otra estrella, otro sol desde el centro de la galaxia cuyo nombre pronto será revelado.

¿Cómo y qué sucederá en nuestra vida con estas nuevas emisiones del nuevo Sol?

Para comprenderlo mejor, a continuación vamos a enterarnos de lo que realmente pasó el 21 de diciembre de 2012 a nivel cósmico.

Si miramos astrofísicamente la ruta estelar en nuestro cosmos, los planetas giran alrededor del Sol, y nuestro sistema solar órbita alrededor de otra estrella, la estrella Alción, que pertenece al sistema de las Pléyades, que son siete estrellas compuestas por energía fotónica.

Pero ¿qué relación tiene nuestro Sol con la estrella Alción?

Nuestro Sol es la séptima estrella del sistema de Alción. Las estrellas del sistema de Alción son fotónicas, por consiguiente, nuestro Sol es una estrella fotónica.

Nuestro planeta orbita 365 días alrededor del Sol. Nuestro sistema solar órbita alrededor de Alción cada 25.920 años aprox. Es este el ciclo al que los mayas se referían en su calendario.

Alción está rodeado de un gigantesco anillo transversal al plano de su órbita, y cada uno de los soles o estrellas de este sistema solar entrará obligadamente a su debido tiempo por este cinturón fotónico.

Hace varios años nuestro sistema solar comenzó su entrada al cinturón. Este fenómeno da inicio a una época crucial y trascendente para la evolución humana. Aún se desconoce la trascendencia de ese instante a nivel evolutivo en todas las criaturas de estos sistemas en el universo.

Sin duda que este acontecimiento cósmico ha venido produciendo y continuará generando muchos cambios en las manifestaciones de la vida, al igual como ha sucedido en otras épocas de nuestra historia, las cuales han modificado la geografía del planeta. Extremas alteraciones en las radiaciones solares, como ya se han estado observando desde hace unos años; el desequilibrio del electromagnetismo en la mente humana; los sistemas electrónicos y de geomagnetismo están teniendo un desequilibrio inexplicable para la ciencia.

Las radiaciones solares marcan las etapas de transición, en las que se experimentan cambios geo-ambientales, biorrítmicos y culturales. Pero cuando no somos conscientes de este proceso, y no nos preparamos para ello, causa profundo desequilibrio en la coordinación mental del ser humano.

Ahora mismo, cuando nos sentamos frente el televisor o vemos las noticias en Internet, nos sorprendemos ante la muerte colectiva de aves, o la pérdida de orientación espacial de los delfines que quedan atascados en la arena de la playa. O los aviones que desaparecen o caen sin explicación alguna.

Igualmente nos sorprendemos ante los comportamientos atroces casi inhumanos de quienes cometen magnicidios, actos colectivos de violencia a sangre fría, sobre todo de parte de adolescentes, casi niños.

Los anteriores sucesos casi nunca se relacionan con las alteraciones electromagnéticas en la Tierra provenientes de las últimas e inesperadas irradiaciones solares.

Podríamos relacionarlo recordando que la orientación espacial de muchos animales se debe a que el cerebro está dotado de ciertas propiedades magnéticas. Sus desplazamientos migratorios se deben a la existencia de materiales ferri y ferromagnéticos en el cerebro. Gracias a este material se orientan y encuentran su camino a pesar del clima, la oscuridad o la niebla.

Recordemos también que más o menos una década atrás el hallazgo de cristales de magnetita en el cerebro humano fue uno de los descubrimientos más importantes, ya que señalan gran similitud con el cerebro de la especie animal. En conclusión, todo cerebro humano está caracterizado por determinadas propiedades magnéticas que producen un tipo de relación entre nuestra vida, nuestros pensamientos, nuestros movimientos y las corrientes magnéticas terrestres.

Pero lo más importante no es lo que está aconteciendo a nivel de fenómeno físico, sino la relación de este fenómeno con el proceso de trasformación hacia una consciencia superior, que como seres humanos debemos lograr.

Esta una gran oportunidad de evolución integral para entrar a una dimensión de consciencia más elevada dentro del orden del universo. Por lo tanto, si el ser humano no se afilia a este nuevo orden universal, se desconectará poco a poco de este orden, y el resultado será, entre otros, falta de paz, angustia, problemas psíquicos inmanejables y falta de cordura mental. No hay forma de escaparse de este orden cósmico que conduce a un nuevo nivel de consciencia ordenando la mente y la materia de la raza humana.

El ser humano ha buscado realizar transformaciones, pero hacia el mundo externo. En este siglo, ha realizado cambios sorprendentes, haciendo evolucionar el mundo que lo rodea.

Por ejemplo, en la conquista del espacio cósmico, ha descubierto un mundo de existencia no gravitacional, que es un modo de vivir sin el sostén de aquellos aspectos de vida que nos ligan y retienen a la materia, como la gravedad.

En la tecnología, el hombre ha creado los robots. Pero lo que realmente ha realizado es darle cuerpo mecánico exterior a las facultades mecánicas del ser humano. Es decir, se abre la posibilidad de una existencia mecánica, fuera del hombre, hasta llegar a crear el hombre robotrénico, quien lo desplazaría completamente.

Por medio de Internet, el hombre ha entrado a un mundo virtual que lo abstrae totalmente y lo aleja de la vida del espíritu. Paralelamente, la ciencia busca la desintegración de las partículas buscando el origen de la materia, tocando los terrenos de la energía esencial (energía del origen). Aunque esto se hace mediante una búsqueda externa, se está demostrando que el hombre está buscando una nueva dimensión de existencia: la vida energética **más allá de la materia**.

Más allá de la materia está la esencia, y la esencia está en el espíritu. En conclusión, inconscientemente el ser humano está buscando el contacto con su espíritu, pero desconoce que para lograrlo, no tiene que desintegrar la materia, lo podría lograr despertando su energía esencial en el cuerpo físico o material. La más alta expresión del universo es la esencia: energía foto-lumínica.

Podemos concluir, entonces, que la época que nos rige después del 21 de diciembre del 2012 está despertará la energía foto-lumínica.

La energía foto-lumínica del espíritu es energía esencial, y es momento de despertarla en el cuerpo material. Ya es necesario hacerlo. Está escrito en códigos cifrados de todos los libros sagrados proféticos, nombrada como las vestiduras blancas de los elegidos.

La nueva era trae el nuevo mensaje del Espíritu Santo que recoge el tiempo más allá del presente

Es el mismo Espíritu Santo con un mensaje renovado
Cierro aquí la referencia a la historia sagrada pasada, para expresarte que el Espíritu Santo que te he compartido por medio de este escrito es el mismo Espíritu Santo de todos los tiempos, de toda la historia de la humanidad, de las diversas culturas religiosas desde Oriente hasta Occidente; del norte al sur de la Tierra; de los profetas del Antiguo Testamento; de la encarnación del Hijo de Dios, del bautismo de Jesús en el río Jordán donde lo vieron descender en forma de paloma. El Espíritu Santo de los apóstoles de Cristo en Pentecostés, que descendió en forma de lenguas de fuego sobre cada uno. El Espíritu Santo que iluminó a los profetas como Mahoma y místicos de Oriente como Budha, a los santos de Occidente como santa Teresa o Francisco de Asís, y a cada ser humano quien haya despertado sobre la Tierra algún nivel de consciencia espiritual como en ti, en mí. Ese es el mismo Espíritu Santo, el cual te invito a vibrar en tu corazón, si aún no lo has percibido.

El Espíritu Santo, igual que el Sol, desde su mismo punto ilumina la Tierra en diferentes épocas. Ahora, en esta época, el Espíritu Santo revela un mensaje renovado para la humanidad de pensamiento nuevo, de mente abierta. Para ti, para mí, para tu familia, para tus hijos, para todos los que ahora estamos aquí y nacimos para vivir juntos este nuevo ciclo de la Tierra y necesitamos reconocer el nuevo mensaje.

En su expresión nueva de esta época, Cristox Solar nos expresa que cada uno de nosotros hemos sido convocados por su espíritu para elegir la vida o la muerte. Pero sabemos que si decidimos la vida, esta nos demanda transformación. Si decidimos la muerte, esta de por sí hace nuestra transformación. Quiere decir que si no buscamos la transformación por medio de la consciencia la tendremos por medio del sufrimiento y la muerte. Ustedes podrían pensar que estas son palabras releídas en todas las culturas, y tienes razón, pero hay algo nuevo.

¿Qué es lo nuevo? Lo nuevo es conocer que solo alcanzaremos la energía, el poder de la transformación, por medio del Espíritu Santo, porque Él es el transformador.

¿De cuál transformación estamos hablando? Estamos hablando de superar el dolor del alma, la confusión, la angustia, el temor, el miedo, la ansiedad, el rencor, el desamor y todos aquellos sentimientos que están enmarcados entre los límites del espacio y el tiempo. Superamos estos sentimientos mediante la fuerza del Espíritu Santo. Él es quien nos lleva a romper esquemas mentales que nos han mantenido en la dimensión del espacio-tiempo que crea sufrimiento.

Percibir más allá del estado conocido como presente

El Espíritu Santo es un catalizador para una transformación interior esencial. Hablo de la transformación profunda de la consciencia humana, disponible y accesible ahora en este instante, en esta Nueva Era. Él es el iluminador, quien nos libera de la esclavitud de la mente y nos hace entrar en un estado iluminado de consciencia **instante, tras instante**.

Esta formulación sobre el presente no es nueva, la humanidad conoce sobre ello. Desde décadas atrás, muchos maestros espirituales han hablado sobre la importancia de vivir en el presente como una forma de realización. Se conoce que hay que vivir en el presente para liberarse del sufrimiento mental generado por el espacio y el tiempo del pasado y el futuro, que nos arrebata la paz. Sobre este tema se ha escrito mucho, pero no es fácil sobrepasar la barrera del tiempo y quedar vibrando el presente por arte de magia. Con algunas excepciones, por lo regular, para lograrlo siempre se necesita una poderosa fuerza que impulse la mente humana hacia una nueva dinámica atemporal aún más allá del aquí y del ahora.

¿Quiénes han superado la barrera del tiempo y han quedado vibrando el presente por arte de magia? Unos cuantos seres, quienes al hacerlo se han convertido en seres iluminados, maestros trascendidos, líderes espirituales. Pero este estado llamado iluminación o trascendencia no es para unos pocos. La convocatoria es para toda la humanidad.

Se necesita una poderosa fuerza que impulse masivamente la mente humana hacia una nueva dinámica aún más allá del aquí y del ahora.

¿Cuál es esta fuerza y cómo se hace?

Si ustedes recuerdan el Evangelio de Cristo, allí se lee que Él despojaba las fuerzas oscuras del cuerpo del alma y de la mente de quienes le pedían ayuda. Pues bien, ahora **nosotros mismos lo podemos lograr por medio del Espíritu Santo, porque Él es la fuerza de transformación que Cristox nos dejó** para desalojar la fuerza del espacio y el tiempo que dominan a cada ser humano. **Esa es la fuerza de transformación que desaloja la fuerza oculta de nuestros cuerpos densos, como son nuestra mente, nuestro cuerpo astral y el cuerpo emocional** (la experiencia multidimensional de la que hablaba antes). Hace dos mil años no estábamos listos para hacerlo, por lo tanto, Cristo lo hacía por nosotros, pero antes de partir nos anunció al Espíritu Santo como el transformador.

Esta Nueva Era es el momento de la transformación

Es el momento de la transformación. Se precisaba un nuevo escenario cósmico, porque de lo contrario se necesitarían muchas encarnaciones para aprender a vivir en el presente, y mejor aún, en el **instante eterno** que perfecciona nuestra existencia atemporal. Si no existiera la fuerza transformadora del Espíritu Santo, la rueda sámsara de la vida no tendría fin. La rueda sámsara es la rueda de la vida, la encarnación, la muerte y nuevamente la vida.

La Nueva Era trae los cambios en la rueda sámsara

A lo largo de todos los tiempos, las culturas y las religiones contemplan la reencarnación del espíritu como una forma de evolucionar, de ir y venir para perfeccionar. Pero ahora todo ha cambiado cuando hablamos de evolución. Reencarnar ya no es sinónimo de evolucionar. El ser humano se ha acostumbrado a este círculo vicioso de ir y venir, regresar, renacer. El verdadero sentido de la reencarnación se ha perdido, porque el ser humano no se está transformando en este viaje.

El Espíritu Santo nos entrega luz, sabiduría y consciencia para comprender que el proceso de la evolución de la Tierra se ve transgredido cuando hablamos de la rueda sámsara, del poder de reencarnar. Ir y volver como un turismo planetario. No podemos ya más creer en el poder de la rueda sámsara de la vida. Debemos creer en un poder más esencial: el que lleva al ser humano en su proceso de transformación hacia la eternidad. Debemos aprender a vencer el dominio que ha dejado a la mente humana inmersa dentro del tiempo del pasado y futuro.

La Nueva Era trae la transformación sin dolor

Para encontrar la perfección del pensamiento o del sentimiento y lograr una vida integral, existe la ley del Karma. Por medio de esta ley universal, hemos tenido que entrar al agujero negro que nos conduce hacia la pena, el dolor y la enfermedad, Pero podríamos encontrar la perfección y entrar a niveles superiores de consciencia sin necesidad de entrar al agujero negro del dolor. El dolor es para despertar consciencia, pero si aprendemos a despertarla, no necesitamos el dolor. El paso por el dolor logra la trasformación de las ondas largas del pensamiento, del sentimiento o de la acción, en una onda muy corta. Pero esto se logra también por medio de la energía transformadora del Espíritu Universal o Espíritu Santo.

La conexión con el Espíritu Santo nos deja en silencio el alma, deja en silencio la mente y profundiza el espíritu para que podamos ver más allá de lo que con los sentidos físicos vemos y creemos que es, o que existe. De esta manera, el mundo espiritual se puede fundir en el mundo de la mente y logra apartar el mundo de ilusión del tiempo para vibrar el mundo esencial del espíritu. Así podríamos sentir en la vida que la esencia de la consciencia es más fuerte que la materia, que la esencia puede tomar nuestra materia y dirigir nuestra vida sin tanto dolor. (Más adelante comprenderás mejor qué es la esencia).

La Nueva Era trae la comprensión de la vida eterna

Hablamos de la muerte de Cristo, pero la muerte como muerte no se dio, porque Él transfiguró su cuerpo, resucitó y siguió viviendo en su cuerpo de eternidad.

La memoria de nuestra vida se quedó con el recuerdo de la muerte y la crucifixión de Cristo, y este registro está tan arraigado por las culturas religiosas, que no le permite a la consciencia humana avanzar hacia la comprensión de la eternidad en esta Tierra.

La Nueva Era trae la desprogramación del viejo concepto de vida y muerte
¿Cómo comprender la eternidad?

Basada en mi propia experiencia, descubrí y puedo aquí escribir y afirmar desde mi corazón, que la vida terrena, sin la participación consciente del espíritu, no es perfecta. Igual puedo afirmar que la muerte física sin la realización del espíritu en esta Tierra tampoco es perfecta.

¿Para qué vivir en esta tierra sin descubrir las delicias de la vida del espíritu?

¿O cómo partir en paz de esta Tierra, sin haber despertado la consciencia que nos ascendería a dimensiones de iluminación eterna después de la muerte?

Recordemos que Cristox continúa viviendo en la consciencia universal del amor. Quiere esto decir que lo que Cristox como Cristo estaba enseñándonos en la cruz no era la muerte sino la vida eterna. Pero le dimos importancia a la muerte y al dolor, porque nosotros desconocíamos que la muerte realmente no existe.

Ahora que ya conocemos que la muerte es el paso a la vida real. Podemos decir que la muerte lleva la perfección que no tiene la vida si esta no despierta la energía esencial del espíritu.

Igual como lo escribo arriba, la muerte sin la realización del espíritu en esta Tierra también es imperfecta.

Normalmente se considera que la vida es un estado de perfección y la muerte es un estado de imperfección. Por la cultura primitiva, llevamos esta información impresa en el material de ADN de nuestras células. Pero el estado real y natural del ser humano debería ser creer y percibir la eternidad desde esta misma vida material.

Nuestras células en su programa de vida están reordenadas para desarrollar funciones y sostener nuestra vida por años, pero este sostenimiento no es eterno, tienen fin. El pensamiento de conocer que se nace, se crece, se reproduce o no, pero se muere, involucra nuestra energía en un cambio irreversible y que siempre va hacia nuestro propio deterioro, que es entrópico y tiene fin.

Los seres humanos quisiéramos comprar el secreto de la eternidad en el que el tiempo deja de contar; las células no se deterioran; el corazón no tenga que sufrir; el cuerpo no llegue envejecer. ¿Verdad? Pero para lograrlo, primero debemos desconfigurar la información de la mente de que no tenemos dominio, porque nuestro programa celular biológico es divino. La realidad es que este es un programa divino, pero también humano. Entonces debemos comprender que la parte divina es la energía esencial que está dormida y que necesitamos despertar en nuestra parte humana para cambiar el programa y lograr la eternidad.

La inmortalidad se encuentra más allá del presente del aquí y ahora y sus partículas de espacio y tiempo

El principio de la inmortalidad o eternidad (longevidad, regeneración)

Una de las preguntas más importantes en todos los tiempos es Cuál es el principio de la existencia. El mundo científico busca en los laboratorios la verdad del principio de la creación para encontrar la regeneración del cuerpo humano o su inmortalidad. El mundo tecnológico busca la eternidad mediante la prolongación de la vida por medio de la robot–trónica. Las religiones no hablan de regeneración, pero hablan de conseguir la vida eterna en otra dimensión fuera de la Tierra.

Para introducirnos en el tema, debemos relacionar un descubrimiento accidental tan importante como controversial. La percepción celular primaria.

Desde que Cleve Backster descubrió la percepción celular primaria en las plantas, conocemos que estas percibe los pensamientos positivos y negativos de los seres humanos, Además, estos pensamientos son cargas de energía positiva o negativa para su vitalidad. Extrapolando este descubrimiento hacia el ser humano, es fácil comprender que nuestras células saben lo que estamos intencionado y lo que otras células están pensando también, sin que importe la distancia entre ellas.

Este descubrimiento se realizó en los años sesenta, y más tarde, abrió nuevos horizontes en el campo de la sanación.

Aunque este aspecto de unión o comunicación entre nuestra consciencia y nuestras células todavía es punto de discusión en los recintos científicos, el punto más importante es que ya es objeto de investigación en los laboratorios de la ciencia, que las células de nuestro cuerpo no son dispositivos sellados que trabajan automáticamente desconectadas de nuestra consciencia y fuera de nuestro dominio.

Poder decir que nosotros poseemos algún nivel de control sobre nuestras células abre un gran panorama en todos los ámbitos de la vida humana.

Valiosas investigaciones, como la de la percepción celular primaria, son el principio de una gran verdad silenciosa: una nueva consciencia ha estado emergiendo en la humanidad.

Una consciencia está llevando al hombre a investigar más allá de la capacidad para ver y percibir aún dentro de su propio cuerpo, más allá de su propia alma, y lo está conduciendo a descubrir su principio de creación.

Pero podría haber un pequeño enlace perdido en esta búsqueda, y parece ser que el mundo de la ciencia y el campo tecnológico no están buscando este principio de creación en el campo del Espíritu. Aunque conocen que la materia es solo un efecto de la energía, no se concentran en el campo de la causa. La ciencia trabaja en la investigación del efecto, o sea de la materia, para que la investigación conduzca al científico hacia el descubrimiento de la esencia. Quizás se cree que el estudio sobre la esencia —la cual es el origen de todos los efectos— le corresponde a otros campos como la religión, o la filosofía.

De acuerdo con lo anterior, podríamos concluir que mediante estas investigaciones, hasta ahora la ciencia no promete mucho dar respuestas sobre el principio de la existencia, porque este se encuentra en terrenos de la consciencia. La consciencia del ser humano se manifiesta como energía y aún más allá esta habita en campos del Espíritu.

En cuanto a esta búsqueda, pienso que científicamente no será fácil confirmar cuál es la verdad sobre el principio de la existencia. No vislumbro la respuesta de la ciencia en un futuro cercano. A pesar de los grandes avances de la ciencia y la tecnología, tendríamos que esperar siglos todavía desde el momento en que esta verdad sobre el principio de la creación se descubriera, hasta el momento de su comprobación científica. A no ser que recibas esta respuesta por revelación divina, (como fue mi caso), entonces la creerías, te aplicarías a ella hasta que se haga realidad en tu vida e inicies tu propio camino hacia la comprobación.

Sin embargo, corres el riesgo maravilloso de que cuando estés en el proceso, éste sea tan espléndido que ya no te interese comprobar nada, porque con el estado que te reporta la experiencia del proceso, descubres que vas más allá de la inmortalidad y de la regeneración. Vas hacia la plenitud de la existencia o consciencia de eternidad. <u>Cuando vibras esta alegría, no importa si te regeneras, no importa si te quedas en esta Tierra como un ser inmortal o te vas de ella como un mortal, pero con la seguridad de ser un mortal consciente de tu origen, que descubrió su consciencia de eternidad y que en ella ve implícito el tan buscado principio de tu existencia.</u>

No existe otra manera. No se hace por experiencia ajena, es una experiencia íntima, personal.

Esta revelación divina a la que me estoy refiriendo y a la cual tuve acceso tiene que ver con vivir en <u>el instante eterno,</u> presente sin tiempo ni espacio.

La Nueva Era trae rediseño del "despertar espiritual" para trascender el espacio-tiempo y poder vivir en el instante eterno, más allá del presente

Quienes han buscado la realización espiritual sobre la Tierra conocen que se logra mediante muchos procesos. Uno de ellos, y el más conocido, es el despertar de la madre Kundalini. Ésta es la energía de la consciencia o sabiduría, que está dormida en el nadi Sushuma, en la base coccígea de la columna. Los nadis con conductores sutiles de nuestra energía, Sushuma es el más importante de ellos. Corre por la parte central de médula espinal.

Muchos seres han despertado a la iluminación sin ser conscientes de lo que realmente pasó en su ser.

En el capítulo de mi despertar de Kundalini, expliqué la experiencia de un despertar espiritual. Por lo tanto, aquí únicamente me voy a referir a los cambios que en esta Nueva Era se están dando para elevar la frecuencia energética en la consciencia en todos los seres humanos.

Anotaba anteriormente que este despertar tenía restricciones de acuerdo con el proceso espiritual que cada uno haya llevado. También vimos que la energía iba explosionando en la dimensión de cada chakra. La energía va enlazando los chakras mediante su ascenso hasta el primero, en la cabeza (concretamente en la coronilla o asiento pineal), para fundirse en una sola dimensión. Esta fusión se realiza en la dimensión del último chakra que sirve de frontera entre la vida física del ser humano y su vida metafísica y espiritual.

En la Nueva Era, el despertar espiritual foto-lumínico por medio del Espíritu Santo incluye la regeneración celular del ser humano

Ahora, debido a la nueva ubicación cósmica o nuevas coordenadas de la Tierra en este nuevo ciclo, el ser humano que busca elevar su nivel de consciencia recogiendo o antiespectrando sus registros de tiempo y espacio puede despertar la energía esencial que detiene o desacelera esa carrera del tiempo que deja registros sobre el ADN de las células, e interrumpe la cadena del deterioro celular. Esta energía esencial es la fotónica y la lumínica. Es la energía de nuestro espíritu, que podemos despertar en nuestro cuerpo físico.

Cuando inicialmente te hablaba de una revelación que relaciona el instante presente con el principio de la creación y de la inmortalidad, lo decía pensando que en nuestra Biblioteca Universal reposa esta revelación del Espíritu Santo recibida mediante Madre Luz, y dice así:

> **El principio de la verdad de la existencia inicia en el presente.**

> El principio de la verdad de la existencia está en el presente. La célula es una afirmación del presente que vive. Cuando

hablamos de no creer en el deterioro celular, estamos confirmando que si cada uno está en el presente, el deterioro celular no tiene energía para descondensarse.

En este caso "descondensarse" significa 'destruirse, degenerarse'. (De la Biblioteca Universal).

Para mí, el párrafo anterior es una preciosa joya de nuestra biblioteca. Es la revelación más trascendente sobre la importancia de vivir el presente. De manera muy profunda, lo anterior nos declara que la célula fue creada para vibrar su eternidad en el presente. Aquí logramos comprender que si vivimos en el pasado o futuro, expectrando los sucesos de la vida, sencillamente estaremos generando tiempo. Y al generar tiempo, le estamos suministrando a la célula la energía propicia para que se degenere o destruya, cumpliendo su programa básico de envejecimiento y muerte. Si ella cumple su programa básico, no estará vibrando su eternidad, y ello significa destrucción, degeneración celular.

Continuemos conociendo lo que tenemos por revelación sobre cómo funciona el programa celular de nuestro cuerpo en cuanto a la inmortalidad.

La célula es una afirmación del presente que vive, pero esta es un programa que tiene principio y que tiene fin como todos los programas. No obstante, contiene la esencia vibratoria foto-lumínica que le permite la vibración de detener la información y concentrarla y permanecerla en el instante presente en que la actividad del cerebro permanece ajustada a la precisión del sin tiempo y sin espacio, que se concluye como: la puerta de la eternidad.

(Extractado de la Biblioteca Universal).

El anterior párrafo afirma que la célula está programada bajo el ciclo de nacimiento y destrucción, pero contiene también la fórmula de regeneración. Y aquí entra en juego el papel de la energía esencial *(fotónica y lumínica) de las células que componen nuestro cuerpo. Por la vibración de la energía esencial en ellas las células poseen la capacidad de detener la información (sucesos de la vida cotidiana), concentrarla y hacer que permanezca en el **instante presente**. La vibración del instante es el estado preciso conectado con la actividad del cerebro que ya no genere tiempo ni espacio. Lo primero es lograr que nuestro cerebro ya no marque ritmo del tiempo.

Si se logra esta sincronía de nuestras células con nuestro cerebro, cuando ya no marque el ritmo del tiempo, se dará el instante eterno propicio para la regeneración.

Soy consciente de que lo anterior marca un nuevo paradigma para el cual la mente no está preparada. Pero he venido preparando tu mente para llegar a este punto y clarificar que este nuevo paso que se abre para la humanidad podría llevarse varias generaciones en el proceso, pero lo importante es que ya hemos arribado a los terrenos de la longevidad tan buscada en los laboratorios científicos.

En conclusión, el pasado y el futuro son los enemigos de la longevidad: cuanto más vivas del recuerdo y más trates de presenciar y de vivenciar las preocupaciones por el futuro, menos vida tendrás, y menos longevidad.

Vemos que el principio de la eternidad inicia en el presente. Más allá del presente, existe el instante eterno; pero el presente es la puerta.

Por todo lo anterior, afirmo que el instante eterno va más allá del presente con sus partículas de espacio y de tiempo. Quien vive en el presente sin despertar la energía esencial todavía vive y vibra con partículas densas de espacio y de tiempo.

Cuando hablo de partículas esenciales, hablo de las partículas quánticas foto-lumínicas que se desplazan sin tiempo ni espacio como el fotón (explicado en el instante de conjuntación).

Lo anterior revela por qué una vida que despierta la energía esencial vibra el instante eterno y puede comenzar el proceso de detener el deterioro celular. **Es esta la diferencia entre la vida del presente conocida como del "aquí y ahora", la cual todavía contiene partículas de espacio y de tiempo porque no ha sincronizado su despertar de energía esencial (foto-lumínica) y la vida del sin tiempo en su cerebro. Es esta vida quántica esencial la que te conduce al instante eterno, vibrando la energía foto-lumínica sin espacio y sin tiempo.**

Somos luz: nuestra energía esencial es energía fotónica y lumínica

Ratificamos aquí que la esencia de nuestra existencia eterna está en nuestro espíritu. Y que nuestro espíritu está compuesto de energía fotónica y lumínica, la cual es la energía que fundamenta nuestro programa de vida. La lumínica y la fotónica, que es la parte dinámica de esa energía esencial.

Nuestra esencia, entonces, tiene capacidad para reconvertir el viejo programa mental y biológico humano de deterioro celular. El deterioro celular se da por la desconexión de nuestra energía esencial.

Tal como lo expresaba en el capítulo anterior, si cambiamos el viejo pensamiento, nuestra energía celular comenzará a cambiar el ritmo entrópico que trae registrado.

De esta manera, a la par con los descubrimientos de la ciencia, **descubrir la vida esencial (vibrar la energía foto-lumínica en esta vida) será en el futuro el nuevo modelo de despertar universal de nuestra existencia terrenal. Quiere decir que el ser humano despertará su eternidad en esta misma Tierra.**

Pero este es un proceso que apenas comienza sobre la Tierra. Es un proceso que conlleva un barrido de la plataforma genética humana, y no se da de la noche a la mañana.

Además, este proceso de despertar la energía esencial no es automático, como lo ha venido siendo el proceso de despertar espiritual primario que ha despertado tu energía básica corpuscular, astrónica y macrónica por medio de las cuales has llegado a algún nivel de consciencia al día de hoy.

En adelante, para despertar tu energía fotónica y lumínica, necesitas ser consciente del proceso de despertar foto-lumínico. Tienes que ser participante activo del proceso.

Solo ahora la humanidad comenzará su despertar, y este proceso no lleva tiempo sino consciencia. Puedes despertar consciencia en un siglo, varios siglos, o un instante. Cuando ello suceda, estaremos recordando que es **el espíritu el que vino a la Tierra a descubrir cómo quiere vivir por medio de la materia** y no al contrario, como lo hemos concebido desde tiempos inmemoriales. Esta consciencia nos conectará nuevamente con el macrouniverso.

Más allá del presente: el instante eterno

Ahora sí, despertando nuestra energía esencial, conseguiremos recuperar la vibración de nuestro presente de instante eterno, para no vivir sobre el deterioro que generan el pasado y el futuro.

Despertando esta energía esencial, nuestro espíritu volverá a tomar dominio del cuerpo y vida de humano. El espíritu volverá a vibrar sobre la Tierra, y podremos vivir sin el dominio del tiempo, el cual nos ha esclavizado mediante los sufrientes cuerpos —emocional, mental, sentimental—, evocando nuestro pasado y anhelando nuestro futuro.

No obstante, estos cambios no se podían ver ni hacer antes de ahora.

Hoy, años después, cuando escribo estas líneas, ya las coordenadas de nuestro planeta han cambiado, y con ellas las condiciones de vida material y espiritual de todos los seres humanos.

Para que tú puedas comprender el instante eterno en los procesos de tu vida, a continuación te voy a explicar por qué después del año 2012, la dinámica del universo ha cambiado.

¿Qué pasó realmente el 21 de diciembre del 2012?

La noche del 21 de diciembre del año 2012, mientras el mundo estaba pendiente de los posibles acontecimientos vaticinados para esta fecha, e innumerables grupos de diversas culturas y creencias de todo el planeta se reunían alrededor de lugares sagrados de poder energético, los miembros de la comunidad de nuestra obra espiritual de la Florida estábamos reunidos con nuestros Padres espirituales para recibir la nueva emisión cósmica que regiría la Tierra a partir de esa noche.

Muchas otras personas, entre ellos los estudiantes de nuestro programa de estudio, ubicados en distintos lugares de nuestro planeta, se encontraban conectados virtualmente y de corazón con nosotros en este momento.

El ambiente externo de una noche normal contrastaba con el estado interno de todos los que presentes y a la distancia asistimos a la convocatoria de esta Asamblea Universal. Nuestro corazón vibraba de alegría, porque para nosotros este momento, signado como el inicio de una Nueva Era, significaba también la culminación de una larga etapa de definición entre la luz y la penumbra. Este es el debate entre la ley del karma y del dharma para definir la regencia de nuestro planeta.

Por 36 años, hasta ese día del año 2012, por medio de Madre Luz, habíamos seguido la información desde las esferas siderales sobre este milenario proceso de consciencia por el cual los seres humanos, sin percatarse de ello, fueron los actores de esta gran escena terrena y cósmica que definiría este momento crucial de la Tierra.

Fue Cristox Solar quien la noche del 21 de diciembre abrió aquella Asamblea y por medio de Madre Luz nos conectó con las nuevas coordenadas cósmicas que como Nueva Era, regirían el planeta.

Si recuerdas, al inicio de este libro te revelé la forma en que Cristox desde el año 1976 se ha venido comunicando con nosotros por medio de Madre Luz. En esa época éramos como estudiantes de jardín infantil, a quienes había que hablarles en sus propios términos para que nuestra mente de ese tiempo pudiera tener una comprensión de temas tan intangibles. Durante el recorrido de esos 36 años hasta el 2012, hemos sido testigos de innumerables cambios en el ir y devenir del universo y sus planos de evolución. Igualmente nosotros hemos podido ascender nuestra escala de comprensión al verbo de Cristox, que ahora se nos revela de una manera más profunda, como leerás a continuación.

Aquí dejo plasmado algunos fragmentos de los mensajes de Madre Luz con inspiración de Cristox Solar, aquella inolvidable noche. Por estos, **Cristox nos confirma que un nuevo Sol esta iluminando la Tierra.**

Fragmentos del mensaje se Cristox Solar el 21 de Diciembre del año 2012

> Mientras millones de seres se preguntan hoy qué hacer ante una Nueva Era, vosotros teníais la respuesta años atrás. ...
>
> Todo vuestro camino de preparación ha sido para llegar a este día, y poder cruzar esa frontera que la mente y el corazón os impedían pasar. Aquí hemos llegado para iniciar el nuevo recorrido...

Permíteme interrumpir por párrafos para hacer de intérprete de acuerdo con mi comprensión para quien necesite clarificar el verbo de este mensaje de Cristox.

Por medio de estas palabras, Cristox quiere decirnos que el hecho de habernos preparado trabajando de forma consciente todos los procesos que involucraban la sutilización (disminución de la fuerza grave, densa) de nuestros pensamientos y de nuestros sentimientos permitió creer y comprender de forma más clara lo que significa este trascendental momento.

Continuemos...

Hay que escuchar con el silencio del corazón, las palabras de mi espíritu.

Hay que escuchar con las vibraciones quánticas de vuestras células mis palabras.

Hay que comprender con los sentidos superiores el significado que tiene para cada uno de vosotros, mi palabra y mi luz...

Cuando no se perfeccionan el pensamiento y el corazón con el silencio mental, el ego mental no permite reconocer las palabras de sabiduría que vienen más allá de las estrellas. Tampoco el fuego del corazón humano permite percibir y vislumbrar como una realidad los vaticinios que no son entregados por una mente humana. Solo silenciando los sentidos básicos del oído, la visión y demás órganos sensoriales humanos, podemos despertar los sentidos superiores que nos permiten sentir y vibrar quánticamente por medio de nuestras células. (Desde nuestro mundo subatómico que conforma nuestra estructura física y metafísica).

Hoy, vuestro corazón se prepara para vivir la experiencia de cómo transitar hacia la Nueva Era. No es un paso adelante, es un paso ascendente; no es un paso sobre la Tierra, es un paso por sobre la Tierra".

Cristox quiere decir que no es un camino físico ni lineal. Es un paso sobre la Tierra, o camino quántico que se hace y se vibra desde el interior de cada ser humano y lo conduce al ascenso de su nivel de consciencia.

Así, el magnetismo de todas las coordenadas planetarias cambiará dentro de unos momentos. El magnetismo de la Tierra cambiará sus asociaciones de hemisferios y meridianos. El registro del reloj de los tiempos comienza en cero. El registro del tiempo y del espacio se detiene en vuestra mente y vuestro corazón, para que no viváis el episodio normal y racional de la Tierra. Aun cuando os encontráis en ella, vuestra experiencia de vida con el espíritu es diferente; está llena de sorpresas, de cambios y de trascendencia.

Aquí hace referencia a que el 21 de diciembre, nuestro planeta cambió su posición cósmica, lo que afectó su magnetismo, y por consiguiente, nuestra vida humana, que está conectada con la magnética de la Tierra por medio de los meridianos y de los hemisferios, sufrió cambios. Nuestro cerebro y nuestro corazón, los cuales están directamente ligados con la magnética, cambiaron el registro del tiempo. Aunque conscientemente no lo apreciemos, la percepción del tiempo en nuestra vida es diferente, y de acuerdo con el proceso evolutivo que cada ser haya logrado, puede experimentar una vida más allá de la racional.

> El espectro solar que conocías hasta hoy ya no será el mismo; los nuevos rayos del nuevo Sol iluminarán el primer amanecer, y ya están iluminando en este instante vuestro nuevo corazón. El nuevo Sol, casa y padre del nuevo registro de la Tierra; el centro de su corazón es un vientre de luz regentado por Cristox Espíritu Santo.

Mediante el anterior párrafo, Cristox confirma la entrada de las emisiones del nuevo Sol para nuestro sistema solar. Recordemos que desde hace más de dos mil años, Cristox ha regentado la Tierra desde el Sol, ahora desde el nuevo Sol seremos regidos por la fusión de Padre Dios, Cristox-Espíritu Santo. (Esta palabras confirman la Séptima Profecía Maya, que habla del nuevo Sol que enmarcará un nuevo ciclo).

> Es la Nueva tierra, aquella que vibra en armonía cósmica para sentir nuevas vibraciones; es la que no enseña, participa de nuevas simientes espirituales, que traen luz y paz a una nueva humanidad; es la que conecta una nueva raza y un nuevo sentido de vivir, de estar y de existir, donde el paraíso puede sentirse y vibrar conforme el ritmo esencial del universo. Es la conexión que comienza a conjuntar

el cielo con la Tierra, de todos los vaticinios de todos los tiempos.

Cristox anuncia que nuestro planeta sentirá las vibraciones de semillas espirituales. Son estos, seres que traen luz y paz que nacerán sobre la Tierra y enlazan una nueva raza de seres humanos que ya existen y están trabajando con una nueva percepción de la vida, conforme el ritmo que marca el universo.

Para comprenderlo, recordemos que al rediseñar nuestra genética se da apertura a una nueva humanidad. Si cambiamos nuestra matriz energética, se transformará nuestra generación, ya que es desde esta misma Tierra que se puede sentir y vibrar el paraíso, esa dimensión llamada cielo, de acuerdo con las profecías de todos los tiempos sobre "**nuevos cielos y nuevas tierras…**".

> El nuevo cielo también se denomina como un nuevo corazón que se conecta desde el universo con su propio corazón de luz. No hay otro día ni otra noche como estos, vividos en todo el universo donde se afectan todos los sistemas, vuestro sistema solar y planetario; donde se afecta vuestro corazón y vuestras coordenadas terrestres y universales.

Aquí se nos revela la trascendencia de esta fecha, no solo para la Tierra, sino para los planetas de nuestro sistema solar. Al reconocer la importancia de esta fecha, podemos también comprender por qué aún sin ser conscientes de ello, en el corazón de los seres humanos vibraba una subyacente expectativa.

> Así organizo que vuestro corazón participe con las coordenadas de vuestros meridianos y hemisferios, <u>en el ajuste planetario del grado cero</u>; y podáis volver y empezar una nueva vida, que pese menos para vuestro corazón y vuestro cuerpo, y sea más amplia para vuestro espíritu. Es la promesa de todos los tiempos desde mi tiempo en la Tierra. Ha sido la profecía de los apóstoles, de los santos, de los místicos, de los avatares, de los videntes. El crédito para todos ellos está; pero

discernir el momento justo y preciso en donde todo acaba para volver a empezar tiene que ver más con las coordenadas del propio corazón y de la vida, que con las coordenadas físicas de la Tierra invisible, que no es perceptible a los ojos humanos.

Quiere decir esto que esa noche Cristox niveló nuestros hemisferios y meridianos, con su poder y acorde a nuestra preparación. Expresándolo con palabras más técnicas, Cristox **reinició** nuestra vida humana en sus niveles biológico, molecular atómico y quántico (lumínico y foto-lumínico). Esta era la profecía de todos los tiempos y le da el crédito a quienes la anunciaron, pero también expresa que discernir o reconocer el momento justo y preciso de cuándo iba a suceder no tiene que ver con la vida física de esta tridimensión. Pues nosotros esperamos ver que todo acaba como un final físico para volver a empezar, pero este cambio no se puede percibir físicamente.

De acuerdo con el párrafo anterior de Cristox, en que expresa: "**en el ajuste planetario del grado cero**", mi percepción es que quizás por ello las profecías mayas no se pudieron comprender y se tradujeron como el fin del mundo, cuando realmente estábamos ante el fin del tiempo: el grado cero, fin de ciclo del calendario, para iniciar el nuevo ciclo, el cambio de era. No era el fin del mundo, sino el fin del tiempo.

> Esta parte invisible de la Tierra, la parte energética, que es la que genera la vida, comienza a sufrir grandes transformaciones que la llevan a hacer parte del descubrimiento foto-lumínico de sí misma: la Tierra geológica, vuestra tierra geofísica interior y exterior; el balance atmosférico, el peso y la administración energética, entre la tierra de vuestros meridianos y el eje magnético central de vuestra columna; la organización de vuestros chakras y vuestros nadis; todo esto hoy sufre el cambio y la transformación que se denomina el cambio de era.

Él expresa que el cambio de era traerá grandes transformaciones al planeta y al interior del ser humano como nuestra tierra interior, la cual también tiene hemisferios, meridianos y eje magnético. Esa es nuestra tierra interior y exterior. Habla del balance y de la administración energética de la Tierra en relación con nosotros como seres humanos, quienes también tenemos meridianos y eje igual que el planeta, todo lo cual será parte de un rediseño.

Entendamos esta parte de la administración en el sentido del balance en las acciones de los seres humanos que no han estado en correspondencia con las necesidades geoambientales de nuestro planeta. Las acciones humanas están causando un daño grave irreversible en el medio ambiente y los recursos naturales necesarios para sobrevivir. En conclusión, hay desbalance energético en el planeta.

(Es el rediseño que la Tierra debía y debe hacer, y esto ha involucrado muerte y destrucción física, que ha causado caos y desconcierto). Estos sucesos continuarán hasta que el ser humano eleve su nivel de consciencia y despierte su energía esencial lumínica, paralelamente con el planeta. Continuemos:

> Cuando una era cambia sin que termine la forma física, no es la continuación. Esto no existe. Realmente terminan muchos aspectos mentales, materiales, emocionales, psíquicos, de la organización energética, que es el estado invisible que a veces no se puede reconocer porque no se ve, pero que es la base de vuestra vida física, geofísica, geoambiental, genética.
>
> Este paso y este día se dividen en muchas partes. Para unos tendrá un significado, para otros será un cambio de era, que se esperará qué suceda; para otros quedará en incógnita porque no se conoce nada; para vosotros es renacer. Así lo veréis. Renacer con un nuevo suceso de vida, una nueva interpretación de la existencia.

Madre Luz con inspiración de Cristox Solar. (Extractado de la Biblioteca Universal).

Cristox quiere decir que la parte energética invisible de la Tierra es la matriz que genera la vida que todos vibramos como vida física o tierra geofísica interior. La vibración de nuestro planeta cambia su frecuencia energética hacia el despertar de la energía foto-lumínica. Esto significa que si la tierra sufre cambios provenientes del macrocosmos, nosotros también, porque estamos conectados con todo el universo. Estos cambios comprometen nuestros chakras o centros energéticos, nuestros meridianos, nadis, columna y demás partes de nuestra organización energética. Esta parte hay que comprenderla con profundidad, porque nuestro nivel de pensamiento lineal nos permite ver el cuerpo humano como una entidad física, material que interactúa sólo en esta densidad llamada tercera dimensión. Para precisar mejor, el final y el inicio de la Tierra no es físico, es metafísico y espiritual, por esa razón, quienes ya estaban preparados recibieron el **reinicio** (renacer) de sus vidas el mismo 21 de diciembre. En la medida en que cada ser se vaya preparando, percibirá esta nueva vida, puesto que este cambio es para toda la humanidad.

Mirada desde esta perspectiva real, esta Nueva Era significa nueva vida. Y esta nueva vida incluye el rediseño geofísico de la Tierra, quiero decir que lo que juzgamos como grandes catástrofes, son rediseños del planeta que busca equilibrar energéticamente el desbalance que la inconsciencia del ser humano le ha generado.

Continuamos:

> En esta Nueva Era de luz y de sabiduría para vosotros, recordad que cuanto hagáis debe llevar el sello de la eternidad y os debe servir para ahora y para la eternidad. Así podéis sentir que os encontráis cumpliendo la misión de vuestra existencia...

Quiere decir que todos los aspectos de nuestra vida cotidiana deben llevar el sello de la eternidad para que realmente cumplamos con el objetivo de nuestra misión en esta Tierra.

Toma nota del párrafo anterior, porque al final de este libro te dejo una guía para que a por media de ella puedas comprender esta parte y a la vez evaluar cómo está el desempeño de tu vida, tu ocupación o tu profesión referente a tu misión. Allí comprenderás si tu labor está registrando el sello de la eternidad al que Cristox convoca.

Mi espíritu vuelve a regentar en la Tierra, como el principio de la eternidad. Recibidlo así en vuestro corazón; creedlo y registradlo, y renaced con el nuevo Sol... (El nombre del verdadero Sol no lo revelaré por ahora). La nueva historia de la humanidad comienza, y comienza con vosotros en este día. Dichosos vosotros, que habéis creído en mi palabra y en mi luz.

Esta es la luz que comparto con el espíritu de cada uno de vosotros; que comparto con vuestro amor y con vuestra paz; con vuestra propia voluntad que hoy es eterna.

Vivid la Nueva Era, que por siempre ha esperado vuestro espíritu y ha querido vuestro corazón.

Así sea en esta común unión.

Mi paz os doy. Conoceréis mi regencia de luz sobre la Tierra y en vosotros.

Así sea.

Cristox Solar-Espíritu Santo.

Madre Luz con inspiración de Cristox Solar. (Tomado de la Nueva Biblioteca Universal). 21 de diciembre de 2012.

Por medio del anterior mensaje, Cristox nos deja claridades sobre la Nueva Era del nuevo Sol. Es este el Sexto Sol del cual hablaban las profecías mayas.

Ahora te dejo con algunos fragmentos de un mensaje de Madre Luz con inspiración de Cristox Solar, por medio de los cuales Cristox nos revela la instantaneidad de los procesos espirituales que los seres humanos podemos lograr a partir de la Nueva Era.

La vida al instante

Fragmentos del mensaje del 29 de marzo del año 2013, sobre el instante eterno

... la nueva dimensión que ha comenzado sobre la Tierra es la precisión de cada instante de vuestra vida, de cada minuto e instante, donde el corazón del nuevo Sol en vuestro corazón vibra con nuevas coordenadas. Vuestro cuerpo magnético tiene nuevo ritmo de magnetismo; vuestra mente tiene nueva conexión electro-magnética...

Mantened la vibración de la luz, que es de instante y de presente, conectada al ritmo de la eternidad, que es perfecto. La perfección no es para un momento especial, o un descubrimiento especial, es para este momento, para esta existencia, para este instante, sin razón alguna y sin medida alguna. Es para hacer parte de la realidad de vuestra propia vida.

El anterior párrafo revela que las nuevas coordenadas de ubicación cósmica de nuestro planeta no solamente nos ubican ante una nueva interpretación de la existencia, también afectan directamente nuestra relación con el tiempo. Muestra que el ritmo de la eternidad se puede vibrar aquí, en la Tierra, como una vibración perfecta de luz, en un instante sin razones ni medidas.

El tiempo se ha acortado para vosotros y para toda la humanidad; el tiempo: con sus minutos, sus segundos. El tiempo se convirtió en instantes de vuestra vida. Es el instante preciso para actuar, para discernir, para obrar. El instante siguiente está conectado al anterior, y es el instante preciso para actuar, para desarrollar, para discernir.

… Y el cambio lumínico, foto-lumínico, quántico, se dará en cada uno de vosotros, con la rapidez de un quantum de luz, alcanzando así el reconocimiento y el desarrollo de sí mismo, de sí misma, para contar con una nueva sociedad de seres, que se descubren nuevamente en su realidad quántica, fotónica y lumínica.

Esa es vuestra sociedad, nuestra sociedad, la sociedad de vuestro espíritu; lo que vuestro espíritu quiere alcanzar, y para lo cual os he citado en este día, en esta asamblea de luz, que es la cena con vuestro amor y vuestro corazón directamente, en un instante fecundo.

Lo anterior nos convoca a vivir con instantaneidad los procesos de desarrollo y conocimiento de uno mismo. Anuncia el cambio quántico de consciencia que nos ubica ante la realidad de una nueva humanidad.

Cristox define el instante como el resultado de descontar el tiempo y el espacio de nuestra vida.

Si analizas mi calendario de consciencia, puedes comprender cómo tomando el suceso de cada etapa de mi vida en que había dejado registros energéticos psíquicos y físicos, recogí el espacio y antiespectré el tiempo. Silencié el ruido mental de la acumulación del tiempo en mi cerebro y en mis células. De esta manera, llegué al instante. Ese instante se eternizó en mi vida, y hoy, años después de mi experiencia, el instante se perfecciona, me sostiene en mi consciencia de eternidad despertando mi energía fotónica y lumínica. Así en el presente puedo decir que he incursionado hacia el **instante eterno.**

Tanto ha cambiado la dimensión para el Espíritu en quienes se han estado preparando para esta Nueva Era. No hay que pensar mucho, hay que decidirlo todo en un instante; hay que colocar el Espíritu a obrar en un instante.

Podemos entonces afirmar que el camino para vibrar el instante eterno queda abierto para la humanidad a partir del 21 de diciembre de 2012, porque la dimensión de la Tierra ha cambiado quánticamente en beneficio del sin tiempo y sin espacio. Ahora los procesos de despertar de consciencia no tienen que llevar la elongación del tiempo y del espacio lineal.

El fin del tiempo según el calendario maya

Es momento para comprender que lo que el mundo esperaba como el fin del mundo y el fin del tiempo del calendario maya era el fin del tiempo en la mente y en el registro celular de los seres humanos.

Habéis recorrido caminos, conocimientos, técnicas... ¡Todas son tan valiosas!... Pero cuando llegáis en espíritu al centro de los jueces de la luz y de la sabiduría*, resumen vuestra vida y vuestra historia en un quantum de luz, en un instante; y ese instante puede decir: "Volved a la tierra a aprender lo que aún no está en vuestro corazón, porque solo está en vuestra mente y es solo conocimiento". Este es el instante que quiero compartir con vosotros en este día.

Madre Luz con inspiración de Cristox Solar. (Extractado de la Biblioteca Universal).

Por medio de este párrafo Cristox acredita el conocimiento de la Tierra, pero hace énfasis en que el conocimiento no se puede quedar solo en la mente, debe convertirse en sabiduría para que sea reconocido por el espíritu y aporte al programa evolutivo de cada ser. Cuando no se cumple esta premisa, al encontrarse ante el Tribunal de Justicia a donde se llega después de la muerte, la vida del ser humano es evaluada de forma que solo abarque un quantum de luz; esto quiere decir que lo único que vale es la esencia del conocimiento que le haya aportado sabiduría para vivir, lo que se logra sintetizando los sucesos de la vida en el instante.

> Mientras en la Tierra se recuerda la Semana Santa llena de dolor, de aflicción, mis quantums de energía han dejado la historia y la huella de una resolución, resurrección gloriosa. Esta resurrección se transformó en un Sol quántico, para volver a resplandecer en la Tierra, como una victoria cósmica de luz, en el batallar continuo de la Tierra entre su karma y su dharma, que le creó el día y la noche, la oscuridad y la luz, la tristeza, la alegría, el sueño, el soñar, el despertar amargo, el dolor, la enfermedad, la aflicción, la locura. Os quiero liberar en este día, en un instante. Este es el instante en que mi Espíritu resucitó para convertirlo todo en luz, y que vosotros tuvierais esa luz para que la compartierais con todos.
>
> Madre Luz con inspiración de Cristox Solar. (De la Biblioteca Universal).

Cristox nos recuerda que más allá del dolor y de la aflicción de su muerte, debemos comprender su huella de resurrección. Fue este paso glorioso el que permitió que Él reinara sobre la Tierra desde el Sol para liberarnos del karma que nos ganamos por la caída universal. Karma que nos ha mantenido en medio de la dualidad de la vida, noche, día, oscuridad, enfermedad, dolor y demás.

Expresa que nos quiere liberar en un **instante.** El mismo instante en que su espíritu resucitó para recuperarnos la luz.

Comprendamos aquí que esta nueva etapa de la tierra llamada Nueva Era del nuevo Sol estaba dentro de un plan universal para recoger el espacio y el tiempo de ella. Solo de esta manera podremos realizar procesos al instante tal como Cristox lo deja instaurado.

> Las creencias se dividieron; se crearon las religiones, igual que las órdenes en la Tierra. Todos los seres humanos se apropiaron de diferentes filosofías y creencias. Todos tienen

la razón, porque creen con tiempo, con espacio, con lugar. Pero el tiempo, el espacio y el lugar elongaron en cada creencia el resumen de la libertad: el derecho a conciliarlo todo y a ser libre: LA LIBERTAD DEL ESPÍRITU. Esa es la verdadera creencia para el Espíritu: la liberación de sí mismo, como se liberan los hábitos y las esclavitudes de la mente, del alma o del corazón; la liberación de los cinco sentidos; la liberación de todos los cuerpos energéticos; la liberación de la división de las razas, de las religiones, de las culturas. El resumen de la historia universal, que dividida se conjunta, que vive para el instante, ama en el instante y todo lo puede desarrollar en un instante.

Convenceros en vosotros mismos del instante. Reflexionad en el instante:

Una célula para sanarse necesita el instante de creer que ella es capaz de regenerarse.

Madre Luz con inspiración de Cristox Solar. (Extractado de la Biblioteca Universal).

Una vez más, Crixtox Solar nos recuerda la división de creencias que generaron las diversas filosofías y religiones, las cuales dice que tienen su razón, pero solo sobre el tiempo, el espacio y el lugar en donde se fundamentaron. Esto quiere decir que cada una de ellas se estructuró para determinado lugar y en determinada época, pero ese mismo tiempo y ese mismo espacio de cada creencia mutiló lo que era la síntesis de la libertad del espíritu, el derecho a ser libre.

Podemos reflexionar aquí sobre la verdadera historia universal, en que no se considera la división sino la conjuntación. Es una convocatoria a la unidad, la unidad de las religiones, las razas, las culturas y la síntesis del tiempo y del espacio hacia el estado del instante. También Cristox deja enunciada la regeneración a partir del <u>instante de creer</u> desde la célula misma.

Es el momento de compartir a Cristox en la instantaneidad de vuestro propio corazón; no como alguien en quien creer; mejor, en alguien en quien vosotros estáis confiando y podéis compartir vuestra propia vivencia, vuestra propia luz y vuestra propia energía. Hacedlo así en mi nombre, en el nombre de la multiplicación de la energía; en el nombre de la multiplicación de la unidad y la multiplicación del instante eterno.

Esta nueva vida en la cual os llevo e ilumino con el Sol de mi corazón, el gran Sol (nombre del nuevo Sol que será revelado por Madre Luz) que por fin ha llegado por la voluntad del Padre Dios a vuestro corazón, y a iluminar la Tierra que tanto lo necesitaba, y que fue la cuna de la inspiración de mi espíritu; y hoy es también un asiento de amor de mi eternidad como regente.

Que esa luz vibre para siempre en vosotros; que esa luz vibre para siempre en vuestro corazón.

La instantaneidad de la vida del espíritu

Para ayudar a tu mente a comprender la instantaneidad que involucra la vida del espíritu, me resta hacerle caer en cuenta sobre la dinámica y el desarrollo de la vida cotidiana actualmente fundamentada en la supervelocidad de las comunicaciones.

Si das un vistazo a tu propia vida, la tecnología nos mantiene intercomunicados e informados al instante sobre los procesos y las situaciones de nuestro planeta. Relacionando la velocidad de la tecnología y la omnipresencia del espíritu, surge una pregunta: si la tecnología es solamente una imitación de la instantaneidad del espíritu, ¿por qué tendría que ser lenta la comunicación de nuestra vida material con las dimensiones espirituales?

Si observas a tu alrededor, actualmente no solo no nos sorprende, sino que se nos hace natural vivir en un mundo que cada día descubre tecnología inimaginable para la cual no existen fronteras ni límites. La mente humana está supuesta a creer y aceptar la instantaneidad tecnológica, pero aún desconoce la instantaneidad espiritual. El contenido de este libro te conduce a transbordar la misma tendencia hacia una vida cosmodinámica, integral y quántica para el desarrollo de tu potencial espiritual, que es el que crea la realidad de tu existencia eterna.

Llegó la era de tu instante eterno
A medida que iba viviendo el proceso de consciencia que te he compartido en este libro, iba despertando mi energía esencial

e iba construyendo mi instante eterno. En ese transcurso, cada día fui descubriendo fortalezas profundas y un estado sublime de eternidad que luego se abrevió a cada instante. Todo se convertía en un instante, que se sintetizaba en un estado de placidez y de claridad: un instante perfecto más otro instante iban creando mi eternidad. Un momento precioso en el que la misma muerte se convierte en vida, vida eterna estando yo viva. Es este el instante eterno, porque me permite eternizar con paz y alegría todas las acciones que involucran la cotidianidad de mi vida a pesar de las presiones que nos trae la humanidad en todos los campos, económico, laboral, familiar y personal.

Es el instante de alegría y de armonía que sin tiempo y sin que importe el espacio conecta mi respiración y el latido de mi corazón con todo lo que realizo entregándome el verdadero sentido de la existencia en esta Tierra, vinculada al Todo, como un ser universal y eterno, vibrando mi consciencia de eternidad.

ETERNIZA TU INSTANTE. Tú puedes eternizar un instante cuando lo que estás haciendo pensando o construyendo en ese instante, te sirve para construir tu consciencia de eternidad. Quiero decir que ese sea un pensamiento o una acción tan valiosa energéticamente, que te ayuda a construirte, a construir a otros, quienes también son seres eternos. Que la construcción de ese instante te la puedas llevar energéticamente y sirva para que tu corazón sienta paz eternamente.

DISTINGUE TU INSTANTE ETERNO. Si ese instante de tu vida que estás viviendo construye aspectos de tu alma, tu mente, tu inteligencia, pero no te sirve para construir tu propia vida eterna, ese no es tu instante eterno. Podrá estar construyendo en tu mente, en tu inteligencia, pero si no lo puedes aplicar con consciencia, ese instante pertenece al tiempo del alma, al tiempo de la mente y se quedará contabilizado como segundos, microsegundos del tiempo que deteriora y le pone fin al cuerpo, al alma y a la mente. Ese puede ser un instante que está sosteniendo tu vida física, pero no le está dando sostén energético, esencial. No le está brindando eternidad a tu vida.

El instante eterno no es una fabricación mental, es esencial, es una producción centelleante de energía foto-lumínica. Instante perfecto tras instante perfecto, que siempre permanece y te conduce hacia la solución perfecta de tu existencia real.

CONSTRUYE TU INSTANTE. El instante eterno no se confunde con el tiempo y el espacio. Ya no tienes que recorrer la experiencia de la ruta del tiempo, aunque el tiempo continúe su marcha. Si te encuentras ante una difícil situación de espacio y tiempo (situaciones cotidianas de problemas físicos o del alma), busca tu instante eterno. No tienes que rechazar el espacio y el tiempo. Con esto quiero decir que si no puedes superar o evadir la situación cotidiana difícil, simplemente vives allí lo que te corresponda, por más difícil que sea, pero con la consciencia de que todo pasará en un instante.

Sostén tu instante

La única de forma de sostener cualquier situación, por difícil que sea, es RESPIRANDO.

Sí, tan sencillo como lo lees aquí. Parece muy fácil al enunciarlo. Pero respirar antes de hablar, responder y actuar no es una norma fácil de tener en cuenta cuando el tiempo y el espacio presionan tu mente o tu alma. Solo se puede administrar una emoción con la respiración. En un momento de desilusión, el alma busca llorar. Allí la respiración se corta, no fluye normalmente, y el resultado es el sistema nervioso alterado y más llanto, más dolor, mucha preocupación y crisis.

Las estadísticas muestran un alto número de seres que han tenido un infarto en el momento de recibir una mala o una muy buena noticia. No pudieron administrar esa información inesperada.

También existen quienes en un momento de ira han cometido un crimen involuntario por un golpe, el cual hubieran podido evitar si hubieran tenido buena administración de sus impulsos. La única técnica que ayuda a superar un momento de crisis es la respiración.

Respira cuando sientas que tu mundo se derrumba. La respiración consciente no es aire solamente; es administración energética. Cuando lo necesites, invoca tu consciencia, concéntrate un instante y respira. La energía de tu consciencia trae la fuerza que te ayuda a administrar ese momento de espacio y de tiempo que te presiona el alma. En ese instante, el corazón se calma, y la mente se aclara para que puedas actuar con control de ti mismo(a).

Cuando tu pensamiento se sostiene allí con esa consciencia de eternidad, a pesar de la presión de la mente con su tiempo en progreso, el cual es el que desordena la vida, entonces percibirás que el tiempo se desactiva y no marca para ti.

Luego de que la difícil situación pase, puedes mirar a tu alrededor, y vas a notar que en tu entorno puede haber caos, pero para ti, la vida ha cambiado quánticamente. El elixir de la solución habrá llegado a tu vida. Entonces tú tomas la esencia del aprendizaje de ese instante. Esa esencia que se queda en tu corazón es la nueva consciencia que te permite vivir con armonía y con paz el instante siguiente. En el instante está la construcción del futuro y el equilibrio del pasado.

La información perfecta que necesitan tus cuerpos está en un instante, no en todos los instantes.

Respecto a este punto, una pregunta frecuente que me han hecho los estudiantes en las clases es la siguiente: ¿Cómo vivir el presente de instante eterno en medio de grandes presiones como el apremio económico, si allí la preocupación está latente en la mente creando espacio y tiempo? Esta pregunta es muy cierta. Esta presión es de las más difíciles de trascender, pero la solución es igual para toda clase de presiones, incluyendo la presión financiera.

Mira el universo como un gran entramado de consciencia conectado con tu universo interior, que es quántico. Si todo está conectado contigo, quiere decir que los problemas y las soluciones están conectadas y trabajan bajo la misma coordenada de intención de quien observa, quien en este caso eres tú (ya lo vimos cuando estudiamos el mundo de las partículas quánticas). Igual sucede con tu cuerpo cuando piensas en comer limón, y la química de tu organismo mediante las glándulas salivales reacciona de inmediato. De igual manera el universo responde a tu intención. Si tu intención es solucionar algo, debes asumirla muy clara y decisivamente, y la solución resonará de acuerdo a la consciencia que poseas, y si te corresponde, claro está, porque es una ley universal.

Si es tan sencillo, ¿por qué es tan difícil de obtener buenos resultados? Muy fácil, por culpa de la mente. Tu mente es la fuerza que interfiere para que el universo fluya a tu favor. ¿Por qué? Porque para que la respuesta positiva retorne de manera natural, necesitamos estar parados en un terreno atemporal. Estado de no tiempo, en estado de **instante eterno.**

No es con esperanza, porque la esperanza es esperar que algo suceda desde afuera. Es con confianza perfecta en tu fuerza creadora, sostienes esa intención sin pensamiento. No es solamente con afirmaciones. No es creyendo solamente, es **creando, es participando en la creación de la solución.**

Cuando necesites algo, piensa en ese algo, entrégalo ante el universo (el orden divino), en cuyo seno tu solución permanece latente. Pero si tu mente genera la incertidumbre *(¿lo conseguiré o no?), genera la duda (no, quizás no se va a resolver nada); la mente genera el miedo ("si no consigo ese dinero rápido o ese trabajo, voy a cometer una locura").

Por medio del anterior diálogo mental, todo el tiempo estás generando tiempo y espacio y estás cancelando la primera intención (energía), la cual si no hubiera encontrado interferencias que la bloquean, hubiera retornado con resultados de forma natural (dentro del orden natural).

Es como si ordenaras un producto con un diseño exclusivo para ti.

Luego tú **dudas** de poder tener en tus manos el producto y vuelves a llamar a quien atendió la orden y le expresas que no crees que él pueda hacer ese producto tal como lo necesitas. Luego tu mente te genera el afán y llamas nuevamente diciendo "¿Será que llegará a tiempo?". Y llamas nuevamente contabilizando el tiempo que demora ese pedido. ¿Qué crees que hará la persona encargada de hacer el producto ante esta interferencia energética que nunca le dejó crear el diseño porque no pudo recibir claramente la seguridad de la intención del cliente? De seguro que desde la primera duda cancela la orden. No estabas unificado interiormente. A veces era tu cuerpo mental que te acosaba con la duda, a veces tu mente se asociaba con tu cuerpo emocional, que te presionaba con el temor.

He querido dejarte aquí este simple ejemplo para ilustrar que cuando quieres conseguir algo, debes permanecer en el presente del instante eterno, si no quieres cancelar tu pedido universal. No puedes creer en nada diferente a lo que propones desde tu consciencia. Allí, en esa consciencia, tus células escuchan la orden, y se disponen a atenderla, y el producto se creará, pero si no hay interferencias mentales o emocionales.

El instante eterno no debe contemplar tiempo. Contemplar tiempo es pensar en futuro o evocar desde el pasado. Con esto quiero decir que debes estar unificado, claro y consciente de lo que necesitas. La duda, la incertidumbre, es energía sustraída de la proyección del futuro que duda o que teme lo que no conoce que podría pasar; o evocación del pasado que tiene miedo porque ya conoce ese sufrimiento que le esperaría.

La historia vieja es creer solamente. La historia nueva es creer creando, crear, participar de tu creación, porque de acuerdo con tu universo quántico, somos coparticipativos de nuestra realidad.

En síntesis, debes estar unificado en ti mismo para poder crear tu realidad. Así puedes construir tu instante eterno. El instante eterno no reconoce los años, meses, días, ni siquiera los segundos. El instante eterno vibra allí en tu vida en cada latido de tu corazón, cuando este está conectado al ritmo del corazón universal.

Así sucesivamente, en esta Nueva Era, viviendo instante tras instante, perfeccionando cada instante, irás encontrando la eternidad de tu vida. Cuando menos te des cuenta, lo habréis logrado, y toda tu vida se convertirá en un instante eterno. Dejaréis atrás el ayer y el mañana y volarás alto, muy alto y muy profundamente dentro de ti.

Esa es mi experiencia y la de mis compañeros de misión universal, y espero que a partir de este instante sea también la tuya.

Llegó la era de comprender tu misión

Si has llegado hasta este punto de la lectura de este libro, recorriendo todos los instantes de tu vida relacionados con el calendario de mi instante eterno, estás listo para aplicarlo en todas las áreas de tu existencia. Hemos arribado entonces al instante de reflexionar sobre tu misión en esta Tierra.

Según Cristox lo deja consignado en el siguiente fragmento, tenemos una misión en este planeta, la que nuestro espíritu eligió antes de encarnar, y dice así:

> Cuando cada uno decidió venir a la Tierra, previamente su espíritu en su consciencia hizo caso de un llamado misional en que el primer artículo para esa misión quedó grabado en la consciencia universal, o sea en la parte magnificente y esencial de cada uno. Ese primer artículo era: "Llegar a la Tierra a descubrirse integralmente (entender el cuerpo, la mente, la materia, el espíritu)". Aparte de esto, desarrollar cierto tipo de capacidades dentro del campo de la inteligencia, pero se designó que, aun existiendo el campo de la inteligencia, la sabiduría debía llegar a conocerse e implementarse integralmente a dicha inteligencia.
>
> Entonces cada uno decidió, en ese momento universal, qué estudiaría o qué haría sobre la Tierra, a qué familia pertenecería, cuál familia iría luego a conformar, con qué esposa o esposo, con cuántos hijos o sin hijos; o simplemente si dedicaría su vida a una contemplación.

Madre Luz con inspiración de Cristox-Espíritu Santo. (Extractado de la Biblioteca Universal).

Aquí estás conociendo el primer artículo misional que establece que la misión del ser humano es implementar la sabiduría a la inteligencia para hacer una experiencia de vida integral con espíritu, materia y mente. Significa que esta es la realización integral del ser humano.

Diversas filosofías y religiones han guiado al ser humano únicamente hacia el descubrimiento de su vida espiritual, y no solo no se le ha dado importancia al cuerpo material, sino que en muchas de ellas se lo ha marcado como pecaminoso, o se ha inhibido el conocerlo auténticamente en conjunto con todo su potencial mental y espiritual.

En consecuencia, parte de la humanidad desconoce la verdadera conexión universal del funcionamiento del cuerpo humano, el de cada órgano, cada célula, cada átomo conectado a su espíritu y por consiguiente al cosmos. La verdad es que necesitamos integrar todos los aspectos de la vida mental, material y espiritual para desarrollar nuestra misión en esta Tierra.

No se trata de ir al otro polo al punto de rechazar el cuerpo o la materia, se trata de crear el balance del espíritu, de acondicionar la casa llamada cuerpo físico y direccionarla a las necesidades del espíritu. Descubrir cuál es nuestra misión es una de las inquietudes más profundas del ser humano.

Mientras que algunos de los seres humanos desconocen para qué han nacido aquí en la Tierra, la mariposa, que es el exponente más excelso del reino animal, y que solo alcanza a vivir algunos instantes, quizás horas o días, ella conoce exactamente para qué vive. Tiene la consciencia de conocer el itinerario de su vuelo y sabe qué hacer con él desde el primero hasta el último instante de su vida.

El ser humano no conoce esa versión, desconoce cómo integrar el cuerpo físico y la mente para vibrar el espíritu en el cuerpo en esta vida terrena. La mariposa lo logra por medio de su evolución dentro de su reino animal con la cual aborda el cuerpo más sutil y hermoso de ese reino. Igual que la mariposa, debemos convertirnos en seres excelsos de nuestro reino humano, lograr la sutilidad de nuestros cuerpos, el físico y el energético, para descifrar el código que nos sitúe dentro de nuestra misión con cuerpo, mente y espíritu.

Llegó la era de comprender que nuestro despertar espiritual no se da más allá del espíritu, como lo enuncian algunas creencias, sino más acá, en la materia enlazada al espíritu y la mente, despertando a un nivel superior de consciencia. Este despertar espiritual de cada ser humano lo va conduciendo al encuentro de su verdadera misión.

De acuerdo con el primer artículo misional podemos comprender que independientemente de la profesión o el oficio que hayamos elegido, esta debe llevar implícita la sabiduría para que se cumpla el propósito real de nuestra profesión de modo que favorezca el descubrimiento de la vida integral personal y colectiva.

Cómo encontrar tu instante eterno por medio de tu oficio, tu talento o tus conocimientos académicos

Para encontrar el instante eterno, debes evaluar si lo que estás haciendo sirve para la eternidad. Quiero decir, que si lo que estás haciendo, no te está entregando herramientas para resolver los enigmas de tu existencia eterna, ese conocimiento se va a quedar solo en tu mente, no estás implementando la sabiduría, y tu mente sola no sabe vivir en esta Tierra con eternidad ni mucho menos viajará contigo a la eternidad fuera de este planeta.

Construye tu vida integral encontrando aquí el sello de eternidad de tu oficio o profesión

Encuentra aquí el sello de eternidad de tu talento, oficio o profesión y construye tu vida integral. Si recuerdas el mensaje anterior de Cristox, en el que expresa que todos los aspectos de nuestra vida cotidiana deben llevar el sello de la eternidad, allí te prometí una guía para que pudieras evaluar el desempeño concerniente a tu misión.

A continuación te dejo la guía. Te invito a leerla en primera persona, reflexionar y evaluar el desempeño de tu profesión, oficio o actividad que ya sabes que tú mismo escogiste para unir tu ciencia a tu consciencia y por medio de ella vivir integralmente con mente, cuerpo y espíritu. Si en la guía siguiente no encuentras tu profesión o la actividad que realizas, puedes reflexionar con una que tenga afinidad.

Guía para encontrar el sello de eternidad de tu ocupación o profesión

<u>Tu instante eterno como gerente o administrador</u>. Yo, administrador, que me he instruido para convertir los **recursos humanos, materiales, técnicos, financieros, de tiempo y de espacio en una empresa útil y efectiva que se desempeñe bajo** los mejores estándares de eficiencia, me pregunto: ¿He podido identificar y administrar la parte de mí, que siento, pero que no veo con mis ojos físicos: mis distintos cuerpos que acompañan el físico, como el mental, el emocional, el sentimental y el astral, para convertirlos en una consciencia supe-

rior que dirija la empresa de mi vida con la misma eficiencia con la que dirijo empresas?

Tu instante eterno como arquitecto, ingeniero o constructor. Yo, arquitecto, ingeniero o constructor de espacios externos, me pregunto: ¿Qué he construido internamente para ayudar a sostener la construcción de mi vida integral y crear el diseño perfecto de mi existencia como una estructura vibrante de unidad entre mente, cuerpo y espíritu?

Tu instante eterno como juez o abogado. Yo, que soy un mediador y defiendo los derechos y los intereses de las personas **en todo tipo de procedimientos judiciales, ya sean estos de la jurisdicción civil, penal, social o administrativa,** para que se haga justicia, me pregunto: ¿Lo estoy haciendo con verdadera justicia?, ¿y me he hecho justicia a mí mismo, descubriendo y viviendo de acuerdo no solo con las leyes de la Tierra, sino también de acuerdo con las leyes universales que rigen mi existencia eterna?

Tu instante eterno como químico. Yo, un químico que investigo las reacciones y los fenómenos químicos mediante ensayos y análisis con el objetivo de perfeccionar los materiales y los productos del mundo de la materia**, me pregunto:** ¿He descubierto que soy el producto de mi laboratorio interno? ¿He analizado, controlado o perfeccionado las reacciones de mi química interna, de la cual se derivan mi personalidad y mi comportamiento?

Tu instante eterno como físico. Yo, que soy físico y estudio los fenómenos naturales y trato de encontrar las leyes básicas que los rigen, y por medio del lenguaje de la matemática establezco si las leyes son correctas de acuerdo con los resultados positivos**, me pregunto**: ¿He podido comprender que esas leyes de la física son inherentes a mi propia vida y que la causa del caos social es el resultado del desconocimiento de que más allá de las leyes de la física, la vida de todo ser humano está regida por ineludibles leyes universales?

Tu instante eterno como geólogo. Yo, que soy un geólogo que puedo desentrañar el pasado y los misterios de las capas de la Tierra, que puedo viajar por su pasado y con esta información proyectar eventos del futuro, **me pregunto**: ¿He podido descubrir el pasado y el futuro de mi vida eterna? ¿He logrado desentrañar el misterio del origen de mi ser y de mis capas o cuerpos energéticos que constituyen la existencia inmortal de mi propio cuerpo o tierra interna?

Tu instante eterno como laboratorista clínico, químico bacteriólogo-parasitólogo. Yo, que me encargo del estudio de microorganismos y de células por medio del estudio microscópico y tengo la responsabilidad de la vigilancia y del control de la salud y la prevención de la enfermedad para mejorar la calidad de vida, **me pregunto**: ¿He pensado encontrar el punto de conjuntación o unidad del microuniverso de las células con el macrouniverso cósmico para mejorar sobre la Tierra la calidad de la vida esencial del ser humano? Mirando el microuniverso he podido identificar que no somos solo humanos, que aún estando compuestos de micropartículas pulverizadas por los eones de todas las etapas de la vida de la evolución humana, la esencia divina continúa vibrando como polvo de estrellas tanto en el macro como en el microuniverso que observo por el microscopio.

Tu instante eterno como agrónomo. Yo, que soy un ingeniero agrónomo, un profesional capacitado para realizar trabajos relacionados con la investigación y el desarrollo en la gestión de cosechas, y con la biotecnología vegetal, y descubro productos innovadores para la agricultura, **me pregunto**: ¿He podido descubrir que energéticamente mi cuerpo está conectado a esa misma tierra? ¿He podido acrecentar la cosecha del producto más innovador llamado "semilla eterna"? ¿He podido descubrir que lo que yo despierte en consciencia espiritual es una cuota que acrecienta la fertilidad de la tierra, y que lo que yo involucione espiritualmente acrecienta la aridez del planeta?

Tu instante eterno como labriego. Yo, que he trabajado la tierra, que la cuido y abono para lograr el buen fruto, ¿hasta dónde he arado la tierra interna de mi corazón y mi alma para ser un buen fruto del gran árbol que es mi planeta? ¿He descubierto que he descendido viajando desde el cosmos hasta esta Tierra y que mi mejor abono es mi luz esencial, la cual necesita continuar respirando de la energía de las estrellas?

Tu instante eterno como ecólogo. Yo, un ecologista que estudió los ecosistemas, las relaciones de los organismos entre sí y su medio ambiente, del cual depende el desarrollo de un ser vivo, entre ellos el ser humano y todo lo que resulta afectado por él mismo, **me pregunto**: Además de lo anterior, ¿he logrado identificar cómo la interacción energética de pensamiento y acción entre los seres humanos también afecta positiva o negativamente la energía de mi planeta, causando los efectos de fenómenos naturales sin explicación alguna para la ciencia?

Tu instante eterno como cartógrafo. Yo, que soy un cartógrafo, un especialista en la comunicación gráfica, que por medio del diseño de mapas proporciono información exacta, clara y sin dualidades sobre un área específica, o sobre la existencia de diversos fenómenos sobre o cerca de la Tierra**, me pregunto:** ¿He podido encontrar la ruta ascendente del viaje hacia mi existencia eterna y ubicar claramente el punto preciso de mi origen en el mapa cósmico?

Tu instante eterno como artista-pintor. Yo, que soy un artista que interpreto la armonía y la belleza por medio del arte**, me pregunto**: ¿He logrado percibir e interpretar, más allá de las formas físicas, la armonía interna de mi propio ser, colmada de esencias, de colores y de armonías cósmicas entre el micro y el macrouniverso, el cual inspira mi vida como una obra suprema de mi Creador?

Tu instante eterno como artista, bailarín, cantante o músico. Yo, quien con mi voz, mi cuerpo, mi actuación o mi música, encumbro los sentimientos de los corazones humanos, **me pregunto**: ¿He descubierto que mis sonidos, mi música, mi danza pueden también levantar las excelsas vibraciones de mi propio espíritu con la sonoridad de las armonías cósmicas para despertar códigos estelares dormidos en mi vida terrena?

Tu instante eterno como guía turístico. Yo, que soy un viajero incansable, que guío a las personas hacia el encuentro de espacios maravillosos de la Tierra, me pregunto: ¿He logrado no perderme en los recodos oscuros de mi alma, las estaciones borrascosas del corazón y los dolores del sentimiento? ¿He encontrado el sendero sublime que me lleva al reencuentro con mi paz y me conduce a mi punto de luz universal?

Tu instante eterno como ingeniero de sistemas. Yo, que me muevo en el campo de la informática, y con mis conocimientos académicos y técnicos planteo nuevos modelos que hacen posible el tratamiento de la información por medio de computadoras, y que además del *software* y del *hardware*, propongo las técnicas de pensamiento orientado a los procesos de todo el entramado virtual, **me pregunto**: ¿He logrado comprender el manejo y la conexión entre mi *hardware* (cuerpo) y mi *software* (mente-consciencia) con mi propio sistema de entramado sideral (espíritu)?

Tu instante eterno como diseñador de modas. Yo, que he pasado mi vida cosiendo, tejiendo, cubriendo la piel humana con diferentes diseños, **me pregunto**: ¿He considerado que por medio del conocimiento interno también puedo diseñar mi vestido eterno, incorpóreo, de luz foto-lumínica para regresar a mi reino de luz?

Tu instante eterno como diseñador de interiores. Mi servicio, que se basa en utilizar los colores y las texturas adecuados, empleando las técnicas más actuales para lograr el equilibrio entre funcionalidad y estética de los espacios, hace que me **pregunt**e: ¿He descubierto cómo involucrar o crear un ambiente espacial que conecte con equilibrio no solo mi espacio físico, sino también el espacio de energía que ocupa mi cuerpo físico? ¿He podido identificar que los lugares físicos están conectados con al agua, la tierra, el fuego, el viento, la madera, el metal? ¿Que estos mismos elementos están contenidos en mi cuerpo y fluyen de acuerdo con un orden universal, cuya resultante, además de la belleza, es la armonía perfecta entre el ambiente y el alma de quienes lo habitan?

Tu instante eterno como biólogo. Yo, que estudio todos los organismos vivos, su ecología, su interacción con el medio ambiente, la estructura y las funciones comunes en ellos, con el fin de establecer las leyes generales que rigen la vida orgánica y los principios fundamentales que expliquen su comportamiento, **como ser viviente que soy**, ¿me he preguntado sobre las funciones orgánicas más profundamente que lo aprendido en la academia? ¿He considerado que mi vida y la vida orgánica en general están regidas también por leyes cósmicas que explicarían muy bien el multifacético comportamiento humano o biológico existente? Más allá de lo conocido, ¿he tratado de intuir qué es la sangre humana en su color y en su significado para que como ser humano se pueda percibir el pulsar del universo en el latido del corazón? ¿Si el corazón sólo es un órgano físico o un centro de pulsar energético que está conectado con el corazón del mismo universo? Como biólogo puedo conocer la complejidad de los micro y de los macroorganismos, posiblemente como un todo planetario, pero no como un todo con el mismo cosmos y con el universo en general que evoluciona en un mismo conjunto de energía. Por último, ¿me he cuestionado del proceso evolutivo de la ciencia para acercarme más a un proceso por evolución, ya no de las especies, sino del mismo espíritu humano?

Tu instante eterno como médico. Yo, quien mediante mi estudio, mi investigación sobre la ciencia del cuerpo, mi diagnóstico y mi tratamiento, trato de sostener la salud y la vida del ser humano desde su nacimiento y he experimentado la impotencia de mi ciencia cuando no puedo detener su muerte, **me pregunto**: ¿He comprendido el pulsar del corazón como un equipo celular tan perfecto, por medio del cual pasa la energía de la vida como el tránsito visible del pulsar del universo? ¿He interpretado la muerte también como otro estado de la misma vida, la cual queda fuera de mi ciencia, cuando a esa vida le llega el instante de fundirse con su matriz, y elevarse hacia su seno estelar?

Tu instante eterno como comunicador o periodista. Yo, quien tengo la responsabilidad de mantener conectados a una colectividad, transmitiendo la verdad de la información clara, correcta y precisa para que una organización o un pueblo fluya y se desarrolle de acuerdo a la verdad existente, **me pregunto**: Anexo a ello, ¿he logrado descubrir de esa misma forma clara y precisa que el influjo de la comunicación universal fluye por medio de mi espíritu hacia mi vida y mi entorno? ¿He utilizado mi ciencia de la comunicación para divulgar esa verdad y ayudar a encontrar la conexión que le entrega respuestas existenciales a la humanidad?

Tu instante eterno como enfermero. Yo, quien me he preparado para unir mi fuerza de trabajo en colaboración con el paciente para ayudar a cuidar, preservar, rehabilitar la salud individual o colectiva a nivel mental, físico, psicosocial, **me pregunto**: ¿Hasta dónde he podido descubrir la fuerza de mi espíritu que ayuda a sostener, rehabilitar y renovar mi propia vida y la de los pacientes que tengo en mis manos?

Tu instante eterno como psicólogo, psiquiatra. Yo, quien soy un terapeuta profesional que estudia el comportamiento y el proceso psíquico y mental del ser humano, diagnostico su problema y le suministro orientación para ayudarlo a administrar las condiciones de su alma, **me pregunto**: ¿He podido advertir que tuve vidas pasadas y que en esta vida, mi alma y el alma de cada ser humano se encuentran viviendo con una red psíquica con la cual tratan de balancear el presente de su vida con ese pasado universal? ¿He podido descubrir que el ser humano actúa mediante una memoria que contiene partículas de personalidad de otras vidas? ¿Soy consciente ya de que solamente conseguiré comprenderlo despertando mi consciencia superior, la cual tiene todas las claves para navegar en mi memoria universal y solucionar de raíz los problemas del alma?

Tu instante eterno como maestro, educador. Yo, quien además de la especialización del área de mi conocimiento académico, ciencia o arte, me preparé para transmitirlo junto con mis valores, técnicas y experiencia y facilitarle al estudiante la asimilación y el aprendizaje, **me pregunto:** Además de mi enseñanza, ¿hasta dónde me he permitido aprender que la esencia de los conocimientos académicos, las ciencias y el arte se puede encontrar también en el interior de cada ser humano como ciencia en consciencia? ¿Y hasta dónde dejé que mi ciencia fuera orientada por mi consciencia espiritual?

Tu instante eterno en los negocios. Agente de bienes raíces (compra venta de bienes raíces). Yo, que desarrollo mi vida en medio de los negocios, tratando de ayudar a comprar y vender propiedades, y de hacer sentir comodidad y realizar sueños inalcanzables, **me pregunto**: ¿Hasta dónde he podido alcanzar mi propio sueño de sentirme bien ubicado y cómodo conociendo la intercomunicación de mi espíritu y mi consciencia con mi cuerpo físico, el cual es la primera casa en esta vida terrena?

Tu instante eterno como artesano. Yo, que con el talento y la habilidad de mis manos realizo formas y figuras, imprimiéndoles mi sello personal, **me pregunto:** ¿Me ha inquietado descubrir los talentos espirituales que revelan el sello único de mi verdadera identidad espiritual?

Tu instante eterno como deportista. Yo, que me entrené con constancia, disciplina, y concentración mental en actividades deportivas para el desarrollo físico, psíquico y social, **me pregunto**: ¿En qué medida he descubierto que puedo integrar estas mismas aptitudes para el desarrollo de una vida que incluya también la fuerza y la potencia del espíritu?

Tu instante eterno como autoridad civil - servidor público (desde presidentes hasta todos los rangos de empleados de una nación). Yo, que he sido formado para generar confianza y credibilidad ante la ciudadanía, habiendo superado un proceso de selección en términos de igualdad, mérito y capacidades en la administración pública de mi pueblo, ciudad o país, y que estoy a disposición del ciudadano para satisfacer sus necesidades básicas, de acuerdo con las leyes y las normas del Estado, **me pregunto**: ¿He realizado este servicio con verdadera honestidad, equidad, igualdad, amor y justicia hacia los demás? ¿He aplicado estas normas en mi propio ser, siendo también un buen servidor ante las necesidades básicas que requiere la vida de mi espíritu de acuerdo con las leyes y las normas universales?

Tu instante eterno como matemático o astrónomo. Yo, que estudié la ciencia de los números y las dimensiones del cosmos para descubrir sus más recónditos secretos, **me pregunto**: ¿Hasta dónde he descubierto el orden universal de la matemática, la geometría cósmica, los números cuyas vibraciones cósmicas ordenan mi vida, codifican mi organismo y pueden elevar mi consciencia hacia el centro del universo donde se revelan todos los misterios?

Tu instante eterno como madre o padre. Yo, que soy madre o padre, cabeza de mi familia, que les entrego a mis hijos los lineamientos básicos que moldean la vida adulta en el desarrollo de sus talentos y de sus aptitudes potenciales, para que alcancen la realización de su vida, **me pregunto**: ¿En qué medida he descubierto el espíritu de la paternidad, que me entrega la encomienda de ser el primer emisario de Dios para mis hijos, quienes escogieron nacer en mi cuna para que yo los encamine hacia su verdadera realización espiritual, la cual los prepara para encontrar las respuestas más trascendentes y vivir en esta vida con consciencia de unidad universal?

Calendario del instante eterno. Conclusión

Inicié este escrito describiendo un proceso de sanación, vida o muerte como un camino que me conducía a cambiar todos los parámetros de mi vida en el sentido de ya no ser sanada por nadie externo a "mí misma". En este transcurso descubrí que no existía "yo misma" ni tampoco "nadie externo" como un ser aislado. Descubrí que la potencia regeneradora de un Espíritu Universal enlaza, conecta y se manifiesta en toda la creación. A lo largo de este proceso, pude descubrir que esta es la fuerza más poderosa del universo y que vibra dentro de nosotros mismos.

Parece sencillo predicarlo y escribirlo, pero cuando llega el momento de convertirlo en una realidad para ti mismo, y en el momento más difícil, cuando te sientes solo, vulnerable y aparentemente desprotegido, solo puedes pasar tu prueba por medio de tu <u>instante eterno.</u>

Ese es tu instante de pasar. Puede ser ahora o dentro de 50.000 años, pero hay que pasar por ese estado, el cual es como pasar por un microagujero negro dentro de ti mismo, que te convoca hacia la trascendencia o superación de tu humanidad. (Agujero negro es una región definida del espacio, en cuyo interior existe una concentración de masa lo suficientemente elevada para generar un campo gravitatorio tal, que ninguna <u>partícula</u> material puede escapar de ella).

En este ejemplo que estamos tratando, estas partículas materiales serían tu humanidad. Tu parte humana imperfecta, que ya no espera más, a la que ya le llegó el momento de trascender en busca de su estado de divinidad. Cuando llega ese momento, tal como en el agujero negro, todo te arrastrara a ese cumplimiento. Es tu oportunidad de renunciar a tu ego, tu orgullo, tu dolor, tu rencor, tu enfermedad, o la llamada felicidad, para encontrar tu nueva dimensión o vida más perfecta de acuerdo con el orden universal, dentro de esta misma vida.

Ese instante es, sorpresivamente, para descubrir al otro lado del agujero, a ti mismo en tu estado natural. Estado que un día dejaste olvidado en tu memoria universal: tu estado de divinidad. A ese estado lo llamo transfiguración. La humanidad entera ha estado convocada a pasar a ese estado, de manera instantánea, en este nuevo ciclo cósmico a partir del 21 de diciembre del 2012.

Los caminos conocidos desde siglos atrás para lograr una realización espiritual tenían tiempo y espacio y eran rústicos para la comprensión de la mente. Pero ahora la Tierra ha entrado a una posición cósmica que beneficia este proceso de realización espiritual, el cual siempre ha sido largo e incomprensible para la mente humana.

La instantaneidad de tu vida por medio del nuevo Sol

Simultáneamente, no pasa desapercibido para nadie que la ciencia y la tecnología moderna adelantan descubrimientos hacia la instantaneidad para sintetizar los procesos de la vida cotidiana. Es entonces oportuno decir que el origen de la *instantaneidad tecnológica* de estos adelantos de la ciencia, y la actual i*nstantaneidad de la realización espiritual* del ser humano que aquí en este libro estoy anunciando, están ligados a un orden universal que está convocando a recoger el tiempo y el espacio en todo el universo en esta Nueva Era.

Es momento de comprender que estos procesos no se están dando al azar. Ya parece natural para la mente, pero poder hacer acto de presencia en el cumpleaños de tu ser querido en el oriente del mundo, cuando tú vives en occidente; o poder conocer a tu hijo recién nacido en el instante de su nacimiento por medio de una pantalla, cuando te encuentras al otro lado del mundo, son sucesos que pocas décadas atrás se hubieran considerado ficción y ahora son los sucesos más básico y cotidianos de la ciencia y la tecnología.

Pero debo expresar que no sucede igual con los ***avances relacionados con el descubrimiento de la naturaleza divina de los humanos en relación con su capacidad de conciliación***. Despertar la capacidad de conciliar, reconciliar, perdonar, es despertar la capacidad de recoger el tiempo.

Aunque parezca paradójico, los sucesos en este tema de conciliación, que deberían ser naturales, parecen extraños. No se ha avanzado en despertar la capacidad de perdonar hoy en un instante lo que te pudiera llevar 20 años para reconciliar. Veinticinco años de espectración de lo que pudiera haberse logrado en un instante.

Mira a tu alrededor y piensa cuánto tiempo les lleva a algunas parejas que se separan volver a conciliar para que sus hijos puedan tener la gracia de ver a sus padres al menos hablando sin discordia. Podría ser hasta 20 y 25 años. A ello me refiero cuando expreso que la vida tecnológica ha avanzado y dejado muy lejos el despertar de las facultades del espíritu en el alma de los seres humanos.

Quizás no hayamos pensado mucho en ello, pero desarrollar esta capacidad de reconciliación instantánea también es un descubrimiento y tiene que ver con el tiempo, y es el más poderoso que como ser humano puedas lograr. Lograrlo se ha convertido en algo antinatural e inalcanzable como una estrella, tanto que la guerra interpersonal y en consecuencia internacional y global es lo más natural hoy en día.

Aunque la mente del ser humano se sorprende con las invenciones, también conoce que la ciencia, la tecnología y sus descubrimientos son transitorios; los nuevos hallazgos siempre reemplazarán a los anteriores.

Infortunadamente, de la misma manera se ha clasificado a los seres humanos. Quizás se está olvidando que los seres humanos somos irremplazables. Nos olvidamos que nosotros somos seres eternos, que aunque seamos olvidados en la memoria humana, nunca pasaremos al olvido en la memoria universal.

Comúnmente se conserva en el recuerdo personal, nacional o mundial a quienes han dejado registros de fama a nivel social o espiritual y demás, pero nos olvidamos que cada ser que ha pasado por este planeta ha dejado un registro, y su estela positiva o negativa continúa repercutiendo en la Tierra y en los confines del universo.

Cambiemos la dirección de la tecnología. No podemos dejar que los avances de la tecnología desplacen las relaciones interpersonales de amor, reconciliación y unidad, que son plataforma del avance de la consciencia humana más allá del tiempo y el espacio.

¿Has pensado que fuiste creado por un Ser eterno y que su semilla eterna eres tú en tu espíritu y nunca morirá? ¿Te has preguntado a ti mismo qué vas a hacer con toda esa eternidad que vibra dentro de ti?

La vida en este planeta es solo un pedazo de la eternidad de tu espíritu congelado en tu cuerpo de tiempo y espacio. Ahora tú puedes realizar el milagro de descongelar tu espíritu y vibrar la eternidad desde esta misma Tierra con cuerpo y mente, en un instante eterno.

Tu vida es eterna, tu vida es quántica, como lo es tu energía esencial con la que fuiste creado. La ciencia lo está demostrando por medio del estudio de las partículas subatómicas que no se destruyen, se trasforman, no son estáticas, son dinámicas, su comportamiento no es lineal, es impredecible, y el observador elige crear y coparticipar de la realidad de su comportamiento. Tú estás compuesto de ellas, son tú mismo, y por esa razón puedes elegir, diseñar, redirigir, reorganizar, cambiar y cocrear tu realidad.

Me correspondió encontrar esa realidad dentro de mí misma por la inspiración del Espíritu Santo. La revelación de la regencia espiritual del Sol sobre la vida humana me inspiró a realizar mi calendario de consciencia, cuyo proceso recogió y reconcilió toda mi vida al paso del Sol. El resumen fue un estado atemporal sublime que se eternizó hasta este presente, permitiéndome despertar la consciencia del <u>instante</u> sin tiempo y sin espacio (el fin del tiempo que anunciaba el calendario maya), hasta que el 21 de diciembre del año 2012, Cristox Solar anuncia para la humanidad la regencia del nuevo Sol que recoge el espacio y el tiempo de la Tierra y lo sintetiza en un <u>instante eterno.</u>

El nuevo Sol es el mismo Sexto Sol que según los mayas en su Séptima Profecía dice que "ampliará la consciencia de todos los seres generando una nueva realidad individual, colectiva y universal".

Es el mismo Sol que Cristox nos anuncia:

> la nueva dimensión que ha comenzado sobre la Tierra es la precisión de cada instante de vuestra vida, de cada minuto e instante, donde el corazón del nuevo Sol en vuestro corazón vibra con nuevas coordenadas...

Es el nuevo Sol para la nueva Tierra que Cristox solar presenta el 21 de diciembre del año 2012 dando cumplimiento a la profecía de todos los tiempos:

Es la nueva Tierra aquella que vibra en armonía cósmica para sentir nuevas vibraciones (...) es la conexión que comienza a conjuntar el cielo con la tierra, de todos los vaticinios de todos los tiempos...

Podemos expresar entonces que esta la nueva emisión solar que despierta la energía esencial foto-lumínica del ser humano para que pueda elevar su nivel de consciencia y despertar la *instantaneidad* en sus procesos de vida terrena de acuerdo con el verbo de Cristox del año 2012:

> Mantened la vibración de la luz, que es de instante y de presente, conectada al ritmo de la eternidad, que es perfecto."
>
> ... es el momento de recoger en esa memoria lo mínimo de esfuerzo de dilatación del tiempo y producir la información que le da al instante la perfección para poder sentir la esencia de la vida, que son vibraciones quánticas que se sienten vibrar por medio de los cuerpos sutiles y se expanden en los cuerpos densos y el cuerpo físico, electromagnético, nervioso, endocrino y químico, para hacer parte de la alquimia foto- lumínica, la alquimia quántica foto-lumínica.

El escrito que tienes en tus manos confirma el cumplimiento de las profecías sobre el fin del tiempo (que no es el fin del mundo todavía).

A la vez, me permite conjugar mi calendario con la profecía del calendario maya, porque entrego testimonio de ese acontecimiento cósmico convertido en realidad individual. Realidad que me permitió develar el instante que recoge el tiempo, el cual aquí, en este libro con letras impregnadas de la energía de la experiencia y el testimonio vivo, te estoy transmitiendo.

De acuerdo con el contenido de este texto, tú también lo puedes lograr para que se convierta en una realidad colectiva y universal.

La conclusión de tu vida es este instante.

Cito aquí la siguiente afirmación de Einstein sobre el espacio y el tiempo para que percibamos mejor que si recogemos o abreviamos los sucesos de nuestra vida al instante, estaremos recogiendo el tiempo:

> El espacio es la distancia entre las cosas.
>
> El tiempo la separación de los acontecimientos.

Si no existen las cosas, tampoco hay distancia.

Si no se sucedieran los acontecimientos, tampoco existiría el tiempo.

El tiempo es como la música, para que exista, debe tocarse.

EINSTEIN

Para concluir, la "encomienda" del Espíritu Santo en el año 2006 me condujo a recoger los sucesos de mi vida y no tocar más la música del tiempo.

Te invito, e invito a cada corazón humano, a recoger la música estridente del tiempo, a vivir una nueva historia y renacer al silencio de un instante eterno.

El instante eterno te conduce a recuperar el derecho de recoger la luz foto-lumínica de tus alas, tal como Cristox nos deja expresado en su mensaje del 29 de marzo del año 2013:

> Vamos a revelar la nueva historia de amor a la Tierra; donde todos tienen derecho a vibrar y volver a vivir la gran estela de luz de sus alas olvidadas en diferentes puntos en el universo, en la caída universal
>
> ... que esa luz vibre para siempre en vosotros; que esa luz vibre para siempre en vuestro corazón. Y mi mensaje a partir de este día, es un mensaje universal; puede ser divulgado universalmente; no tiene restricción alguna; cuando así lo requiera o lo necesite, así lo estableceréis.
>
> Que vuestro amor sea el amor que registre el amor del universo en mi corazón. Quedad por siempre, por siempre en paz; por siempre en luz; por siempre en alegría.
>
> Madre Luz con inspiración de Cristox Solar-Espíritu Santo. (Textos sagrados del 21 de diciembre del año 2012 tomados de la Biblioteca Universal).

Los anteriores párrafos del mensaje de Cristox Solar-Espíritu Santo representan la señal que yo esperaba para divulgar mi cultura: el emerger de la cultura atlante, la C̲u̲l̲t̲u̲r̲a̲ ̲Q̲u̲á̲n̲-̲ t̲i̲c̲a̲ ̲E̲s̲e̲n̲c̲i̲a̲l̲® o Q̲u̲á̲n̲t̲i̲c̲a̲ ̲U̲n̲o̲ en mi calendario del instante eterno. El instante eterno que ya vibraba en mi corazón, el cual ahora difundo como un legado de esta cultura para quien así lo pueda comprender.

Debo expresarte que antes de plasmar aquí el anterior mensaje de Cristox Solar, medité mucho acerca de cómo hacértelo llegar para que lo capitalizara tu corazón y no se quedara en un conocimiento mental más. Indudablemente, no es fácil para la mente humana reconocer un verbo que llega de una dimensión que no pertenece a su dominio tridimensional.

Paralelo a ello, con el contenido de mi vida en este libro, tomé el riesgo de expresarlo todo sin reserva alguna, confiando en la nueva energía de esta era, la cual está abriendo los caminos siderales de las mentes y de los corazones de la humanidad.

Espero que por medio de este libro haya podido llegar al centro de tu corazón universal. El corazón con alas de amor que sabe atravesar todas las barreras y las divisiones entre seres humanos, religiones, creencias, filosofías, género y razas. El corazón que se remonta y aprende a volar alto, muy alto, para divisar su propia vida espiritual como una nueva cultura donde todo se comprende como un universo y todo se conjunta en sí mismo (a) como UNO para vibrarlo en un i̲n̲s̲t̲a̲n̲t̲e̲ ̲e̲t̲e̲r̲n̲o̲.

Fin

ÍNDICE

Agradecimientos	11
Prefacio	13
Acerca de este libro	15
Introducción. Un calendario sin tiempo	17
Primera parte	19
Es este un calendario sin tiempo	21
El silencio - para descubrir el instante eterno	25
Recordando la encomienda universal	33
Ante el Espíritu Santo para descifrar el misterio entre mi vida y mi muerte	39
La encomienda universal por medio del Espíritu Santo	45
Preparación para mi laboratorio de consciencia	51
Recorriendo el calendario del instante eterno	55

Instante uno. Instante de conciliación	59
Atravesando los valles oscuros de mi alma para conciliarme	59
Instante dos. Instante de unidad	83
Hacia el universalismo para comprender mi proceso espiritual	83
Instante tres. Instante de comprender el amor universal	107
Instante cuatro. Instante de certeza	131
Aceptando mi incertidumbre	131
Instante cinco. Instante de antiespectrar	141
Recogiendo el espectro de las huellas psíquicas	141
Instante seis. Instante de superación	149
Trascendiendo el dolor físico	149
Instante siete. Instante de desestigmatización	159
Borrando la estigmatización del cáncer	159
Instante ocho. Instante de justicia	169
Comprendiendo la vida por medio de la ley del karma	169
Instante nueve. Instante de compensación	183
Equilibrando la balanza de mi vida universal	183
Instante diez. Instante de renuncias	209
Renunciando para resplandecer en lo que verdaderamente soy	209

Instante once. Instante de despertar	237
Recorriendo estaciones para despertar mi universo interior y encontrar mi consciencia universal	237
Instante doce. Instante de eternidad	253
Comprendiendo que nacer o morir es lo mismo	253
Instante trece. Instante de laboratorio de consciencia	267
Programando mi vida o mi muerte	267
Instante catorce. Instante del salto quántico	275
Instante quince. Instante de definición	285
Definiendo mi vida o mi muerte, encontré el instante eterno	285
Después de mi laboratorio de consciencia	**303**
Instante dieciséis. Instante de creer para crear	305
Conociendo mi voluntad creadora	305
Instante diecisiete. Instante de rendición	317
Rindiéndome ante las seguridades externas	317
Instantes universales de rendición	320
Instante dieciocho. Instante de muerte y resurrección	333
Aprendiendo a morir para vivir	333
Instante diecinueve. Instante de transfiguración	347
Transfigurando mi existencia	347
Instante veinte. Instante de conjuntación	357

Conjuntando la ciencia con mi espiritualidad	357
Despertar quántico por medio del espíritu santo	360
Conjuntando la ciencia con mi espiritualidad	362
La vida quántica	370

Segunda parte — 401

Nueva era no temporal. Procesos al instante	405
Nueva era después del 21 de diciembre del año 2012	407
La nueva era trae el nuevo mensaje del espíritu santo que recoge el tiempo más allá del presente	419
La Nueva Era trae la comprensión de la vida eterna	425
Somos luz: nuestra energía esencial es energía fotónica y lumínica	435
La vida al instante	447
La instantaneidad de la vida del espíritu	453
Llegó la era de comprender tu misión	461
Construye tu vida integral encontrando aquí el sello de eternidad de tu oficio o profesión	465

Calendario del instante eterno. Conclusión — 475

Editorial LibrosEnRed

LibrosEnRed es la Editorial Digital más completa en idioma español. Desde junio de 2000 trabajamos en la edición y venta de libros digitales e impresos bajo demanda.

Nuestra misión es facilitar a todos los autores la edición de sus obras y ofrecer a los lectores acceso rápido y económico a libros de todo tipo.

Editamos novelas, cuentos, poesías, tesis, investigaciones, manuales, monografías y toda variedad de contenidos. Brindamos la posibilidad de comercializar las obras desde Internet para millones de potenciales lectores. De este modo, intentamos fortalecer la difusión de los autores que escriben en español.

Ingrese a www.librosenred.com y conozca nuestro catálogo, compuesto por cientos de títulos clásicos y de autores contemporáneos.

www.ingramcontent.com/pod-product-compliance
Lightning Source LLC
Chambersburg PA
CBHW031540300426
44111CB00006BA/120